深圳律师实务丛书

企业知识产权合规管理指南

深圳市律师协会第十七期青年律师研修班　组编

GUIDELINES ON CORPORATE IP COMPLIANCE MANAGEMENT

法律出版社
LAW PRESS · CHINA
北京

图书在版编目（CIP）数据

企业知识产权合规管理指南 / 深圳市律师协会第十七期青年律师研修班组编. -- 北京 : 法律出版社, 2025. --（深圳律师实务丛书）. -- ISBN 978 - 7 - 5244 - 0371 - 5

Ⅰ. D923.405

中国国家版本馆 CIP 数据核字第 2025G5K293 号

企业知识产权合规管理指南
QIYE ZHISHI CHANQUAN HEGUI GUANLI ZHINAN

深圳市律师协会第十七期青年律师研修班 组编

策划编辑 朱铁佳
责任编辑 朱铁佳 周恩惠
装帧设计 鲍龙卉

出版发行 法律出版社
编辑统筹 司法实务出版分社
责任校对 李慧艳
责任印制 胡晓雅
经　　销 新华书店

开本 710 毫米×1000 毫米 1/16
印张 22 **字数** 350 千
版本 2025 年 8 月第 1 版
印次 2025 年 8 月第 1 次印刷
印刷 三河市龙大印装有限公司

地址:北京市丰台区莲花池西里 7 号(100073)
网址:www.lawpress.com.cn
投稿邮箱:info@lawpress.com.cn
举报盗版邮箱:jbwq@lawpress.com.cn

销售电话:010 - 83938349
客服电话:010 - 83938350
咨询电话:010 - 63939796

书号:ISBN 978 - 7 - 5244 - 0371 - 5
定价:86.00 元

凡购买本社图书,如有印装错误,我社负责退换。电话:010 - 83938349

本书编委会

回归专业　潜心钻研
促进高质量发展

斗转星移,继往开来。深圳市律师协会自2012年启动“深圳律师实务丛书”(以下简称丛书)出版工作以来,至今已出版实务专著48部,内容涵盖诸多专业领域,全面展现了深圳律师业务的研究成果和实务经验,已成为深圳市律师协会推进行业专业化建设的品牌项目。

鼓励和引导律师著书立说是深圳市律师协会推动律师专业化的一项长期性的重点工作。丛书旨在充分发挥深圳市律师协会的业务指导作用,通过鼓励深圳律师和深圳市律师协会各专业委员会撰写实务专著,可以有效提升律师业务水平,增强律师业务能力,保证律师服务质量,以专业引领和成果共享助推深圳律师行业高质量发展。

本套丛书凝集着深圳律师的心血与经验,展现了深圳律师的专业水平。本套丛书在律师业务的众多领域,汇集了深圳律师的业务成果,总结了深圳律师的执业经验,体现了深圳律师的专业能力,彰显了深圳律师的职业精神。这一本本专著必将成为深圳律师专业化发展史上一颗颗璀璨的明珠,永远镶嵌在深圳律师专业化发展的史册上。

2023年是全面贯彻落实党的二十大精神的开局之年,深圳律师要深学细悟笃行党的二十大精神,让党的二十大精神在深圳律师行业落地生花,要以习近平法治思想为指引,大兴专业研究之风,切实回归专业,潜心研究,深挖专业和实务问题,以高品质的法律服务保障行业的高质量发展。开展业务和实务研究不能脱离实际,必须密切关注经济社会发展和法治建设,聚焦其中的热点、难点、堵点问题，深入开展有针对性的研究，进而提出应用对策与实践指引，也期待深圳律师能输出更多的法律实务研究成果，并能形成专著与同行共享，这本身也是律师业务领域的一种先行示范。

希望本套丛书成为广大实习人员、执业律师期待、必备的好工具，也希望未来能够出版更多、更好的供律师们学习提高、掌握律师实务知识与技能的好专著！

张　斌

深圳市律师协会会长

2023 年 1 月 9 日

编写说明

近些年来，我国企业合规建设发展得如火如荼，企业合规已逐渐成为企业治理中不可缺少的一部分。伴随科技革命的爆发，知识产权这一“软实力”也成为企业竞争与发展的重磅“武器”。在当今的时代背景下，如何将知识产权管理融入企业合规的框架中并使之合理化，不至于产生“排异反应”，成为越来越多的企业亟待解决的问题。本书编写目的，就是基于前述背景，希冀于为企业家、企业员工、律师等法律工作者提供办理企业知识产权合规的具体操作指引，引领行业对企业知识产权合规进行思考，共同探索出属于我国的、迎合时代背景的合规道路。

本书总则编自企业知识产权合规的启蒙与发展着手，立足于企业财务、人力、运营等各个端口，尝试构建出企业知识产权合规应有的理想蓝图；在对企业出海背景下的知识产权合规进行探讨与展开的同时，在分则编对包括著作权、商标权、专利权及以商业秘密与商业外观为主的反不正当竞争法领域的知识产权合规进行了深入分析；同时对新兴、典型行业的企业知识产权合规问题进行讨论，并提出相应的合规方案。

本书的完成要感谢深圳市律师协会的大力支持，感谢本书编委会主任王伟、黄庆礼；本书编委会副主任、深圳市律师协会第十七期青年律师研修班辅导员任果、张燕君，以及深圳市律师协会全体工作人员，是他们的鼎力帮助使本书得以顺利面世。

本书系由深圳市律师协会第十七期青年律师研修班编撰完成。

前期编撰小组参与制订全书体例，并最终确定本书具体框架，参与人员按姓氏首字母排序：

邓嫦燕、邓宏昌、邓艳艳、方满意、甘菲、李帅人、李文华（女）、李先林、李由、李钊华、刘松慧、裴芸、王文佳、叶慧、殷骁文、周小明。

第一组负责本书第二章第一、二节及第六章，参与人员除组长、副组长外按姓氏首字母排序：

喻雍梅（组长）、夏强（副组长）、邓嫦燕、杜玮、刘博文、刘凤芝、谢燕琴、叶薛之、张燕楠、张宇晔。

第二组负责本书第二章第三、四节及第七章，参与人员除组长、副组长外按姓氏首字母排序：

沈娜（组长）、孟庆飞（副组长）、杜奕良、李文华（男）、李钊华、刘钰、田方丽、王文佳、温韫孺、吴婷婷、周小明。

第三组负责本书第三章及第五章，参与人员除组长、副组长外按姓氏首字母排序：

黎思仪（组长）、李由（副组长）、邓宏昌、邓艳艳、方满意、甘菲、杨军文、叶慧、赵阳、钟晓聪。

第四组负责本书第一章及第八章，参与人员除组长、副组长外按姓氏首字母排序：

郝爱如（组长）、邱显铎（副组长）、李高见、李良芳、李先林、李星星、刘松慧、裴芸、叶炜璐、殷骁文。

第五组负责本书第二章第五节及第四章，参与人员除组长、副组长外按姓氏首字母排序：

李帅人（组长）、刘谟城（副组长）、曹凤梅、李文华（女）、屈文静、王静、杨艺雯。

后期编撰小组参与统稿、校对、修改，参与人员按姓氏首字母排序：

邓嫦燕、邓宏昌、邓艳艳、方满意、甘菲、李高见、李良芳、李先林、李由、李钊华、刘松慧、裴芸、殷骁文。

目　录

第一章　企业知识产权合规概述

在知识经济时代，企业之间的竞争越发激烈，知识产权作为企业最宝贵的无形资产，不仅是企业创新能力的直接体现，也是企业在全球市场中保持竞争优势的关键所在。随着全球经济一体化的不断深入，企业面临的竞争环境日益复杂多变，知识产权合规问题已成为制约企业发展的重要因素之一。企业知识产权合规作为确保企业在知识产权领域合法运营、有效保护自身权益的关键，正逐渐成为企业管理的重要组成部分。因此，构建和完善企业知识产权合规体系，不仅是对企业自身发展的内在要求，也是应对国际竞争、维护市场秩序、促进创新发展的必然选择。本章旨在全面概述企业知识产权合规的基本概念、起源与发展、价值以及当前现状，以期能够引导企业树立正确的知识产权合规意识，为企业在这一领域的实践提供有益的参考，推动企业知识产权合规管理向更高水平发展。

第一节　企业知识产权合规的概念、起源与发展

一、企业知识产权合规的起源

何为合规？合规（compliance），“遵从”之意。这一概念最早来自西方国家，而且起源于反腐败。1976 年，洛克西德公司对日本商业行贿 1000 多万美元；1977 年，美国《反海外腐败法》（American Foreign Corrupt Practice Act，FCPA）[1]出台；2002 年，美国《萨班斯法案》、首席道德与合规官（CECO）或首席合规官（CCO）出台；2004 年，《联合国全球契约第十项原则（反腐败原则）》出台。在西方国家，合规已实行了多年，制度日臻完善，而在我国合规才刚刚起步。

2018 年 7 月 1 日实施的国家标准《合规管理体系指南》（GB/T 35770—2017）（已废止）指出，合规是履行组织的全部合规义务。2022 年 10 月 1 日实施的部门规章《中央企业合规管理办法》规定，合规，是指企业经营管理行为和员工履职行为符合国家法律法规、监管规定、行业准则和国际条约、规则，以及公司章程、相关规章制度等要求。合规风险，是指企业及其员工在经营管理过程中因违规行为引发法律责任、造成经济或者声誉损失以及其他负面影响的可能性。合规管理，是指企业以有效防控合规风险为目的，以提升依法合规经营管理水平为导向，以企业经营管理行为和员工履职行为为对象，开展的包括建立合规制度、完善运行机制、培育合规文化、强化监督问责等有组织、有计划的管理活动。

企业合规，英文为“corporate compliance”，区别于外部监管，其本质上属于一种自我约束，旨在通过建立一套自上而下、贯穿企业各部门各环节的合规措施，形成合规管理体系，规范企业员工、合作伙伴等主体的行为，防止违法违规导致法律制裁、行政处罚、经济赔偿、商誉受损等风险，以保障企业依法合规经营、有序良性发展。[2]

企业合规是一个涉及多个法学学科的前沿课题。简单地说，一个企业

---

〔1〕 美国时间 2025 年 2 月 10 日，美国总统特朗普签署行政命令，暂停执行该法。

〔2〕 参见张茗莉：《企业知识产权合规机制研究》，华中师范大学 2015 年硕士学位论文，第 16 页。

要开展企业合规,可能涉及公司治理、税务、财务、行政监管等不同领域。不同行业的企业合规方向也不尽相同,比如一个高科技企业进行企业合规,需要对产品、技术等相应知识产权进行合规风险评估,并针对知识产权方面设立合规风险防控体系。

从合规范围角度分类,合规分为全面合规与专项合规。全面合规,是企业全方位综合合规管理体系的构建,覆盖企业各业务领域、各部门、各关联企业及全体员工,贯穿决策、执行与监督各个环节,通常适用于初次建立合规管理制度的企业。专项合规,是指针对特定领域实施的合规,如反腐败合规、反垄断合规、反洗钱合规、反不正当竞争合规、出口管制合规、证券合规、税务合规、数据合规、知识产权合规等。

合规是组织可持续发展的基石,建立有效的合规管理体系虽然并不能杜绝不合规的发生,但是能够降低不合规发生的风险。在很多国家或地区,当发生不合规情况时,组织及其管理者以组织已经建立并实施了有效的合规管理体系作为减轻甚至豁免相关法律责任的抗辩理由,这种抗辩有可能被行政执法机关或司法机关所接受。[1]《中央企业合规管理指引(试行)》第13条规定,加强对以下重点领域的合规管理:(1)市场交易;(2)安全环保;(3)产品质量;(4)劳动用工;(5)财务税收;(6)知识产权;(7)商业伙伴;(8)其他需要重点关注的领域。

知识产权合规是企业合规的重要组成部分,境内知识产权合规和海外知识产权合规是知识产权合规的重要组成部分。[2] 知识产权合规的目的,包括被动地防范经营风险,主动地提高经营效益。境内的知识产权合规风险,主要有行政风险、民事风险、声誉风险等。海外的知识产权合规风险,主要涉及海关风险、诉讼、附加扣押令、临时禁令、警告函等。知识产权合规风险存在于研发、生产、销售(含参展)等各个企业运营过程中。因此,应对知识产权合规风险,应从研发、生产、销售(含参展)等企业经营过程着手。具体而言,合规内容包括资产建设、侵权风险、防范措施等方面。

企业知识产权合规源于对知识产权保护的重视和对知识经济发展趋势

---

〔1〕 参见徐风:《中国标准化研究院标准化理论与战略研究所所长王益谊研究员提出合规管理要按标准建体系》,载《中国质量报》2018年5月8日,第1版。

〔2〕 参见张晓:《合规视角下知识产权侵权归责》,载《经济研究导刊》2022年第35期。

的认识。随着全球经济的发展和知识产权保护意识的增强,企业意识到合规经营对于长期发展的重要性,特别是在信息化、网络化的时代背景下,知识产权的合规管理成为企业管理的重要组成部分。

知识产权的法律渊源可以追溯到古代文明时期。在古代,各个文明都有各自的法律制度来保护创作成果和发明。例如,古罗马法律体系中就包含了对物质和精神财产的保护,为后世知识产权法的形成奠定了基础。

现代知识产权法的起源可以追溯到 17 世纪的英国。当时,英国颁布了一系列专利法,旨在鼓励科学家和发明家进行创新,并保护他们的发明不受侵犯。这些专利法奠定了知识产权法的基础,成为后来其他国家制定知识产权法的参考。

随着全球化的加深,知识产权的保护需求越来越迫切,国际社会开始致力于建立国际知识产权保护体系。1967 年,世界知识产权组织(WIPO)成立,成为推动国际知识产权合作和保护的重要平台。之后,国际上相继签署了一系列知识产权相关的国际条约和协定,如《建立世界知识产权组织公约》《巴黎公约》《伯尔尼公约》等,为国际知识产权法的形成和发展作出了重要贡献。

随着科技和经济的迅速发展,知识产权法面临新的挑战和机遇。在全球化和数字化的背景下,知识产权的跨境保护、互联网版权管理、知识产权与竞争政策等问题日益凸显,需要各国加强合作,共同应对。

知识产权法的渊源经历了漫长的发展过程,形成了现代的法律体系。在全球化的背景下,各国需要加强合作,共同为知识产权法的创新和发展提供更加稳定和可靠的法律保障。

二、企业知识产权合规的概念

知识产权,是指人类对在创造和创新活动中产生的各种智力成果所享有的权利,包括专利、商标、著作权等。这些权利的确立和保护离不开法律的支持和规范。对于一个企业而言,技术、产品、商业信息以及凝聚其中的知识产权,都可能是企业的生产力。如果一个企业要开展企业合规,那么必然要面对知识产权合规。

企业知识产权合规,是指企业在知识产权领域遵循相关法律法规、规范和标准,保护自身知识产权,避免侵权行为,促进创新发展的一种管理实践。

可以说,知识产权合规是企业合规具体应用的一个领域,是企业在经营过程中,因经营可能涉及知识产权纠纷,而应当制定的知识产权合规计划,并建立知识产权合规管理体系。

(一)企业知识产权合规管理的关键要素

企业知识产权合规逐渐成为企业管理的重要环节,体现在以下几个方面。

第一,法律法规合规。随着各国知识产权法律法规的不断完善和更新,企业需要及时调整管理政策,确保自身的知识产权不受侵犯,同时避免实施侵权行为。

第二,创新保护与管理。企业需要建立健全专利、商标、著作权等知识产权保护体系,保护企业的核心技术和创新成果,提升企业竞争力。

第三,风险防范与管理。企业需要通过风险评估和管控,预防知识产权纠纷和侵权风险,避免知识产权问题造成的经济损失和声誉损害。

第四,内部管理机制建设。企业需要建立完善的知识产权管理制度、培训机制等内部管理机制,提高员工对知识产权合规的意识和能力。

第五,外部合作与交流。企业需要加强与外部专业机构、行业协会等的合作与交流,以获取最新的知识产权信息和政策动态,提升企业的知识产权管理水平。

(二)涉及知识产权的法律风险

知识产权合规风险,是指企业及员工因知识产权不合规行为,引发法律责任、受到相关处罚、造成经济或声誉损失以及其他负面影响的可能性。[1]已知的涉及知识产权的法律风险包括但不限于以下几个方面。

1. 专利权法律风险

(1)专利许可权滥用风险、专利申请权争议风险、被侵犯专利风险、被提起专利侵权诉讼风险、专利转让纠纷风险等;(2)未能有效开发和实施专利

---

〔1〕 相关规定参见《中央企业合规管理指引(试行)》第2条第3款。

的风险、管理不善导致专利失效的风险等。[1]

2. 商标权法律风险

(1)商标申请风险,商标未注册或被他人抢先注册、申请类别不全、重点类别保护力度不够、申请的标识不全面;(2)商标使用风险,申请地域不全、未对目标市场全面布局、对商品或服务类别越权使用或许可他人使用、侵犯他人在先权利、商标不规范使用等。

3. 著作权法律风险

(1)职务作品、委托创作、版权商的权属确定风险;(2)作品素材侵权风险;(3)互联网信息网络传播权侵权风险;(4)许可使用和转让中的法律风险等。

4. 商业秘密风险

(1)被他人盗窃、以间谍或黑客手段窃取;(2)内部员工被收买导致商业秘密泄露;(3)对外宣传、合作过程中泄露;(4)员工离职泄密等。

(三)知识产权合规体系建设原则

企业知识产权合规建设,应根据不同的合规风险类型制订和选择知识产权风险应对方案。对于知识产权合规体系的建设,应当坚持独立性、有效性、全面性和可查性原则。

第一,独立性原则。合规职能部门应严格依照法律法规及公司相关制度规定等对企业和员工行为进行客观评价和处理;承担合规管理职责的人员应独立履行职责,不受其他部门和人员的干涉。[2]

第二,有效性原则。合规管理制度应有效嵌入经营业务的具体环节,与法律风险防范、审计监察、内控及风险管理等工作相统筹、相衔接,并建立全员合规责任制,明确管理人员和各岗位员工的合规责任并督促落实。

第三,全面性原则。企业知识产权合规管理的基础和关键领域包括专利、商业秘密、商标、著作权;合规工作应覆盖业务涉及的研发、生产、销售、对外合作、投资推广、招投标及采购等各个环节,贯穿决策、执行、监督全流程,并确保所有与知识产权相关的业务、部门和人员均已纳入合规工作

---

[1] 参见王文静:《促进我国专利保险发展的若干建议》,载《中国发明与专利》2014 年第 9 期。

[2] 相关规定参见《中央企业合规管理指引(试行)》第 4 条第 4 项。

体系。

第四，可查证原则。合规工作应有明确的流程规范作依据，确保公司合规管理有迹可循、有证可查。

随着科技进步和全球化程度的不断提高，企业知识产权合规将面临更加复杂和严峻的挑战。未来企业需要进一步加强知识产权保护意识，不断优化合规管理体系，提高管理水平和应对能力，以应对知识产权领域的新挑战和变化，实现可持续发展。

三、企业知识产权合规与一般企业合规的区别

企业合规涉及公司治理、劳动法、行政监管、刑法、国际经济法等不同学科的研究领域。

企业知识产权合规强调保护企业的知识产权，包括专利、商标、版权等，确保其合法权益不受侵犯。而一般企业合规范围较为广泛，涵盖法律、财务、劳动等各个方面，旨在确保企业在经营活动中遵守相关法律法规，维护企业的合法地位和声誉。

因此，知识产权合规更须专业，在一般企业合规的基础上，知识产权合规专业人员更须擅长专利、商标、版权等专业知识。这也使知识产权合规的发展面临更大挑战。知识产权合规面临的挑战包括以下几个方面。

第一，复杂的法律环境。知识产权法律体系复杂多样，跨国经营需要适应不同国家和地区的法律法规，增加了企业合规的难度。

第二，侵权问题。知识产权侵权行为层出不穷，尤其是在数字化环境下，侵权手段更加隐蔽和普遍，容易给企业造成重大损失。

第三，知识产权保护难度大。在技术创新等领域，知识产权的保护面临技术复杂、证据难以获取等问题，导致知识产权的确权和保护存在一定难度。

第四，国际化挑战。随着企业国际化程度的提高，跨国经营给知识产权合规带来了更多挑战，包括跨国法律差异、文化差异等。

第五，维权成本高昂。知识产权维权的成本通常较高，可能需要长期进行法律诉讼并需要投入大量的人力、财力。

应对这些挑战，需要企业建立健全知识产权合规体系，加强法律意识和风险管理能力，积极参与国际合作，以应对跨国知识产权挑战。尤其是知识

产权合规体系与一般企业合规相比具有特殊性，在开展知识产权合规工作时，应当将知识产权合规面临的挑战融入有效合规计划中，从有效合规计划的基本要素中提炼出知识产权合规独有的要素，例如，需要将高级管理层的承诺和阐述，拓展至技术人员及具有保密义务人员的承诺和阐述。合规政策和程序更应多方考虑知识产权保护。合规人员和资源配置还应考虑吸纳技术人员。对于合规风险评估，亦需增加防范侵权行为的相关内容。为了确保相关政策和程序在企业内部得到传达，企业在进行知识产权合规时，应当对企业内部人员进行商标权、著作权、专利权、商业秘密等知识产权领域的培训，以确保企业管理人员和技术人员都能了解并遵循知识产权合规计划。

一个良好的知识产权合规体系，除传统的合规管理委员会、合规部门成员外，应当吸纳知识产权专业人员作为重要成员，为知识产权合规提供专业合规意见。在传统合规文化建设中，除了对现有企业合规政策、程序以及合规激励、奖惩制度的推广及展示，知识产权合规文化还应融入对企业产品衍生的商标权、专利权、著作权、商业秘密保护的理念，以此来提高企业的知识产权合规法律意识，践行知识产权合规价值观，增强员工知识产权合规意识，营造知识产权合规的文化氛围。

四、企业知识产权合规的作用

随着全球经济的不断发展和竞争的日益激烈，企业越来越重视知识产权的保护和合规，有效的知识产权管理不仅可以保护企业的创新成果，还可以促进企业的可持续发展。因此，建立和实施企业知识产权合规体系已成为企业发展的必然选择。

首先，企业知识产权合规可以帮助企业保护创新成果。通过申请专利、商标、版权等知识产权，企业可以在法律上确立对自身创新成果的所有权，防止其被他人非法复制或篡改。同时，建立健全内部知识产权管理制度，加强对员工的培训和意识教育，可以有效防范知识产权侵权行为，保护企业的核心竞争力。

其次，企业知识产权合规可以促进创新发展。在知识产权得到有效保护的环境下，企业更愿意投入更多的资源和精力进行创新研发。因为只有通过不断创新，企业才能在市场上获得更大的竞争优势。同时，企业知识产权合规也可以促进技术交流与合作，推动产学研结合，加速科技成果的转化和应用。

最后,企业知识产权合规可以提升企业的市场竞争力和品牌形象。在全球化竞争的背景下,消费者对知识产权的重视程度越来越高,他们更倾向于选择那些拥有合法知识产权保护的产品和服务。因此,企业如果能够建立良好的知识产权形象,不仅可以吸引更多消费者,还可以降低品牌在市场上的风险与不确定性,提升企业的市场竞争力和营利能力。

综上所述,企业知识产权合规不仅是保护企业创新成果和核心竞争力的必要手段,更是促进企业创新发展、提升市场竞争力的关键因素。因此,企业应该高度重视知识产权合规工作,加强对知识产权法律法规的学习和理解,建立健全内部管理制度,不断提升企业的知识产权保护水平,为企业的可持续发展打下坚实基础。

第二节　企业知识产权合规的价值

一、企业知识产权合规的正当性

企业知识产权合规的正当性就是以利益平衡为出发点,合理分配知识资源,保障公众对知识产权的接触与使用,促进人们的创造、创新活动。在兼顾公共利益的同时,力求实现企业利益最大化,以促成知识产权法在法律体系中维护个人利益与公共利益双重目标的实现。[1]

(一)合规中的利益平衡

企业经营活动本身具有趋利性,其根本目的为牟利,企业开展的商业活动也是以利益为导向。随着社会经济文化的不断发展,公共利益与企业利益、个体利益之间不断产生冲突与矛盾。在市场经济中,企业利益与公共利益看似此消彼长,二者在商业活动的过程中难免不断彼此试探。法律作为调节社会关系、缓解社会矛盾的必要工具,既是这两种利益博弈的产物,[2]

---

〔1〕 参见冯晓青、周贺微:《公共领域视野下知识产权制度之正当性》,载《现代法学》2019 年第 3 期。

〔2〕 参见孙梦姣:《“利益平衡”在知识产权法中的适用》,载《法制博览》2022 年第 34 期。

也是二者之间的界限。近年来,我国法治建设逐渐完备,商业趋利性与公共利益、法律边界的冲突日益凸显,实现利益平衡成为化解这一矛盾的必要保障和措施。[1] 在商业活动过程中,在法律允许的范围内实现利益最大化是企业必须考虑的问题,也是合规的重要目的之一。如果企业不了解所在行业的法律规范,其开展的商业行为就有可能突破法律边界,这不仅可能导致公共利益与企业利益失衡,企业还可能因此陷入违法违规甚至犯罪的困境。

(二)知识产权法律体系中的利益平衡

在科技发展日新月异的今天,人们的物质、精神生活较以往均得到了极大的改善与满足,知识产权制度的构建越来越受到人们的重视。完善的知识产权法律体系既要激励知识成果创造者不断创新,还要确保公众对知识产权、知识产品有足够的接触与使用,使知识成果能够得到广泛应用。[2] 面对如前所述的经济活动中各方利益不断博弈的现状,如果不能在知识产权领域适当协调和平衡利益冲突,矛盾频出的商业行为难免会给经济社会发展带来负面影响。

由于知识成果大部分属于智力成果范畴,因此在知识产权领域,利益均衡的作用更加显著。与有形财产相比,无形的知识产权可以在低成本情况下无限复制,且其价值可能不会随着使用而降低,反而会在不断使用中最大限度地发挥其价值与作用,对市场经济更为有利。因此,若要让知识产权发挥最大的社会效能,就必然需要对知识成果的创造者施以一定力度的保护。然而,基于知识产权的特殊属性,尽管知识产品的创造者创造了知识成果,但知识产权本身是法律创设的权利,创造者只是享有这一创设的权利,而不是实际支配、占有具体的知识产品。[3] 因此,创造者的权利能否得到充分的保障,往往取决于社会价值观与法律规范,这就导致维护创造者权利必须以维护公共利益为前提,甚至需要创造者将其一部分权利让渡于公共利益,才能更好地保护其权利。可以说,为了最大化保障知识成果价值的实现,[4]维

---

〔1〕 参见高莉:《论数字时代知识产权法中的利益平衡》,载《浙江学刊》2022 年第 4 期。

〔2〕 参见孙梦姣:《"利益平衡"在知识产权法中的适用》,载《法制博览》2022 年第 34 期。

〔3〕 参见孙梦姣:《"利益平衡"在知识产权法中的适用》,载《法制博览》2022 年第 34 期。

〔4〕 参见雷诗琴:《我国知识产权法中公共利益条款的司法适用研究》,广西师范大学 2022 年硕士学位论文,第 12 页。

护个体利益与公众利益间的平衡必不可少。

知识产权法中的利益平衡实际要求我们将知识产权的保护与限制视为一个事物的两面,二者不是泾渭分明的,而是互为原因与结果。保护是为了更好地激励创新,而限制则是为了保护公众接触与使用知识产权的自由,确保公共利益最终是为了激励创新。可以看出,知识产权法中涉及的企业利益与公共利益并不是对立冲突的,要实现这两种利益平衡的状态,就应实现私权与公众利益的对接,并在两者之间进行分析判断,保证双方共同利益。因此,实现公共利益和激励创新相平衡,是使知识产权价值最大化的重要途径。

(三)企业知识产权合规中的利益平衡

在知识产权法律体系构建与企业合规相结合的背景下,企业知识产权合规制度在当下经济文化高速发展的环境中有着独特的法律地位。一方面,它融合了知识产权强保护时代的需求及企业合规改革类型化探索;另一方面,又尝试对社会治理职能做出有效延伸。[1] 在企业的发展过程中,技术创新、知识成果保护方面难免面临诸多风险,其中法律方面的违法违规风险更是不可忽视,狭义的合规风险即法律方面的风险。企业知识产权合规本身沿袭了合规的性质,但又受限于知识产权的特殊属性。企业知识产权合规管理制度立足于知识产权治理制度,在日常管理中明确了企业在市场经济活动中的知识产权权利和义务,旨在防范知识产权领域风险,通过规范企业日常经营活动来有效识别和控制企业法律风险,并将知识产权权利义务纳入企业知识产权合规治理体系的考量范围。

企业不仅可以通过对公司知识产权产出全过程进行合规管理,有效防范知识产权民事、行政法律风险,亦可协调企业与员工、行政机关、公众之间的关系,实现企业利益与公共利益间的平衡。同时,在权利行使前的风险分析是必不可少的,此举可为企业规避许多不该有的风险。此外,构建完善的知识产权合规管理体系,既可以对职务发明创造、委托和合作开发成果的所有权进行相对清晰的界定,也可以避免职务发明创造奖励不充分等情况的

---

〔1〕 参见胡骋、方悦:《知识产权企业合规制度的价值定位与路径构建——以大型企业、国有企业为视角》,载《南海法学》2023 年第 6 期。

发生,[1]以此来平衡企业与员工之间的利益,最终实现公共利益和激励创新的平衡。

二、企业知识产权合规的重要性

知识管理是企业的一项重要战略,促进知识的传递、共享和创新,可以提高企业的绩效和竞争优势。知识产权合规管理是实现这一战略的关键环节。在当今日益激烈的商业竞争环境下,知识产权已经成为企业核心竞争力的重要组成部分。知识产权合规管理是企业在运营过程中必须关注的重点,它不仅关系企业的创新成果能否得到有效保护,而且直接影响企业的市场地位和经济效益。

(一)知识产权合规管理的重要性首先体现在对企业创新成果的保护

创新是引领发展的第一动力,保护知识产权就是保护创新。创新对于企业的发展尤为重要,知识产权合规管理是保护创新成果的关键手段。然而,当前我国企业在知识产权合规管理方面存在诸多问题,如管理意识淡薄、制度不完善、执行不到位等,这些问题严重制约了对企业创新成果的保护。企业的研发活动需要大量资金和人力资源的投入,创新成果往往是企业竞争优势的来源。通过知识产权合规管理,企业可以积极申请专利、商标等知识产权保护,从而获得市场竞争的优势地位。如知识产权合规管理是企业为了保护其创新成果,确保其利益不受侵犯而采取的重要措施。它涵盖了创新成果产生到保护的一系列过程,旨在通过法律手段保护企业的知识产权,防止他人侵犯或滥用。企业进行有效的知识产权合规管理和合理的法律布局,能够确保其技术、品牌和商业秘密不被非法复制或盗用,保护自身知识产权不受侵犯,防止核心技术的泄露,从而保障企业的研发投入能够获得应有的回报,维护企业的核心竞争力。

(二)知识产权合规管理有助于企业维护其市场信誉和品牌形象

知识产权的合规管理是塑造品牌形象的关键。企业的知识产权,不仅

---

〔1〕参见张文妍、沈世娟:《企业知识产权合规及实现路径》,载《常州工学院学报(社科版)》2023年第4期。

仅是物质资产,更是一种无形的品牌资产。通过合规管理,企业可以确保自身知识产权的合法性和有效性,避免因知识产权问题引发的法律纠纷和不良影响,进而塑造企业标识,维护企业商誉、提升品牌形象。企业的知识产权被侵犯,不仅会造成直接经济损失,还可能损害企业的商誉。企业应当积极筹划,通过知识产权合规管理和专业的法律手段,维护自身合法权益,同时避免因处理不当而引发的声誉损失。通过知识产权合规管理,企业可以展示自身在技术创新、品牌建设等方面的实力,提升企业的声誉和形象。

(三)知识产权合规管理帮助企业规避法律风险

相较于动产、不动产等物权,知识产权的排他效力较弱,且没有实物载体,因此很难像控制有形物那样完全控制知识产权。例如,非知识产权权利人在符合一定法律条件的情况下,如"合理使用"、"法定许可"或"强制许可",可以使用相应的知识产权。一方面,随着法律法规的不断完善和市场监管的加强,企业在知识产权方面的不规范行为可能会受到严厉的法律制裁。企业如果不进行有效的合规管理,可能会侵犯他人的知识产权,导致企业遭受经济损失,影响企业声誉。另一方面,企业进行知识产权合规管理,可以有效地保护自身知识产权不受侵犯,防止核心技术泄露,从而维护企业的核心竞争力。有效的知识产权合规管理有助于降低企业知识产权侵权和纠纷的风险,进而提高企业的稳定性和可持续发展的能力。

(四)知识产权合规管理有助于企业提升内部管理效率

通过对企业内部员工进行的知识产权意识培训和对外部合作伙伴的合规要求,企业可以形成一种尊重和保护知识产权的良好氛围。这不仅能够激发员工的创新热情,还能够促进企业与合作伙伴之间的信任和协作,为企业的长远发展奠定坚实的基础。

(五)知识产权合规管理为企业创造效益

知识产权合规管理是企业发展的重要一环,它不仅关乎企业的创新能力和核心竞争力,还直接关系到企业的经济效益。完善企业知识产权合规管理会对企业经济效益产生以下影响。

第一,增加销售额。拥有自主知识产权的产品在市场上更具有竞争力,能够吸引更多的消费者，从而增加销售额，拥有自主知识产权的企业的销售额增长率通常高于同行。

第二，降低侵权风险。知识产权合规管理能够避免企业遭受侵权指控，从而降低法律风险和赔偿成本，提高企业的经济效益。

第三，增强企业信誉。知识产权得到有效保护，能够提升企业的信誉和形象，增加客户信任，进一步促进销售。

第四，获得经济收益。企业作为知识产权人，通过知识产权合规管理，可以开展专利授权、商标许可、知识产权投资、技术转化、产业链合作等业务，获取经济收益。

知识产权合规管理对研发效益也有较大的影响：一是提高研发效率。知识产权合规管理能够确保研发人员专注于创新，避免因侵权问题导致研发中断，从而提高研发效率。二是降低研发成本。拥有自主知识产权的研发成果能够避免因重复研发导致的资源浪费，降低研发成本。

（六）知识产权合规管理增强投资吸引力

知识产权合规管理不仅可以为企业创造效益，还有助于企业准确评估无形资产的价值，进行合理的资产配置和财务管理。投资者倾向于投资那些无形资产占比高、增长潜力大的企业，因此，合规的知识产权管理直接关系到企业的融资能力和市值管理。

知识产权合规管理还可以帮助企业构筑起坚固的知识产权防线，向投资者展示企业的知识产权合规记录，增强投资者对企业的信任，从而吸引更多的投资者。只有重视并不断优化知识产权合规管理，企业才能在竞争中立足。

（七）知识产权合规管理是企业上市的决定性因素之一

对于科创板上市公司来说，拥有一定数量和质量的知识产权是其能够成功上市的基础条件之一。据统计，自科创板设立后，大量计划上市的企业因为知识产权纠纷而未能成功上市。这是因为《科创属性评价指引（试行）》中明确要求“应用于公司主营业务并能够产业化的发明专利 7 项以上”作为评价企业科创属性的条件之一，因此企业是否具备核心自主知识产权，这些知识产权能否为企业带来持续的竞争优势，以及企业是否有能力维护和管理自身知识产权,将直接决定企业能否上市。知识产权对于科创板上市公司而言是不可或缺的基石。从上市前的资格审查到上市后的经营发展,再到与竞争对手的市场竞争,知识产权始终扮演着重要角色。因此,科创板上市公司必须高度重视知识产权的合规管理,以此来保障公司的长期健康发展。

(八)知识产权合规管理对于企业拓展国际市场影响重大

在全球化的背景下,企业不断拓展国际市场已经成为一种趋势。然而,随着商业版图的扩大,企业在跨国经营过程中面临的知识产权风险日益增加。因此,实施有效的企业知识产权合规管理显得尤为重要,它不仅保护了企业的创新成果,还为企业的国际化进程提供了强有力的法律支持和保障。

知识产权合规管理涉及领域广泛,包括商标、专利、版权、商业秘密等多个方面。对于拓展国际市场的企业来说,合理利用和管理这些知识产权,是其国际化战略能否成功的关键之一。合规管理不仅意味着要遵守当地的法律法规,还要充分地了解和应用国际条约与约定。通过精准的法律分析和策略部署,企业可以有效避免侵权纠纷,减少不必要的经济损失和声誉损害。

不同国家和地区的知识产权法律存在差异,企业在进入新市场时必须了解和遵守当地的知识产权法规。通过专业的知识产权合规管理,企业可以有效避免跨国经营中的知识产权冲突,确保其产品和服务能够顺利进入全球市场。知识产权合规管理是企业可持续发展的关键,它不仅能够帮助企业保护自身的创新成果,还能够提升企业的市场竞争力,规避法律风险,并可以使企业在全球化的市场环境中占据有利地位。因此,企业应当重视知识产权合规管理的建立和完善,将其作为企业战略规划的重要组成部分,以实现企业的长期稳定发展。

三、企业知识产权合规的必要性

虽然有些企业已经意识到知识产权合规的重要性,但是有些企业仍觉得知识产权合规并不是不可或缺的,为了节约企业成本,便有意无意地忽视知识产权合规建设。随着经济全球化的发展,市场竞争加剧,欧美、日韩等发达国家牢牢占据全球企业的顶端生态链,知识产权已经成为企业的核心竞争力,我国企业想在激烈的市场竞争中脱颖而出,就必须拥有自主知识产权,并对其进行有效的保护和管理。因此,企业必须重视知识产权的获取、保护、管理和运营,建立符合企业自身发展的知识产权合规体系,以提升企业的竞争力和市场地位。只有一家企业意识到知识产权合规的必要性并持续付诸实践,这家企业才有可能从一般企业蜕变为优秀企业,进而成长为卓越企业。

(一)企业知识产权合规的必要性体现

知识产权合规的必要性主要体现在以下几个方面。

首先,知识产权已经成为企业核心竞争力的重要组成部分,企业只有拥有自主知识产权,才能将核心技术牢牢地掌握在自己手里,从而在激烈的市场竞争中脱颖而出。知识产权合规是企业在激烈的市场竞争中立于不败之地的关键,可以显著提高企业的竞争实力和市场地位。因此,企业必须建立知识产权合规体系,加强对自身知识产权的保护和管理,确保自身知识产权的安全和稳定。

其次,知识产权合规有助于企业加快突破"卡脖子"问题。从国际发展环境变化来看,科技创新已成为大国之间角力的重要筹码。西方一些发达国家将知识产权作为重要手段,试图通过技术壁垒、技术管制、实体清单、严格审查和限制科技交流与合作等方式,持续加大对我国科技创新的全方位打压。因此,企业必须积极主动、深度参与知识产权合规体系的建立与完善,加强自主知识产权的创造、储备和保护,通过前瞻科研布局和关键核心技术突破,加快突破知识产权"卡脖子"问题,在维护企业正当权益时善于运用知识产权这一有力"斗争武器"。

再次,知识产权合规有利于科技成果的有效转化。知识产权是科技成果向现实生产力转化的桥梁和纽带,一头连着创新,一头连着市场。[1] 在科技成果转化过程中,知识产权合规不仅可以保障企业的合法权益,还可以激发企业更多的创新活力,推动产业结构升级,促进经济社会发展。因此,知识产权合规在推动科技成果转化、促进科技创新和经济发展方面具有重要意义。企业作为科技创新的主体,应当加强知识产权合规体系的建设和完

---

〔1〕 参见中共中国科学院党组:《保护知识产权就是保护创新》,载《求是》2021 年第 3 期。

善,为科技成果转化提供有力的制度保障,进而提高科技成果转化效率。

最后,知识产权合规可以维系企业的可持续发展。知识产权合规可以帮助企业维护自身的技术优势和品牌形象,避免被竞争对手模仿和侵权,从而保障企业的可持续发展。通过不断的技术创新和市场开拓,企业可以获得更多的知识产权,巩固自身的市场地位和竞争优势。随着我国经济的高质量发展,企业需要从追求数量向提高质量转变。知识产权合规有助于推动企业实现绿色发展、低碳发展,降低企业对环境的影响,从而实现可持续发展。

总之,知识产权合规是企业生存发展的必需品,是企业获得市场份额的"法宝",是企业打击竞争对手或侵权者的"武器",是企业利润增长的动力,是企业迈上更高台阶的基石,因此知识产权合规对于企业的必要性不言而喻。

(二)企业知识产权合规必要性的实践建议

1. 明确企业知识产权合规的总体策略

建设企业知识产权合规体系的首要步骤,是明确企业开展知识产权合规工作的总体策略。企业知识产权合规的总体策略需要兼顾"防止侵犯他人知识产权"和"保护自身知识产权"两个方面。企业的知识产权合规工作目标不宜仅限于"自证清白",还应当尽可能争取让自身知识产权取得充分保护,即企业不应仅被动服从规则,而是应当主动认识、遵守并充分利用规则以获取竞争优势。[1] 这是因为,一方面,企业要尊重和维护知识产权的合法权益,防止侵犯他人知识产权而引发法律风险,损害企业声誉和利益;另一方面,企业要积极维护自身知识产权,确保企业的创新成果得到充分保护,从而为企业创造持续竞争优势。

首先,企业应当重视防止侵犯他人知识产权。这包括在产品研发、生产、销售等各个环节,都要对知识产权进行充分了解和尊重,确保不侵犯他人的知识产权。企业要建立健全的知识产权管理制度,对员工进行知识产权意识培训,规范企业的知识产权行为。此外,企业还需密切关注行业动

---

[1] 参见张逸瑞、吴之洲等:《企业知识产权合规建设:时代内涵和实践要点》,载微信公众号"金杜研究院"2022 年 6 月 7 日,https://mp.weixin.qq.com/s/gVxReOiymL4CbYiMhwr_yw。

态，与同行业竞争对手保持合理竞争，避免陷入知识产权纠纷。

其次，企业应当积极保护自身知识产权。企业应全面了解知识产权法律法规，主动申请和注册自身的知识产权。在自身知识产权获得授权后，企业还需采取措施，确保自身知识产权得到充分实施和运用，将其转化为实际的生产力。此外，企业还需建立健全的知识产权维权机制，一旦发现侵权行为，要迅速采取法律手段维护自身权益。

最后，企业还应加强与政府机关、行业组织、合作伙伴等各方的沟通与合作，共同推进知识产权保护工作，营造良好的知识产权环境。

2. 建立健全的企业知识产权合规制度

企业知识产权合规体系的构建是一项系统性、全面性的工程，健全的企业知识产权合规制度应包括知识产权的获取、保护、运用、维权等环节。

（1）知识产权的获取

企业应按照法律法规和合同约定，通过自主研发、技术引进、合作开发等多种途径，积极获取知识产权。企业应注重知识产权布局，根据市场需求和战略规划，有针对性地申请专利、注册商标、登记著作权等，以保护企业的技术创新和品牌形象。

（2）知识产权的保护

企业应加强知识产权保护意识，对企业的知识产权进行定期审查和维护，确保知识产权的合法性和有效性。企业应建立健全知识产权保护内部管理制度，对知识产权的使用、转让、许可等行为进行规范，防止知识产权侵权行为的发生。同时，企业应关注行业动态，及时了解竞争对手的知识产权状况，防范潜在的侵权风险。

当发生知识产权侵权问题时，企业应积极维权以维护自身合法权益。企业应建立健全知识产权维权机制，包括法律咨询、证据收集、诉讼和仲裁等途径。在知识产权维权过程中，企业应注重协调和沟通，寻求最佳解决方案。同时，企业还应关注知识产权法律法规的变化，及时调整维权策略，提高维权效果。

（3）知识产权的运用

企业应充分发挥知识产权的价值，通过知识产权许可、转让、融资、入股等方式，实现知识产权的商业化运营。企业应积极探索知识产权跨界合作模式，拓展知识产权的市场应用空间，为企业创造更多的价值。此外，企业还应加强知识产权信息分析,利用知识产权数据为企业决策提供支持。

总之,建立健全的企业知识产权合规制度是企业可持续发展的重要保障,企业应在知识产权的获取、保护、运用、维权等环节,全面加强管理,提高知识产权合规水平,为企业的创新和发展提供有力支持。

3. 加强企业员工的知识产权保护意识

企业要在加强员工的知识产权保护教育与培训上下功夫,不断提高员工对知识产权的认识和意识。

首先,企业应加强内部培训和教育,提高员工对知识产权法律法规的认识和理解,确保企业在知识产权创造、运用、保护和管理方面的合规性。企业可以定期组织法律法规讲座、研讨会等活动,使员工深入了解知识产权法律法规,增强员工的合规意识。

其次,企业应建立健全知识产权管理制度,包括知识产权申请、审查、保护、维权和运营等方面的流程和机制,确保企业在知识产权方面的合法权益得到充分保障。企业可以设立专门的知识产权管理部门,负责制订、实施和监督知识产权管理措施,确保企业知识产权工作的有序推进。

再次,企业应注重对员工知识产权保护实际操作能力的培养,通过培训和实践,使员工掌握知识产权保护的基本技能,如专利检索、侵权分析、知识产权纠纷处理等,从而在实际工作中有效防范知识产权风险。

最后,企业还应树立榜样,鼓励员工积极参与知识产权保护工作,可以设立知识产权奖励制度,对在知识产权创造、保护和运用方面作出突出贡献的员工给予奖励。同时,企业要加强对知识产权保护重要性的宣传,使员工认识到自己在知识产权保护工作中的责任和价值。

4. 定期对企业知识产权合规体系进行监测和评估

企业应定期对其知识产权合规体系进行监测和评估,及时发现和解决潜在的知识产权问题。企业可以通过定期进行内部审计、合规检查,同专业机构合作,进行知识产权风险评估与管理,以确保知识产权的合法性和安全性。

首先,企业应定期进行内部审计和合规检查。内部审计可以帮助企业及时发现知识产权管理中的漏洞和不足,为企业改进合规体系提供依据。合规检查则能确保企业在日常运营中遵循相关法律法规,避免侵犯他人知识产权。企业可以通过制订详细的审计和检查流程,确保审计和检查工作的顺利进行。在进行内部审计和合规检查时,要对知识产权管理体系的运行效果进行评估，找出存在的问题并及时整改。通过持续改进，提高企业知识产权合规水平，降低知识产权风险。

其次，企业还可以与专业机构合作，进行知识产权风险评估与管理。专业机构具有丰富的经验和专业知识，能够为企业提供有针对性的风险评估报告和解决方案。企业可以根据风险评估结果，制订相应的风险防范措施，确保知识产权的稳健发展。同时，企业还可以借助专业机构的培训和辅导，提升自身知识产权管理水平。

最后，企业在实施知识产权风险评估与管理过程中，应注重与内部员工的沟通与协作。知识产权风险管理不仅是管理层的责任，也需要基层员工的积极参与，形成全员参与知识产权合规体系审查、评价以及优化的格局。

四、企业知识产权合规的有效性

企业知识产权合规的有效性需要企业能够根据自身情况和行业特点，制订符合企业自身实际的知识产权合规方案。例如，技术密集型行业的企业，要注重专利的申请和维护；文化创意产业的企业，要注重商标和著作权的保护。同时，企业还可以通过建立知识产权联盟、合作机制等方式，加强与其他企业的合作与交流，共同应对知识产权风险和挑战。

（一）企业知识产权合规的有效性要求

首先，企业需要密切关注国际国内知识产权法律法规的变化，及时调整自身的合规策略。

其次，加强知识产权信息监测，关注行业动态和竞争对手的知识产权布局，以发现潜在的知识产权风险。企业可以定期收集、分析和整理相关知识产权数据，对自身的知识产权状况进行全面了解。此外，企业还可以通过加入行业协会、参加行业交流活动等方式，及时获取知识产权领域的最新政策和法规信息。

再次，企业须重视知识产权纠纷的预防和应对。企业应了解自身知识产权的优势和弱点，针对性地制订知识产权保护策略。在涉及知识产权合同、技术交流、市场拓展等环节时，企业要充分运用法律手段，确保自身权益不受侵害。同时，企业还需加强与专业律师事务所、知识产权服务公司等外部机构的合作，以便在发生知识产权纠纷时，能够迅速获得专业支持。

最后,企业应注重知识产权的创造与运营。企业可以通过加大研发投入、优化研发体系,不断提高知识产权的创新能力。在知识产权运营方面,企业可以积极开展知识产权许可、转让、融资等业务,实现知识产权价值的最大化。

(二)企业知识产权合规有效性的实践建议

在企业知识产权合规有效性的实践建议方面,企业应建立健全的事前、事中、事后合规风险防控机制。

1. 事前合规风险识别机制

企业应建立健全的事前合规风险识别机制,以确保在经营管理活动中能及时发现潜在的合规风险。这包括对法律法规、企业政策、行业标准等进行系统学习和研究,以便对企业可能面临的知识产权合规风险进行全面分析。企业须根据相关法律法规,系统梳理各类潜在合规风险,并将其纳入合规风险库。该风险库应详细记录风险发生的可能性、影响程度、潜在后果等信息。针对典型性、普遍性和可能产生严重后果的风险,企业应及时发布预警,避免潜在风险演变为实际损失。企业不仅要建立合规风险库,而且还要定期维护合规风险库。企业应定期组织相关人员进行知识产权合规培训,增强员工的合规意识。同时,加强知识产权合规知识的宣传和推广,使全体员工充分了解合规要求,降低风险发生的可能性。

此外,企业还应在技术研发、市场营销、人员招聘等日常经营环节中加强知识产权风险的识别和预警工作,确保能在各个环节及时发现并应对潜在风险,降低潜在损失。

2. 事中合规风险应对机制

企业应建立高效的事中合规风险应对机制,针对不同类别的知识产权合规风险,提前制订相应的处置预案。预案应明确规定处置人员的权责、风险事件的描述、具体处置措施、处置时限以及与后续措施的衔接等内容。当风险发生时,企业可以迅速、准确地采取应对措施,降低损失。

企业要健全内部沟通机制,确保各部门之间及时交流知识产权合规风险信息。对于重大知识产权合规风险,企业还需考虑引入外部专业机构提供协助,并建立健全相关协作机制,提高企业在应对风险时的综合能力,确保企业在事中环节能有效应对各类风险。

3. 事后合规评价与追责机制

企业应建立完善的事后合规评价与追责机制，以确保知识产权合规体系的有效运行。企业须定期对知识产权合规状况进行评价，包括风险识别与分析的充分性、及时性，制度流程的有效性、完整性，部门人员权责落实程度以及第三方监管和举报机制等。根据评价结果，企业需不断完善合规体系，提高合规管理水平。

企业还应建立合规风险问责机制，对知识产权合规绩效目标、绩效奖金和其他激励措施进行定期评审。对于违反企业知识产权合规义务、目标、制度和要求的人员，企业应采取适当的纪律处分，并追究相关责任。企业应对已发生的知识产权合规风险案例进行总结，汲取经验教训，使企业内部的合规性得到有效维护。

企业知识产权合规体系的有效运行需要事前、事中、事后的全方位风险防控机制。企业应根据自身实际情况不断完善合规体系，确保知识产权得到有效保护并为企业的可持续发展奠定坚实基础。

第三节　企业知识产权合规的现状

企业合规已成为全球企业治理的一种方式。[1] 知识产权合规是企业合规管理的重要环节，它要求企业在对知识产权进行申请、加强保护，合法、合规地进行授权和转移的同时，还要建立预防知识产权侵权的风险机制。[2]

一、企业知识产权合规现状及特点

（一）面临全球化的影响

全球化对知识产权合规的影响是深远的。随着企业业务的国际化，企业需要遵守的法律法规也变得越来越复杂。这不仅包括企业所在国家的法

〔1〕 参见王子枫：《中国林产品进出口贸易对林业产业发展的影响分析——基于贸易竞争力指数》，载《中国林业经济》2021 年第 5 期。

〔2〕 参见闫加宁、辛艳：《我国林产品进出口贸易对林业产业的影响》，载《江西农业》2017 年第 13 期。

律法规,还包括企业业务活动涉及的其他国家的法律法规。

这种全球化的趋势使知识产权合规变得越来越困难。企业需要投入大量的成本和精力遵守不同的法律法规。因此,很多企业会聘请专门的律师、顾问,或者建立一个专门的知识产权管理团队来处理企业知识产权合规问题。

(二)面临数字化的挑战

数字化也对知识产权合规带来了新的挑战。随着数字技术的发展,知识产权的形式和性质也在发生变化。在数字环境中,知识产权的侵权行为变得更加复杂,例如,网络上的侵权行为可能涉及多个国家,这使知识产权的执行变得更加困难。点对点网络文件共享、在线视频流等新技术也给知识产权的保护带来了新一轮挑战。

为了应对这些挑战,知识产权相关的法律法规在不断地进行修订和更新。然而,这些法律的变化和不确定性也给知识产权合规带来了新的困难。

(三)合规的重视度提升

随着知识产权的价值越来越高,企业对知识产权合规的重视程度也在逐步提升。许多企业都设立了专门的知识产权管理部门负责知识产权的申请、管理和保护工作。此外,许多企业也开始对职工进行知识产权培训,以确保员工了解知识产权的重要性,提高员工对知识产权相关的法律风险的意识。

(四)技术工具在知识产权合规中的应用

为了提高知识产权管理和保护的效率,许多企业开始使用知识产权管理软件、大数据分析等各种技术工具来进行知识产权合规工作。这些技术工具的应用不仅可以提高企业对知识产权的管理效率,还可以帮助企业更好地保护知识产权,从而创造更大的价值。

二、企业知识产权合规管理的不足

近年来,随着国家对合规的倡导,企业合规相关文件、规定陆续出台,上市公司、国企合规管理逐步规范化,但大部分中小型企业对合规,尤其是对知识产权合规仍然重视不足。

（一）知识产权风险意识薄弱

很多企业对知识产权相关法律知识了解较少，对知识产权合规管理更是缺少经验，一些企业还仅仅停留在知识产权概念及申报流程层面，没有建立专门的知识产权部门，更没有建立企业内部的知识产权合规体系。

（二）知识产权合规管理制度不健全

目前我国很多企业未建立完善的知识产权管理制度，对知识产权的管理缺乏有效性。有些企业虽然建立了知识产权制度，但并没有实际全面运行，或者虽然成立了专门的知识产权管理部门，但并没有发挥管理效果，专业程度存在不足，很少有企业建立完善的知识产权合规管理体系。

三、知识产权领域企业合规的特殊问题

（一）知识产权合规存在的专业性难题

第一，知识产权本身包含大量的专业技术问题。知识产权的保护和利用涉及大量的专业技术问题。例如，如何确定一个新的发明是否具有专利性，需要对相关的技术领域有深入的理解和专业的判断。同样，如何判断一个商标是否与已存在的商标相冲突，需要对商标法和相关行业的知识有深入的了解。这些专业技术问题的处理，对知识产权的保护和利用具有重要的影响。

第二，知识产权法律的运用具有很高的专业性。知识产权的保护和利用需要依据相关的法律法规进行。这些法律法规通常具有很高的专业性，需要专业的法律人员进行解读和应用。例如，如何理解和应用专利法中的“新颖性”和“创造性”标准，如何理解和应用著作权法中的“独创性”标准，都需要具有专业法律知识的人员进行解读。

第三，知识产权的种类多样。知识产权包括版权、商标权、专利权、商业秘密等多种形式，每种形式都有其特定的保护对象、保护范围和保护方式。这种多样性使知识产权的保护和利用变得复杂，需要对知识产权的各个种类有全面和深入的了解。在企业合规改革中，这些专业性问题的表现不仅

关系到合规的适用性,还与实施合规的许多详细步骤密切相关。

(二)知识产权合规存在环节多、链条长的情况

在涉及商标的案件中,企业可能在商标许可、产品制造、产品销售,甚至产品宣传等多个环节中面临合规风险;在涉及著作权的案件中,风险可能覆盖作品的复制、发行、网络传播等过程。此外,企业在日常运营中可能面临的并不仅是单一类型的知识产权风险,它可能同时包含商标、版权、商业秘密等多种风险。因此,企业进行知识产权合规整改的复杂性相对较高。[1]

(三)知识产权案件跨区域的特点明显

近些年,知识产权犯罪的方式逐步专业化。在涉及商标的犯罪案件中,通过分工将制造和销售假冒商品的行为进行链式分割,将各个行为的实施地散布开来,以此来避开法律的风险,这种情况已经变得越来越常见,[2]导致知识产权案件中犯罪所在地、行为地和结果发生地不一致的情形普遍存在。在开展涉案企业合规整改过程中,检察机关面临企业合规调查及第三方监督考察的异地协作问题。具体来说,第一,存在信息沟通难题,由于地域间的距离,实时、有效的信息沟通成为一大挑战。如何确保信息的准确无误传递,以及如何处理因信息延迟带来的问题,是异地协作中需要解决的重要问题。第二,存在协调工作进度问题,异地协作还需要协调各地的工作进度,确保整改工作的顺利进行。这需要建立有效的工作协调机制,以便在不同地区的工作人员之间进行有效的工作协调。第三,存在相关规定差异问题,不同地区的相关规定可能存在差异也是异地协作中需要考虑的问题。如何在遵守各地相关规定的同时,保证整改工作的顺利进行,是异地协作中的另一个挑战。目前而言,该问题仍然缺乏可供参照相应规范。

总之,知识产权是国家战略性资源,是推动创新驱动发展的核心要素,也是保障市场主体公平竞争的重要手段。随着我国知识产权事业的快速发

---

[1] 参见李菲菲、肖启贤:《知识产权领域企业合规改革路径探析》,载《中国检察官》2023 年第 7 期。

[2] 参见陆川、郭大磊等:《知识产权犯罪呈现新特点新变化》,载《检察日报》2019 年 7 月 28 日,第 3 版。

展,知识产权领域的法律风险和合规需求日益突出,企业面临越来越多的挑战和困境。为了有效防范和化解这些风险,提高企业的创新力和竞争力,建立健全企业知识产权合规体系成为当务之急。

第二章　企业知识产权合规管理体系

企业知识产权合规管理体系，是企业创新发展的守护神，是市场秩序的维护者，它不仅关乎企业的创新能力和市场地位，更是企业参与国际竞争、实现可持续发展的关键要素。随着企业国际化步伐的加快，知识产权合规管理已成为企业出海过程中不可或缺的一环，其重要性日益凸显。因此，构建一套科学、高效的企业知识产权合规管理体系，不仅是企业自我保护的需要，更是推动行业健康发展、维护市场秩序的必然选择。构建企业知识产权合规管理体系是一项长期而艰巨的任务，需要企业上下一心，共同努力，只有通过不断完善和优化知识产权合规管理体系，企业才能有效保护自身的知识产权，在激烈的市场竞争中占据有利地位，实现长远发展目标。本章旨在为企业的知识产权合规管理提供理论指导和实践参考，带领读者一同探索这片“智慧之海”，领略合规管理的魅力。

第一节　企业知识产权合规管理体系概述

一、企业知识产权合规管理体系的定义

企业知识产权合规管理体系，是指企业为了规范知识产权管理、履行知识产权合规义务、防范知识产权风险、维护企业利益和保障发展而建立的一套系统化、规范化的管理体系。这一管理体系不仅关注知识产权的获取、保护和利用，同时也注重对知识产权活动中可能存在的风险、挑战进行评估和应对。企业知识产权合规管理体系的建立旨在确保企业在知识产权领域的合规性，提高知识产权管理的效率和水平，增强企业的竞争力和可持续发展能力。

企业知识产权合规管理体系是企业运营管理的重要组成部分，它涵盖了企业对知识产权的保护、管理和利用的方方面面。它的建立需要企业全面考虑知识产权的重要性，明确其在知识产权领域的目标和战略，建立相应的政策、流程和制度，以确保其在知识产权活动中的合法性、合规性和有效性。

二、企业知识产权合规管理体系的目标与意义

企业知识产权合规管理体系的目标和意义在于保护企业知识产权和促使企业遵守法律法规。企业知识产权合规管理体系的目标是企业建立和实施知识产权合规管理体系的基础，它不仅指导着企业在知识产权合规领域的具体操作，还对企业的长远发展和战略方向产生着重大影响。

（一）保护知识产权

知识产权是企业核心竞争力的体现和重要资产的体现，包括专利、商标、版权、商业秘密等。保护知识产权，既是保护企业自身利益，也是维护市场秩序，既要保护创新，更要推进创新。企业保护知识产权可以使其在市场中脱颖而出，与竞争对手形成差异化竞争优势，有助于提高其市场竞争力，凭借独特的技术或品牌占据优势地位。同时，企业对知识产权的保护能减

少其他企业继续模仿的可能性,帮助企业保持市场占有率和利润空间。保护创新成果能激励企业不断研发创新,促进科技进步和经济发展,知识产权作为创新活动的重要保障,在知识产权得到保护的前提下,企业会更愿意投入创新活动中,推动企业不断前进。

知识产权合规管理体系的建立,能够帮助企业及时发现和处理潜在的知识产权法律风险和经济损失;同时,通过鼓励企业持续进行技术创新和研发投入,确保企业自身的创新成果得到法律保护。

(二)遵守法律法规

知识产权领域涉及的法律法规较多,包括《专利法》《商标法》《著作权法》《反不正当竞争法》等。企业必须严格遵守这些法律法规,保证自身知识产权活动的合法性和合规性,这是保护企业自身合法权益的基础。只有在法律框架内开展知识产权活动,企业的知识产权才能得到法律的保护与支撑。一旦企业出现违反行为,将可能面临诉讼、罚款,甚至是失去知识产权的风险。所以企业必须提高对法律法规的认识与重视程度,通过对合规政策和流程的制订与执行来降低法律风险,如此企业的知识产权才能得到更好的保护。

建立知识产权合规管理体系,可以使企业及时发现潜在的违法违规风险,有利于企业进行合规管理,使企业在学习和了解有关法律法规的基础上及时更新相关知识,保证自身知识产权活动符合有关法律法规的要求。企业要充分重视知识产权合规管理体系的建设工作,建立和完善与之相适应的管理体系和制度,不断提高知识产权保护水平,为企业的可持续发展提供重要保障。

三、企业知识产权合规管理体系的主要内容

(一)知识产权合规管理体系和流程建立

企业需要构建完善的知识产权合规管理体系,明确内部流程和程序,包括知识产权的获取、管理、保护和利用等方面。首先,知识产权合规管理体系应该明确规定企业对知识产权的认识、保护和运用的基本原则,以及各部门和员工在知识产权管理方面的责任和义务。其次,企业需要建立流程和

程序，以规范知识产权的获取、管理、保护和利用等方面的活动。

（二）组织架构和责任分配

企业需要确定知识产权管理的责任部门和人员，并建立相应的组织结构和管理体系。通常情况下，企业会成立知识产权管理部门或委员会，负责统筹和协调企业的知识产权管理工作。该部门或委员会应该配备专门的知识产权管理人员和专家，以确保知识产权管理工作的专业性和有效性。此外，企业还需要明确各部门和员工在知识产权管理中的责任和义务，确保每位员工都能够履行其知识产权保护的责任。

（三）法律合规与监督

遵守法律法规是企业知识产权合规管理的基本要求和核心，企业需要了解并遵守包括《专利法》《商标法》《著作权法》《反不正当竞争法》等在内的国际国内知识产权相关法律法规。企业在开展知识产权活动时，需要严格遵守上述相关法律法规的规定，不能存在知识产权领域的侵权行为，不能有违法违规的其他经营行为。企业需要建立监督机制，加强对知识产权管理工作的监督检查，以确保企业知识产权活动的合法合规。这包括深化对知识产权相关政策和法律的理解，定期开展法律法规知识培训和教育；建立企业知识产权活动审查检查的合规审查制度，及时发现问题并予以纠正和完善。

（四）知识产权保护和应对措施

企业要建立应对知识产权侵权的措施和机制，对侵权行为及时采取法律手段维护自身的合法权益。建立有效的知识产权保护和应对措施，使企业的知识产权能够得到更好的保护，为企业创造竞争优势和市场地位；对于已有的知识产权，企业要采取一系列措施加以保护，包括申请专利、注册商标、登记版权等；对于已发生的知识产权侵权情况，企业要立即采取措施予以制止并追究侵权人的责任；对于涉及知识产权纠纷的案件，企业要积极参与，在法律框架内维护自身的合法权益。

（五）知识产权风险评估和管理

知识产权风险评估和管理是企业知识产权合规管理体系的重要环节。企业要开展对自身知识产权状况及所处行业竞争状况等外部环境的分析，定期对知识产权风险进行评估与分析，对可能产生的风险和问题做到心中有数，并据此采取相应措施加以应对，如建立风险预警机制等，做到有备无患；制订相应的风险管理方案和措施，通过强化内部管理与控制等手段，增强对自身知识产权风险的有效管控与控制，如建立风险管理制度等。通过风险管理和控制，企业能够对知识产权领域所面临的各种风险和挑战作出更好的反应，并有效保护自己的知识产权利益。

（六）员工培训和意识提升

企业需要开展员工培训，提高员工的知识产权保护意识，加强知识产权管理的执行力和有效性。培训内容包括知识产权法律法规的基本知识、知识产权保护的重要性和方法、知识产权管理的流程和程序等。通过员工培训，提升员工的法律意识和责任意识，增强他们在知识产权保护方面的主动性和积极性，为企业的知识产权管理工作奠定良好的基础。

（七）持续改进和监督

企业要建立持续改进和监督机制，对知识产权合规管理体系进行定期考核和监督，及时解决存在的问题和不足，不断提高知识产权管理水平。持续改进和监督是知识产权合规管理体系运行的关键所在，它有利于企业不断优化管理流程和机制，在提高管理效率的同时，保证知识产权活动的合法性、合规性和有效性，从而使企业在激烈的市场竞争中发挥更大优势。

企业知识产权合规管理体系是企业保护知识产权、遵守法律法规、提升竞争力和促进创新发展的重要保障。通过建立合规管理体系，企业能够有效管理和保护自身的知识产权，降低法律风险，提升市场竞争力，推动科技创新和经济发展。因此，企业应该高度重视知识产权合规管理工作，加强组织领导，完善管理机制，确保知识产权活动的合法性、合规性和有效性，为企业的可持续发展提供有力支撑。

第二节 企业知识产权合规管理体系建设

企业知识产权管理是现代企业管理必不可少的组成部分,构建知识产权管理机构、完善知识产权管理制度是保障企业可持续发展、推动企业规模良性扩大的必要保障。

一、企业知识产权管理机构的建设

企业知识产权管理机构是开展企业知识产权管理活动的组织保障,建设企业知识产权管理机构是确保企业知识产权得到有效管理和保护的关键环节。

企业知识产权管理机构的主要职能包括知识产权战略管理、知识产权情报信息管理、知识产权创造管理、知识产权维护、知识产权运用管理、知识产权纠纷处理、知识产权宣传培训、知识产权内外协调。围绕知识产权管理机构的职能要求,在建设知识产权管理机构时,需要考虑的重点事项包括以下几个方面。

第一,明确管理机构的定位与职责。确定管理机构在企业中的层级、隶属关系,以及其在知识产权管理方面的核心职责,如制订和执行知识产权管理策略,监督和协调知识产权的申请、维护、保护等工作。

第二,设立专门的知识产权管理部门。知识产权管理部门应具备独立性和专业性,由具备知识产权专业知识和经验的人员组成。同时,要确保该部门与其他相关部门(如研发、采购、市场等)保持密切沟通与协作。

第三,完善知识产权管理机构的管理制度和流程。管理制度和流程是确保管理机构有效运行的关键,包括制订知识产权申请、审批、维护、转让、纠纷处理等方面的管理制度和流程,明确各部门和员工的职责、权限。

第四,加强知识产权管理人员培训和团队建设。企业知识产权的管理人员是决定企业知识产权管理水平的关键因素,企业应该提高知识产权管理人员的专业能力,加强知识产权团队人员培训和团队建设,包括定期组织内部培训、外部培训、研讨会等活动,提升知识产权团队人员的知识产权知识和应用技能。

第五，建立绩效考核和激励机制。为激发员工参与知识产权管理工作的积极性，增强员工对企业的凝聚力，应当建立绩效考核和激励机制，包括但不限于将知识产权管理工作纳入绩效考核体系，对在知识产权管理工作中表现突出的员工进行奖励和晋升，同时，对违反知识产权管理制度的员工进行相应的惩罚。

第六，持续监测和评估管理效果。企业应定期对知识产权管理机构的工作进行监测和评估，了解管理效果和问题所在，根据评估结果，及时调整管理机构设置、优化管理制度和流程、加强人员培训等，以确保管理机构始终保持高效运行。

企业知识产权管理机构的建设是一个系统性、长期性的过程，需要企业高层领导的高度重视和支持。建立一个高效、专业的知识产权管理机构，可以为企业知识产权的保护和管理提供有力保障。

二、企业知识产权管理人才队伍的建设

企业知识产权管理人才是决定企业知识产权管理水平的关键因素，企业只有加强知识产权的人才队伍建设，才能做好企业知识产权管理的建设和实施。

第一，明确人才需求和定位。企业需要明确自身在知识产权管理方面的人才需求，包括所需的专业背景、技能水平和工作经验等。同时，也要根据企业的发展战略和目标，确定知识产权管理人才在企业中的定位和发展方向。

第二，制订人才选拔和培养计划。企业可以通过校园招聘、社会招聘等方式聘用具备知识产权专业背景或相关经验的人才。同时，制订内部培养计划，通过培训、轮岗等方式提升现有员工的知识产权管理能力。

第三，加强专业培训和技能提升。企业应定期组织知识产权管理方面的培训活动，邀请行业专家、学者或具有丰富实践经验的律师、专利代理人等进行专业知识授课。此外，还应积极加强与国内外同行、高校和研究机构等的知识产权交流与合作，分享经验、学习先进理念和技术，推动企业知识产权管理人才队伍的不断发展和壮大。

第四，建立激励机制和职业发展路径。企业应建立健全知识产权管理人才激励机制，包括薪酬激励、晋升机会、职业发展规划等。通过明确的职

业发展路径和激励机制，激发员工的工作积极性和创造力，促进人才的稳定和发展。

第五，强化团队协作和沟通。知识产权管理工作需要与其他部门密切协作，企业应建立有效的团队协作和沟通机制，确保知识产权管理团队与其他部门之间的顺畅沟通，通过定期的跨部门会议、项目合作等方式，加强团队之间的协作和配合。

第六，注重企业文化建设和价值观塑造。企业应注重知识产权管理人才的培养和成长环境建设，营造尊重知识、尊重人才的企业文化氛围。通过企业文化的引导和价值观的塑造，知识产权管理人才能够更好地融入企业，为企业的发展贡献力量。

企业知识产权管理人才队伍的建设是一项长期且艰巨的任务。企业需要不断完善知识产权管理体系、优化人才选拔与任用机制、强化培训与实践、建立绩效考核机制、加强交流与合作以及营造良好的文化氛围等多方面的措施，确保企业知识产权管理人才队伍的健康发展，为企业的知识产权保护和管理工作提供有力保障。

三、企业知识产权管理制度的建设

知识产权制度是企业知识产权管理机构建设的关键因素，也是企业开展知识产权管理活动的基础。制定企业知识产权管理制度应当遵循合法性、强制性、系统性、针对性、兼容性和可执行性等基本原则。

企业知识产权管理制度涉及的范围十分广泛，涵盖企业知识产权管理活动的全部内容，主要包括以下几个方面。

第一，知识产权保护政策。明确企业对知识产权保护的重视程度和战略意义，确定企业保护知识产权的目标和原则，包括明确知识产权在企业经营发展中的重要意义、知识产权的保护策略、知识产权发展计划等，确保企业的知识产权得到充分的保护。

第二，知识产权申请和维护程序。明确企业如何进行知识产权申请、维护和保护工作，包括申请程序、申请费用的管理、维护期限的设定以及维护流程的制订等。

第三，知识产权评估和管理。建立知识产权评估体系，对企业已有的知识产权进行评估和管理，包括评估知识产权的价值、确定合理的利用方式、制订保护措施、知识产权归属的处置原则,以及知识产权转让、许可、投资、质押的管理等,有助于企业更好地了解自身知识产权的价值和状况,从而作出更加明智的决策。

第四,知识产权监测和纠纷解决机制。建立监测机制,及时监测和发现侵权行为、竞业限制违约等可能发生的纠纷,并制订相应的纠纷解决流程、途径、措施和程序,有助于企业及时发现和处理知识产权纠纷,维护企业的合法权益。

第五,对员工进行知识产权意识培训。对员工开展知识产权基础知识、侵权行为界定、法律责任等方面的培训,提高员工的知识产权保护意识和能力。这有助于强化企业内部合规经营氛围,促使员工及时发现侵犯知识产权的行为,避免因侵权或被侵权行为造成损失。

第六,知识产权奖励制度。建立奖励制度,对在知识产权创造和保护中有重要贡献的员工给予奖励,激励员工创新和保护知识产权,有助于激发员工的创新热情,促进企业的技术创新和知识产权创造。

此外,企业可根据自身实际情况和需要,参照国家市场监督管理总局、国家标准化管理委员会发布的《企业知识产权合规管理体系要求》(GB/T 29490—2023)中的有关要求,建立知识产权保密制度、审计制度、财务管理制度、研发记录的保留和知识产权归属确认制度、知识产权合同签订和审查制度等。同时编制相应的工作流程、操作规程、记录表单等配套文件,对知识产权资源和生产经营活动中涉及的知识产权事项进行科学化、规范化的管理,形成可追溯的管理文件。

四、企业实际经营活动中的知识产权管理建设

知识产权贯穿于企业经营活动的各个环节,包括采购活动、产品研发活动、产品销售活动、技术转让(许可)、企业投资、企业并购、企业上市等多个方面。在企业的各类经营活动中,均不同程度地涉及知识产权问题,我们应该重视、加强企业经营活动中的知识产权管理建设。

(一)企业采购活动中的知识产权管理建设

企业采购活动中的知识产权管理是企业知识产权管理的重要环节之一,主要涉及对供应商的知识产权审查、采购产品的知识产权合规性检查、

采购合同中的知识产权条款管理等方面。

第一，供应商知识产权审查。企业在选择供应商时，应对其进行知识产权审查，包括了解其知识产权归属、知识产权管理情况、是否存在知识产权纠纷等，确保与有良好知识产权管理记录的供应商合作，降低采购过程中的知识产权风险。

第二，采购产品知识产权合规性检查。采购产品时，企业应对产品的知识产权合规性进行检查，包括产品是否侵犯他人的专利权、商标权、著作权等合法权益，确保采购的产品不侵犯他人知识产权，避免因此引发的知识产权纠纷。

第三，采购合同中的知识产权条款管理。采购合同中应明确知识产权的归属、使用、转让、侵权责任承担等条款，确保采购过程中知识产权的合法使用。同时，采购合同应对供应商的知识产权保护义务进行约定，并要求供应商遵守相关的知识产权法律法规。

第四，知识产权风险应对。采购活动中可能会遇到知识产权侵权纠纷等风险，企业应建立知识产权风险应对机制，包括与供应商协商解决、寻求法律援助等，确保企业的合法权益得到维护。

（二）企业产品研发活动中的知识产权管理建设

企业产品研发活动中的知识产权管理是企业整体知识产权战略的重要组成部分，涉及产品的研发、试验、商业化等全过程，以确保企业的技术创新成果得到有效保护，并为企业带来可持续的竞争优势，是企业知识产权管理的重点关注内容。

第一，研发前的知识产权检索与分析。在产品研发之前，企业应对专利、商标、技术秘密等知识产权进行全面的检索与分析，以评估研发方向的创新性和可行性，避免侵犯他人的知识产权，同时避免重复研发和落入“专利陷阱”。

第二，制订研发知识产权策略。企业应根据研发项目的特点和目标制订相应的知识产权策略，包括技术秘密保护、专利申请、商标注册等，确保研发成果得到充分的保护。

第三，加强研发团队的知识产权培训。企业应提高研发团队的知识产权意识和保护能力，确保研发人员在研发过程中能够遵循知识产权法律法规,避免侵权行为的发生。

第四,研发过程的知识产权保护。研发过程中,企业应采取必要的知识产权保护措施,如加强技术秘密的保密管理、建立研发成果归档制度等,确保研发成果不被泄露或非法使用。

第五,研发成果的知识产权评估与申报。企业应及时对研发成果进行知识产权评估,明确知识产权的权属、价值和保护方式,并适时进行专利、商标等知识产权的申报工作,确保研发成果得到法律保护。

第六,建立研发知识产权管理制度。企业应制订和完善研发知识产权管理制度,明确研发过程中各环节的知识产权管理要求和责任,确保知识产权管理工作的规范化、制度化。

(三)企业技术转让(许可)中的知识产权管理建设

企业技术转让(许可)中的知识产权管理涉及企业核心技术的保护、价值的最大化以及潜在风险的防控。企业技术转让(许可)中的知识产权管理重点关注六个方面的内容。

第一,知识产权评估。在进行技术转让(许可)之前,企业首先需要对涉及的知识产权进行全面的评估,包括专利的有效性、商标的知名度、技术的先进性和市场潜力等。评估可以确定技术的真实价值,为后续的谈判和合同签订提供依据。

第二,制订技术转让(许可)策略。企业应根据评估结果和企业的战略目标,制订合适的技术转让(许可)策略,包括确定转让(许可)的范围、方式、期限、费用等关键要素,以确保企业的利益最大化。

第三,合同谈判与签订。企业在确定技术转让(许可)策略后,需要与受让方(被许可方)进行合同谈判。在谈判过程中,企业应重点关注知识产权的归属、使用、保护、违约责任等条款,确保合同条款的明确、具体和合法。同时,在签订合同时,企业应确保合同内容符合相关法律法规的要求。

第四,知识产权监控与维权。在技术转让(许可)后,企业应密切关注受让方(被许可方)对知识产权的使用情况,如果发现侵权行为或不当使用行为,应及时采取维权措施,保护企业的合法权益。同时,企业还应建立健全的知识产权监控机制,定期对受让方(被许可方)的知识产权使用情况进行检查和评估。

第五，风险防控。在进行技术转让（许可）时，企业应充分考虑技术泄露、受让方（被许可方）违约等潜在风险因素。为了降低这些风险，企业可以采取签订保密协议、设置高额违约金等相应的防控措施。

第六，知识产权档案管理。对于技术转让（许可）过程中的知识产权文件、合同等重要资料，企业应建立完善的档案管理制度对资料进行保存和管理，确保资料的完整性和可追溯性，为后续的知识产权维权和管理提供有力支持。

（四）企业宣传活动中的知识产权管理建设

企业宣传活动中的知识产权管理涉及企业对外宣传过程中涉及的商标、专利、著作权等知识产权，这些知识产权是企业的重要资产，需要得到妥善管理和保护。企业在进行宣传活动时，应注意以下方面。

第一，知识产权审查。在宣传活动开始之前，应对使用的商标、专利、图片、文本等素材的所有知识产权进行审查，确保它们是企业合法拥有且在有效期内的，或者已经获得了合法的使用许可。

第二，制订宣传策略。在制订宣传策略时，应充分考虑知识产权的利用和保护，明确宣传活动中要展示的知识产权内容，以及如何利用这些知识产权来提升企业形象和产品价值。

第三，知识产权使用许可。如果宣传活动中需要使用他人的知识产权，应事先获得合法的使用许可，与知识产权所有者协商并签订知识产权使用许可合同，明确使用范围、期限、费用等事项。

第四，加强宣传团队的知识产权培训。提高宣传团队的知识产权意识和保护能力，确保在宣传活动中遵循知识产权法律法规，避免侵犯他人知识产权。

第五，监控与维权。密切关注宣传活动中知识产权的使用情况，以及时发现和处理潜在的侵权风险。如果发现侵权行为，及时采取维权措施，保护企业的合法权益。

第六，建立知识产权档案。对宣传活动中使用的知识产权进行归档整理，建立知识产权档案。这有助于跟踪和管理知识产权的使用情况，为后续的知识产权维权和管理提供支持。

企业实际经营活动中的知识产权管理建设需要企业从多个方面入手，与业务战略相结合、完善内部管理制度、加强风险防控、促进知识产权转化

(许可)运用、加强培训与教育、利用外部资源与合作以及加强信息化建设。通过这些措施的实施,企业可以更好地保护创新成果、维护核心竞争力,并在激烈的市场竞争中保持领先地位。同时,企业还应不断总结经验教训,不断完善和优化知识产权管理建设,以适应不断变化的市场环境和业务需求。

第三节 企业知识产权合规管理体系流程[1]

一、概述

根据企业知识产权合规管理体系,按照"策划—实施—检查—改进"(PDCA)循环方法运行,依据《企业知识产权合规管理体系要求》(GB/T 29490—2023)的具体规定,企业知识产权合规管理体系流程包括如下阶段和步骤(见图 2－1)。

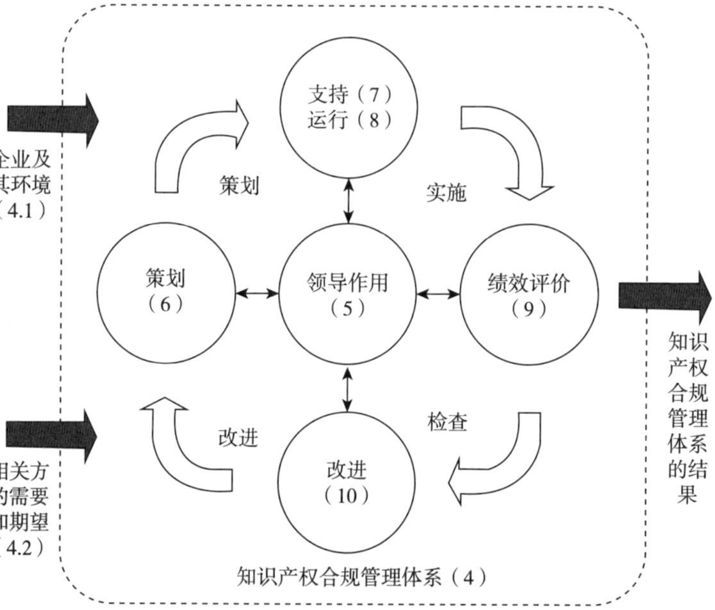

图 2－1 企业知识产权合规管理体系流程

[1] 本节内容参考国家市场监督管理总局、国家标准化管理委员会:《企业知识产权合规管理体系要求》(GB/T 29490—2023),载国家知识产权局网,http://c.gb688.cn/bzgk/gb/showGbtype = online &hcno = 6C9E44962BB8DD0AEF329110DB456C14。

第一,策划(plan)阶段。理解企业所处的环境及相关方的知识产权管理需求和期望,建立知识产权合规管理体系的方针、目标及其过程,识别并应对风险和机遇,确定实现结果所需的资源以及必要的措施。

第二,实施(do)阶段。在企业的业务环节(产品或服务的立项、研发/设计/制作、采购、生产和服务提供、销售和售后)中获取、维护、运用和保护知识产权,履行知识产权合规义务。

第三,检查(check)阶段。根据方针、目标、要求和策划的活动,对过程以及产品或服务进行检查和评价,并报告结果。

第四,改进(act)阶段。根据检查结果持续改进知识产权合规管理体系及其绩效。

二、策划阶段

(一)理解企业所处的环境

了解影响企业知识产权合规管理体系的内外部环境,确定影响企业知识产权合规管理体系的构建、预期结果能力的内外部事项,包括经济和社会发展状况、法律和监管环境、市场环境、技术发展趋势、企业价值观、经营战略、企业创新战略、知识产权战略、品牌战略、产品或服务所涉及的核心技术和企业知识产权状况等。

(二)理解相关方的知识产权管理需求和期望

相关方系与知识产权合规管理体系有关的相关方,包括最高管理者、企业内部各个层级、客户、供应商、竞争对手等。

企业应确定与知识产权合规管理体系有关的相关方的需求,确定其需要通过知识产权合规管理体系予以解决的需求,并对相关方及其需求进行识别、监视和评审。

(三)建立知识产权合规管理体系,识别知识产权合规义务,应对知识产权合规风险和机遇

企业应明确知识产权合规管理体系的边界和适用性,即企业应结合上述(一)、(二)项及其产品或服务来确定知识产权合规管理体系的范围,通过

企业知识产权的类型和管理重点制订知识产权获取、维护、运用、保护的要求，制订整体方针、目标，建立知识产权合规管理体系，确定并保持、保留成文信息。

企业应系统识别源于企业经营活动、产品或服务的知识产权合规义务，并评估其对运行所产生的影响，建立适当的合规程序，既识别新增及变更的知识产权合规义务，又评价已识别的变更的知识产权合规义务所产生的影响，并对知识产权合规义务管理实施必要的调整，以确保持续合规。

企业应维护其知识产权合规义务的成文信息，确保知识产权合规已按照策划进行，证实知识产权合规义务的履行，确保知识产权合规与企业经营发展相适应。

三、实施阶段

企业知识产权合规管理体系的实施主要包括两大方面——合规体系运行及其运行中企业各方面的支持，实施过程中应创建并保持成文信息，以保障知识产权合规管理体系稳定、有效、持续地运行。

（一）企业知识产权合规管理体系的运行

1. 知识产权的基础管理

（1）知识产权的获取

企业应根据知识产权目标，制订不同类型知识产权的获取计划，明确获取的方式或途径；确保所获取的知识产权的数量和类型与企业的经营和发展相适应。通过受让等途径获取知识产权，企业应在受让前开展尽职调查，评价其价值和权利的稳定性；建立必要的审核机制或工作流程，排除以下行为：非正常申请专利、不以使用为目的的商标恶意注册、不正当获取他人商业秘密、歪曲/篡改/剽窃他人作品、其他非法获取的情形；企业应保留有关知识产权获取的成文信息，并对其实施有效的管理。

（2）知识产权的维护

企业应建立知识产权分类管理档案，并对其进行日常维护；知识产权权属变更与放弃；宜进行知识产权相关会计信息披露；宜建立知识产权会计核算档案，有条件的企业定期对知识产权的成本和知识产权的产出效益进行核算；宜对涉及知识产权的产品或服务的资料加以保管，包括宣传、广告、促销、包装、说明书等；宜进行知识产权分级管理；应保留有关知识产权维护的成文信息，并实施有效的管理。

（3）知识产权的运用

①实施和使用。企业可评估知识产权对企业的贡献，监控知识产权的合规实施和使用。

②许可和转让。企业应制订许可或转让方案，开展知识产权评估。

③企业应对投融资与企业重组涉及的知识产权开展尽职调查，评估其风险和价值。

（4）知识产权的保护

①风险管理。具体包括以下四点：（a）避免或降低生产经营活动中侵犯他人知识产权的风险；（b）定期监控可能涉及他人知识产权的状况，分析可能发生的纠纷及其对企业的损害程度，提出防范与应对预案；（c）对知识产权风险进行识别、分析和监测，采取风险控制措施；（d）建立涉密管理要求，并按要求开展商业秘密管理工作等。

②争议处理。具体包括以下两点：（a）及时发现和监控知识产权被侵犯的情况，提出应对方案，运用自力救济、行政和司法救济等途径保护知识产权；（b）处理知识产权纠纷时，评估协商、诉讼、仲裁等不同处理方式对企业的影响，选取适宜的方式。

2. 经营管理

（1）项目立项

①分析项目所涉及的知识产权信息，如各关键技术的专利和专利权人信息、商标权利人信息、作品、作品元素的著作权及与著作权有关权利的信息等。

②通过知识产权分析与市场调研相结合，明确项目对应产品、技术潜在的合作伙伴和竞争对手。

③进行知识产权风险评估，并将评估结果、防范预案作为项目立项与整体预算的依据。

④针对重大项目，宜要求与项目组人员签署保密协议，明确具体保密内容、范围等。

（2）生产和服务提供

①鼓励涉及产品、生产设备或工艺方法、服务规范或流程的技术进行改

进与创新，并及时对技术进行评估、确认，必要时明确保护方式。

②规范生产和服务提供过程中的工艺文件、图纸、原料配方、技术路线、内部指令、服务规范、源程序代码、创意等的使用管理，采取适当保密措施。

（3）销售和售后

①产品或服务对外宣传、参展、销售或以其他方式提供前，应对产品或服务所涉及的知识产权状况、目标市场的知识产权保护环境以及竞争对手的知识产权情况进行全面审查和分析，评估知识产权风险及其对企业的损害程度，向最高管理者或管理者代表发出警示性信息，提出防范与应对预案。

②向境外提供产品或服务前，还应尽职调查，分析可能涉及的知识产权风险，适时在目的地进行知识产权申请、注册和登记，对向境外提供的涉及知识产权的产品或服务宜运用相应的边境保护措施。

③建立产品销售市场监控程序，采取保护措施，及时跟踪和调查相关知识产权被侵权情况，建立和保留相关记录。

④产品或服务升级或市场环境发生变化时，及时进行跟踪调查，调整知识产权策略和风险规避方案，适时形成新的知识产权。

（4）合同管理

①应对合同或要约中有关知识产权的条款进行合规审查，并保留成文信息。

②检索与分析、预警、申请、诉讼、侵权调查与鉴定、管理咨询等知识产权对外委托业务合同中，应约定知识产权权属、保密等内容。

③委托开发或合作开发合同中，应约定知识产权权属、保密、许可及利益分配、后续改进的权属和使用、侵权责任承担等。

④由外部供方提供过程、产品和服务时，应视合同性质对知识产权权属、许可使用范围、商业秘密保护、知识产权侵权责任、救济方式、免责条款等内容进行约定。

⑤委托加工、来料加工、贴牌生产等对外协作合同中，应明确保密、知识产权权属、许可使用范围、侵权责任承担等。

⑥开展销售活动时，宜在合同中明确保密、知识产权权属、许可使用范围、侵权责任承担等。

⑦承担涉及国家重大专项等政府支持项目时，应了解项目相关的知识

产权管理规定，并按照要求进行管理。

3. 知识产权合规管理

(1)合规审查

企业应基于知识产权合规义务的履行，在知识产权基础管理和经营管理(见前文述)过程中实施必要的审查，并保留成文信息。

(2)提出疑虑

企业应确立、实施和维护一个报告过程，以鼓励和促进(在有合理理由确信信息真实的情况下)报告试图、涉嫌或实际存在的违反知识产权合规义务的行为。

(3)调查过程

首先，企业应开发、确立、实施并维护过程，以评估、评价、调查有关涉嫌或实际的知识产权不合规情形的报告，并作出结论，定期向最高管理者或管理者代表报告调查的次数和结果。其次，调查过程应由具备相应能力的人员独立进行，且避免利益冲突。最后，企业应视情况利用调查结果改进知识产权合规管理体系(同下改进阶段)。

(二)企业对知识产权合规管理体系的支持

企业应确定并提供各种支持，以建立、实施、保持和持续改进知识产权合规管理体系。

四、检查阶段

企业知识产权合规管理体系应通过绩效评价体系来确保合规义务被履行，并应保留成文信息，作为评审结果的证据。

(一)分析与评价

企业应根据获得的企业知识产权合规管理体系数据和信息进行分析形成分析结果，并利用分析结果评价以下方面：知识产权价值实现的符合性；知识产权合规管理体系的绩效和有效性；策划是否得到有效实施；知识产权合规的监测结果应对风险和机遇所采取措施的有效性；外部供方的绩效；知识产权合规管理体系改进的需求。

(二)内部审核

1. 审核策划

企业应策划、制订、实施审核方案,包括频次、方法、职责、策划要求和报告,规定每次审核的目标、准则和范围,选择审核员并实施审核,以确保审核过程客观公正。

2. 审核实施

企业应依据策划的要求开展内部审核,以确保知识产权合规管理体系符合法律法规、部门规章、政策等要求,符合企业自身对知识产权合规管理体系的要求,并得到有效实施。

3. 审核重点

企业应确定内部审核的重点,包括:是否存在或潜在存在侵犯他人知识产权的行为或风险及他人知识产权被侵犯的情况;知识产权合规义务及履行情况,不合规监测结果;前次审核中发现的问题的改进情况。不同类型知识产权要进一步考虑相关事项,如内部审核中,商标的审核重点包括是否针对企业需求申请注册商标,是否存在不以使用为目的的商标恶意注册,是否存在商标的不规范使用等。

(三)管理评审

1. 评审要求

最高管理者应依据策划的要求开展管理评审,以确保知识产权合规管理体系的适宜性、充分性和有效性,确保知识产权合规管理体系与企业的战略方向保持一致。

2. 评审内容

评审内容应包括:以往管理评审所采取的措施;与知识产权合规管理体系相关的内外部事项的变化,包括知识产权合规义务及变更情况;有关知识产权合规管理体系绩效和有效性的信息;资源的充分性;改进的机会;应对风险和机遇所采取措施的有效性。

3. 评审结果

评审后,企业应根据评审情况,作出相关评审报告,并进行下一步改进。

五、改进阶段

企业应确定和选择改进机会，并采取必要措施，以持续履行知识产权合规义务，应对知识产权风险和实现知识产权价值，提升企业的竞争力。

（一）不合格和纠正措施

企业应对出现的不合格或不合规情况进行调查与评价，分析和确定不合格或不合规的原因，明确所需采取措施及其实施范围，实施相应的措施，并对所采取纠正措施的有效性进行评审。

企业应保留成文信息，作为纠正措施实施及结果的证据。

（二）持续改进

企业应持续改进知识产权合规管理体系的适宜性、充分性和有效性。

企业应结合分析和评价的结果以及管理评审报告，确定是否存在风险、新的需求或机遇，对于这些需求或机遇，应将其纳入持续改进的范畴加以应对。

第四节　企业知识产权合规管理体系资源

企业在管理其知识产权资产时，需采取一种全面且具有前瞻性的策略，这涉及多个层面的专业知识和技能。该过程不仅要求对市场动态进行深入分析以形成竞争情报，还涉及对专利、商标、版权和商业秘密等无形资产的综合保护。此外，企业还需掌握知识产权相关的法律诉讼程序，以进行有效的维权行动。同时，知识产权的商业价值评估、资产融资和投资等经济活动，也是现代企业管理不可或缺的一部分，包括知识产权申请、保护、执行和商业化等关键环节，所有工作都离不开完整体系的资源支持以及人员安排。

一、财务管理

（一）财务管理在企业知识产权合规中的现状

缺乏专门的知识产权财务管理团队。许多企业的财务部门并未专门设置负责知识产权管理的团队或人员，这导致知识产权相关的财务问题可能无法得到专业且及时的处理。

知识产权资金管理不规范。在知识产权的申请、维护、诉讼等方面，资金管理往往不规范。例如，缺乏明确的预算和支出计划，或者资金使用不透明，这些都可能增加企业的财务风险。

知识产权价值评估困难。知识产权的价值往往难以准确评估，这导致在财务管理中很难对知识产权的价值进行合理计量和反映，从而影响企业的财务决策。

知识产权合规风险识别不足。财务管理部门在识别和处理知识产权合规风险方面可能存在不足，这将导致企业因违反知识产权相关法律法规而面临罚款、诉讼等风险。

缺乏与知识产权部门的紧密合作。在很多企业中，财务部门和知识产权部门往往是相互独立的，这可能导致两部门之间的信息传递不及时，影响知识产权合规管理的效果。

（二）知识产权合规保障中多发的财务管理问题

1. 知识产权价值合规

公司法层面允许企业对其产权进行评估后实缴，为科创型企业的公司运营提供了法律资产支撑，但法律也对公司未足额实缴以及虚假出资进行了限制和规定。[1] 因此，对于知识产权产生的价格评估应当由合法合规的专业评估机构进行定价、评估和申报。

其中，影响知识产权价格的因素包括：

（1）市场价值。市场价值是知识产权在市场上的交易价格，这可能通过类似知识产权的交易、许可协议或市场比较法进行评估。

（2）收益法。常见的方法包括贴现现金流法、贴现盈利法和市净率法。

（3）成本法。成本法是基于知识产权的创造成本来评估其价值。这包

---

〔1〕《公司法》第48条第2款规定："对作为出资的非货币财产应当评估作价，核实财产，不得高估或者低估作价。法律、行政法规对评估作价有规定的，从其规定。"第88条规定："作为出资的非货币财产的实际价额显著低于所认缴的出资额的股东转让股权的，转让人与受让人在出资不足的范围内承担连带责任；受让人不知道且不应当知道存在上述情形的，由转让人承担责任。"

括投入的人力、技术、研发和其他成本。

(4)技术评估。对于技术性的知识产权,技术评估是评估技术创新和技术水平的重要方法。

(5)法律保护。知识产权的法律保护程度是一个重要的评估标准,强大的法律保护通常意味着知识产权更有价值。

(6)市场竞争。需考虑知识产权所在市场的竞争程度,在竞争激烈的市场中,具有独特性和竞争优势的知识产权价值可能更高。

(7)技术趋势和市场趋势。需了解相关技术和市场的趋势,以确定知识产权未来的潜在价值。

(8)使用和经济环境。要考虑知识产权的实际使用情况和经济环境,其用途和应用领域会对价值产生影响。

(9)品牌价值。对于与商标和品牌相关的知识产权,品牌的知名度、声誉和市场份额是影响其价值的重要因素。

2. 知识产权税务合规

(1)会计折旧和摊销处置

知识产权作为一项无形资产,存在折旧和摊销的会计处理,而折旧和摊销会降低企业的利润,从而影响经营过程中的应纳税费。实务中出现的问题更为复杂,会计上认可的折旧和摊销规定与税法上的规定大相径庭,因此关于价值方面的处置,应当同时兼顾不同法律的规定。[1]

(2)研发费用合规处置

研发活动一般分为自主研发、委托研发、合作研发、集中研发等多种方式。实践中,委托研发和合作研发容易混淆,且两种方式下对应的研发费用加计扣除处理不同。对于委托研发,允许委托方按照实际支付给受托方研发费的80%加计扣除,委托境外机构研发的,可加计扣除金额不得超过境内符合条件研发费的2/3,同时受托方不得加计扣除。合作研发则由合作各方就自身实际承担的研发费分别计算加计扣除。因此,企业需结合业务的具体情况准确判断研发活动方式,并进行相应的税务处理。

一般而言,合作研发的条款内容约定由合作各方共同参与研发项目,明

---

〔1〕《所得税法实施条例》第67条第1款、第2款规定:"无形资产按照直线法计算的摊销费用,准予扣除。无形资产的摊销年限不得低于10年。"

确约定合作各方各自承担的研发内容、工作进度、研发期限及地点等;约定合作各方为研发项目提供的研发经费、技术资料和条件等;约定合作各方研发成果的交付方式,包括交付形式、数量、交付时间及地点等;约定按照特定的标准和方法对合作各方研发成果进行验收。

委托研发的条款内容约定由一方委托另一方进行研发工作,明确对受托方研发技术目标、技术内容、技术方法及路线以及研发进度的要求;约定委托方向受托方支付研发经费和报酬;约定由受托方向委托方交付研发成果,委托方对研发成果进行验收。

(3)知识产权转让合规

①增值税。税法意义上的知识产权,按照税务部门的要求分为技术转让和其他一般知识产权转让。[1] 技术转让免征增值税,[2] 此处所称技术转让,系指前述文件正向列举的技术成果。所称技术开发,系指《销售服务、无形资产、不动产注释》中"研发和技术服务"中的"研发服务"活动(不必与技术成果研发相关)。

研发服务也称技术开发服务,是指新技术、新产品、新工艺或者新材料及其系统进行研究与试验开发的业务活动。此处须指出的是,免税并非针对所有的技术咨询、技术服务,须有限定条件,即与技术转让或技术开发密切相关。对此可以理解为:转让方须向受让方提供必要的技术咨询与技术服务,以确保受让方能够顺利采用所转让技术并实现其产业化。此外,技术咨询与技术服务的收益应与技术转让或技术开发项目的收入合并收取,并且相关的费用应当在同一张发票上,与技术转让或技术开发的费用一并开具。2021 年之后,按照"放管服"的改革要求,单位和个体工商户适用增值税减征、免征政策的,在增值税纳税申报时按规定填写申报表相应减免税栏次即可享受,相关政策规定的证明材料须留存备查。据此,针对技术转让业务,纳税人应在所在地省级科技部门进行认定登记,但无须到税务部门备

---

〔1〕 财政部、国家税务总局《关于将国家自主创新示范区有关税收试点政策推广到全国范围实施的通知》(财税〔2015〕116 号)规定,税法意义上的技术包括专利(含国防专利)、计算机软件著作权、集成电路布图设计专有权、植物新品种权、生物医药新品种,以及财政部和国家税务总局确定的其他技术。

〔2〕 财政部、国家税务总局《关于全面推开营业税改征增值税试点的通知》(财税〔2016〕36 号)规定,纳税人提供技术转让、技术开发和与之相关的技术咨询、技术服务的,免征增值税。

案,否则,不得享受免税优惠。

②企业所得税。符合条件的技术转让所得免征、减征企业所得税,即在一个纳税年度内,居民企业技术转让所得不超过500万元的部分,免征企业所得税;超过500万元的部分,减半征收企业所得税。但对于居民企业从直接或间接持有股权之和达到100%的关联方处取得的技术转让所得,不享受技术转让减免企业所得税优惠政策。

二、人力资源

(一)当前企业知识产权管理体系中人力资源管理存在的问题

多数公司尚未充分意识到知识产权的核心价值,因此在人力资源的规划与配置上未能将其作为重点,这导致公司内部缺少对知识产权有深入了解并能熟练运用的专才,进而在申请、维护及捍卫知识产权的过程中显得力不从心。同时,员工在加入公司后,未能接受充分的知识产权相关培训,影响了他们在日常工作中维护公司知识产权的能力。此外,企业在员工入职后往往未能建立一套完善的激励和评价体系,在一定程度上削弱了员工保护公司知识产权的意愿和主动性,并且企业的保密措施往往不够严密,导致知识产权容易被泄露或被盗取。

(二)人力资源合规流程

1. 员工背景调查

(1)对新加入的员工进行详尽的背景审查是公司人力资源管理的一项常规且基础的任务。在此过程中,人力资源团队应扩展其审查范围,以包含对候选人知识产权相关历史的考察。通过员工主动申报以及公司尽职背调等方式,确定员工是否曾经作为权利人申请相关的知识产权权利。其中,除了专利权可以通过公开系统进行查询外,著作权以及商标权的调查以员工自行申报为主。如涉及重大保密行业或者有技术壁垒的企业单位,除员工本人涉及的知识产权权利外,还应当针对其配偶以及近亲属的无形资产持有情况进行调查。

(2)在关键行业中,技术人才的流动往往会引起企业间的争议,这通常是因为对新加入员工的知识产权背景缺乏深入了解和全面调查,对潜在的知识产权风险评估不足。为了防止因不当竞争而产生连带责任，企业在招聘与知识产权密切相关的岗位时，应要求新员工签署知识产权声明。该声明应包括以下关键点：新入职员工声明其与任何第三方不存在知识产权争议；其加入不会对企业造成任何知识产权纠纷；若个人原因引发纠纷，导致企业损失，将由该员工个人承担相应责任。

2. 员工入职管理

（1）完善员工劳动合同条款，明确员工入职前的知识产权归属、职务创作的权属、保密条款等内容，避免员工因入职前的知识产权权属造成新研发技术出现侵权风险、权属不明风险。

（2）明确发明创造人员享有的权利和负有的义务，包括所有权、使用权、转让权或者技术更新迭代产生的新智力成果归属，是否存在继续维护和使用的义务或者权益。

（3）针对掌握企业核心机密的技术人员及可能接触到关键技术信息的管理岗位人员，企业应基于公平原则，与其协商确定竞业禁止条款，并提供相应的经济补偿。此外，企业应在内部规章制度中明确员工的保密责任和竞业禁止的义务，以保护企业的核心技术不被外泄或滥用。

3. 员工职务终止管理

（1）员工职务终止包括多种情况，其中多发的情形为正常的劳动合同到期终止、劳动合同提前解除，以及非正常原因产生的员工职务终止。

（2）在企业运营与管理的各个阶段中，劳动合同的终止或解除时，商业秘密外泄的风险往往最高。因此，在此过程中做好保密工作，防止信息泄露，对于企业来说至关重要。当员工离职时，人力资源部门须向其提供关于知识产权的提示，内容应涵盖知识产权的归属、竞业禁止的条款以及保密协议等关键事项。掌握企业核心知识产权的员工在离职时应签署相关的知识产权协议，或执行已有的竞业限制协议，以明确界定其在离职后的权利、义务以及保密的责任和期限。

（3）对于解除企业重点核心技术以及商业秘密人员，如研发岗、技术岗等岗位的员工相关部门应当采用知识产权排他授权的方式，授权企业对相关产品的继续使用，避免人员流动导致产品产生侵权以及违法风险。

4. 员工激励机制和绩效考核制度

（1）无形资产具有非实体的性质，其研发和市场效果无法即刻体现在生产经营中，具有一定的周期性和沉默期，如没有相应的奖励机制和考核制度，会导致无法产生企业持续更新和发展的新治理成果，面对这一情形，公司人力资源部门需要建立一套知识产权激励与惩处机制，旨在奖励那些在研发和创新活动中表现突出的员工。

(2)依据相应的法律条文和规章制度，企业应就员工在知识产权的创造、维护及应用方面所做贡献给予相应奖励与补偿。同时应当注意，对于员工的职务作品，以及其个人利用非工作时间创作完成且与工作无关的作品和技术，应明确是否需要取得授权或者许可，避免仅支持单一类型的技术研发。

(3)企业须将涉及知识产权的目标设定与任务执行纳入其绩效评估体系，并定期对相关员工进行绩效评估。此外，若员工个人原因导致知识产权受损，应由该员工承担相应的责任。对于该类处罚性或者奖励性质的文件，法律规定如需要对员工进行适用，必须通过工会同意并且公开至员工方可生效。[1]

三、审计

(一)知识产权审计合规概述

知识产权审计是对企业或组织的知识产权管理状况进行的全面、系统的审查和评估。其目的是确保企业或组织在知识产权的申请、维护、运用和保护等方面符合法律法规和内部管理制度的要求，防范潜在的法律风险，并优化知识产权管理策略。审计的范围通常包括专利、商标、著作权、商业秘密等各类知识产权。审计过程中，审计人员需要采用问卷调查、访谈、资料审查、实地考察等多种方法，对企业或组织的知识产权进行全面、深入的审查。审计内容包括知识产权的申请、维护、运用和保护情况，以及知识产权管理制度的完善程度和执行情况等。

---

〔1〕《劳动合同法》第4条第2款规定："用人单位在制定、修改或者决定有关劳动报酬、工作时间、休息休假、劳动安全卫生、保险福利、职工培训、劳动纪律以及劳动定额管理等直接涉及劳动者切身利益的规章制度或者重大事项时，应当经职工代表大会或者全体职工讨论，提出方案和意见，与工会或者职工代表平等协商确定。"

（二）知识产权合规审计的重点

1. 权属确认审计

企业是否对应当注册的知识产权进行注册，是否存在遗漏注册的情况。部分企业经营多年都没有考虑过无形资产的价值，因此在申请或者注册过程中，会发现存在有其他第三方已将相关权利据为己有，因此权属审计是所有审计工作的重点，同时也是合规审计的基础，确保企业使用的知识产权都是合法、有效的。企业所拥有的知识产权的权属证明文件，如专利证书、商标注册证、作品登记证书等，这些文件是证明企业权属的重要凭证，需要确保其真实性和有效性。另外，企业应当同时核查相关知识产权管理机构的登记情况，如专利局、商标局、著作权局等。通过与这些机构的数据进行比对，确认企业的知识产权登记状态是否与实际相符。在审查权属证明文件和登记情况的基础上，审计团队还需要审查企业的权属变更记录，这包括知识产权的转让、许可、质押等情况，以确保企业在权属变更过程中符合法律法规和内部管理制度的要求。

2. 知识产权有效性审计

不同的权利内容因其特殊性，造成知识产权的有效性不一，[1]因此审核企业所持有的无形资产是否仍在有效期是重点工作。其中，着重审核点在企业是否存在实际使用知识产权却未注册的情况，比如商标权、专利权。著作权因其人身性质，其产生和使用的时候不需要进行注册，但也应当确认其创造的独创性以及是否存在最初创作完成的原始资料。

实务管理过程中，经常存在企业多年未使用相关知识产权的情况，按照法律规定，如果常年未使用相关权利，有关知识产权有可能会被第三方予以撤销，如著名的“康王”商标。1995 年，北京康丽雅健康科技总公司首先注册

---

〔1〕《商标法》第 39 条规定，注册商标的有效期为十年，自核准注册之日起计算。第 40 条第 1 款规定，如果注册商标有效期满并且需要继续使用，商标注册人应在期满前十二个月内按照规定办理续展手续。每次续展注册的有效期也是十年。《著作权法》第 23 条规定：“自然人的作品，其发表权、本法第十条第一款第五项至第十七项规定的权利的保护期为作者终生及其死亡后五十年，截止于作者死亡后第五十年的 12 月 31 日。如果是合作作品，截止于最后死亡的作者死亡后第五十年的 12 月 31 日。”《专利法》第 42 条规定：“发明专利权的期限为二十年，实用新型专利权的期限为十年，外观设计专利权的期限为十五年，均自申请日起计算。”

了“康王”商标，随后在 2001 年 4 月，该公司授权云南滇虹药业集团股份有限公司使用该商标。到了 2003 年 5 月，北京康丽雅健康科技总公司与云南滇虹药业集团股份有限公司签订了转让“康王”商标的协议，使后者成为该商标的合法持有者。然而，在商标权转移之前，广东省汕头市康王精细化工实业有限公司，即原潮阳市康王精细化工实业有限公司，已经基于连续 3 年未使用的理由，向商标局提交了撤销“康王”商标的请求。这种长时间未使用知识产权导致知识产权被撤销的情形应当被重点关注。

3. 知识产权合同合规审计

知识产权转让合同或者许可合同中，应当明确知识产权的使用范围和使用方式，确保在合规的范围内使用，避免侵权使用。同时应当确认有关合同的条款双方对知识产权许可协议的履行情况，双方在实际经营过程中是否超出了授权范围。不同的知识产权权属内容不同，如授权的内容不完整或者仅仅是某项权利的单独授权，则被授权人在经营过程中不可随意扩大使用权利。

4. 知识产权保密管理

企业是否已构建起一套完善的保密管理机制，是否对涉密人员进行了明确界定，是否对保密事项的登记和接触权限作出了规定；对于可能导致知识产权秘密外泄的设备，企业是否对其使用者、使用目的、操作方法及流转过程进行了规范化管理；企业是否划定了涉密信息的具体范畴，是否对保密等级、保密时限以及保密资料的传递、保管和销毁流程作出了明确规定；企业是否对涉密区域进行了明确划分，并对客户及参观人员可活动的范围作出了相应规定。

5. 其他审计内容

企业是否已构建起一种以知识产权为核心的合规文化；企业是否针对技术人员、知识产权管理人员以及全体员工，制订了分层次的合规培训体系；企业是否通过提升员工对知识产权保护的意识、塑造知识产权的价值观，以及通过倡导创新和尊重知识产权的文化，来加强知识产权文化的培育和建设。

第五节　企业知识产权合规管理体系实例分析

知识产权合规管理帮助企业对知识产权进行合法、有效且高效的管理，提升企业技术创新能力，增加企业的经济效益和价值，增强企业的核心竞争力和市场优势，推动企业实现可持续发展。

下面以某高科技医疗诊断仪器企业为例，介绍该企业如何通过建立和实施一套完善的知识产权合规管理体系，有效地激发和保护企业的技术创新动力和成果，提升企业的经济效益和社会价值，增强企业的核心竞争力和市场优势。该企业的知识产权合规管理体系涵盖了知识产权的战略规划、组织架构、流程控制、风险防范、绩效评价等方面，取得了显著的效果和优势，为其他企业的知识产权合规管理提供了一定的借鉴和参考。

一、案例企业的知识产权概况

案例企业是一家国内领先的高新科技企业，主要从事医疗诊断仪器的研发、生产、销售和服务。该企业拥有多项国内外的知识产权，主要包括专利权、商标权、著作权、软件著作权等，涉及医疗诊断仪器的各个领域和方面，如仪器的设计、结构、功能、软件、算法、界面、外观等。截至 2022 年年底，该企业共拥有专利权 418 件，其中发明专利 218 件，国内外注册商标权 681 件，软件著作权 28 件。该企业的知识产权不仅数量众多，而且质量优良，多数知识产权具有较高的创新性、实用性和市场价值，为该企业的技术创新和市场竞争提供了有力的支撑和保障。

二、企业的知识产权合规管理体系

为了有效地激发和保护其知识产权的价值和效益，该企业按照“策划—实施—检查—改进”（PDCA）循环方法建立和实施了一套完善的知识产权合规管理体系流程，涵盖了知识产权的战略规划、组织架构、流程控制、风险防范、绩效评价、问责机制等方面，具体如下。

（一）策划阶段：知识产权战略规划

案例企业高度重视知识产权的战略地位和作用，将知识产权作为企业发展的核心驱动力和竞争优势，制订了明确的知识产权战略规划，包括以下内容。

第一，确定知识产权战略目标。案例企业根据自身的技术特点和市场需求，确定了知识产权战略目标，即通过知识产权的创造、运用、保护和管理，提升企业的技术创新能力和水平，增强企业的市场竞争力和品牌影响力，实现企业的可持续发展和价值增长。

第二，制订知识产权战略措施。案例企业根据知识产权战略目标，制订了具体的知识产权战略措施，包括加大知识产权的投入和支持，优化知识产权的结构和布局，强化知识产权的运用和维权，完善知识产权的管理和评价等。

第三，落实知识产权战略责任。案例企业明确了知识产权战略规划的责任落实，将知识产权战略规划纳入企业的总体发展规划，由企业的最高领导层负责制订和监督，由知识产权中心负责组织和实施，由各相关部门和人员负责配合和执行，形成了知识产权战略规划的落实机制。

（二）实施阶段：知识产权组织架构与流程控制

1. 知识产权组织架构

案例企业非常重视知识产权的组织架构，建立了专门的知识产权中心负责企业的知识产权的创造、运用、保护和管理等工作，具体包括以下内容。

（1）确定知识产权中心的职能和职责。知识产权中心是企业的知识产权管理的核心部门，主要负责企业的知识产权的战略规划、制度建设、流程控制、风险防范、绩效评价等工作，为企业的技术创新和市场竞争提供了专业的知识产权服务和支持。

（2）确定知识产权中心的组织和人员。企业的最高领导层负责知识产权战略的制订和实施，对知识产权合规管理的目标和方向进行决策和指导，对知识产权合规管理的效果和水平进行监督和评价。同时，知识产权中心拥有一支专业的知识产权管理人员队伍，由知识产权中心的主任、副主任，以及具有知识产权专业背景和经验的人员组成，负责知识产权合规管理的具体工作,是知识产权管理的执行者和实施者。知识产权管理人员具有较高的知识产权专业素养和管理能力,须定期参加知识产权的培训和考核,不断提高其知识产权理论和实践水平,为知识产权合规管理提供保障。

(3)知识产权管理协作。案例企业建立了有效的知识产权管理协作机制,实现了知识产权管理的内部协作和外部协作,增强了知识产权管理的协同效应和综合效益,实现了知识产权合规管理的协作优化。内部协作是指知识产权中心与其他相关部门(如研发部、生产部、销售部、法务部)之间的协作,通过沟通和协商,解决知识产权合规管理中的问题和困难,如知识产权的申请、运用、维权等。外部协作是指知识产权中心与外部律所、代理机构之间的协作,通过委托和合作,完成知识产权合规管理中的工作和任务,如知识产权的审查、登记、纠纷诉讼等。

2. 知识产权流程控制

案例企业把知识产权合规管理作为流程控制,建立了一套完整的知识产权管理流程,涵盖了知识产权的创造、运用、保护和管理等各个环节,最大限度地保证流程的标准化和规范化,主要包括以下几个方面。

(1)知识产权申请流程。案例企业从技术创新成果的发现,最后到知识产权的申请授权,形成了一套完整的知识产权申请流程,包括以下几个步骤。

①技术创新成果的发现和登记。研发部门在完成技术创新项目后,及时发现和登记技术创新成果,填写技术创新成果登记表,报送知识产权中心。

②知识产权的申请条件的评估和筛选。知识产权中心对技术创新成果登记表进行评估和筛选,确定技术创新成果是否符合知识产权的申请条件,给出评估意见,报送最高领导层。

③知识产权的申请类型的选择和确定。最高领导层根据评估意见,选择和确定知识产权的申请类型,准备知识产权的申请材料,提交知识产权中心和法务部。

④知识产权的申请材料的审核和修改。知识产权中心和法务部对知识产权的申请材料进行审核和修改,确保知识产权申请材料的合法性、有效性、完整性,并给出审核意见。

⑤知识产权的申请提交和审查。知识产权中心对知识产权的申请材料

进行最后的确认和修改,然后提交到相应的知识产权机构,等待知识产权的申请审查,与知识产权机构进行沟通和协商,直到知识产权的申请审查通过,获取知识产权的申请授权,填写知识产权的申请记录表,报送最高领导层。

(2)知识产权授权流程。案例企业从知识产权的申请授权,到最后的知识产权的授权维持,形成了一套完整的知识产权授权流程,包括以下几个步骤。

①知识产权的授权登记。知识产权中心在获取知识产权的申请授权后,及时进行知识产权的授权登记,将知识产权的授权信息登记到企业的知识产权管理系统和国家知识产权登记系统中。

②知识产权的授权公告。知识产权中心在完成知识产权的授权登记后,及时进行知识产权的授权公告,将知识产权的授权信息公告到企业的官方网站和国家知识产权公告系统中。

③知识产权的授权维持。知识产权中心在完成知识产权的授权公告后,及时进行知识产权的授权维持,按照知识产权的法律规则和行业规范,定期或不定期缴纳知识产权维持费用。

(3)知识产权维护流程。案例企业建立了一套规范的知识产权维护流程,涉及知识产权的维护意识的培养、知识产权的维护费用的支付、知识产权的维护效果的评价等方面,包括以下几个步骤。

①知识产权的变更登记。知识产权中心在知识产权的授权期间,及时进行知识产权的变更登记,如知识产权的权利人、权利范围、权利期限等发生变化,将知识产权的变更信息登记到企业的知识产权管理系统和国家知识产权登记系统中。

②知识产权的延续续展。知识产权中心在知识产权的授权期限即将到期前,及时进行知识产权的延续续展,如申请延长知识产权的授权期限。

(4)知识产权运用流程。案例企业制订了一套完善的知识产权运用流程,包括以下几个步骤。

①确定知识产权运用目的。知识产权中心根据企业经营目标和市场环境,明确知识产权的运用目的,如提高技术创新能力、增加经济效益、增强核心竞争力、实现战略布局等。

②选择知识产权运用方式。知识产权中心根据知识产权的运用目的,

选择诸如自主运用、许可运用、转让运用、质押运用、联合运用等合适的知识产权运用方式,并确定知识产权运用的范围、期限、费用、责任等,准备知识产权运用的合同和材料,提交法务部审核。

③评估知识产权运用效果。知识产权中心根据知识产权运用合同的履行情况,评估知识产权运用的效果,如知识产权运用的收入、利润、竞争力、创新力等,以便于了解和改进知识产权运用的水平和贡献度。

(5)知识产权维权流程。案例企业制订了一套完善的知识产权维权流程,包括以下几个步骤。

①监测知识产权侵权情况。知识产权中心通过市场调研、专利检索、竞争分析等渠道,及时发现和收集知识产权侵权的线索和证据,如侵权产品、侵权行为、侵权主体等,登记知识产权侵权情况。

②识别知识产权侵权事实。知识产权中心根据知识产权侵权的线索和证据,识别和分析知识产权侵权的事实,如是否构成侵权的主体、客体、行为、结果等,给出知识产权侵权的识别意见,如侵权、不侵权、存疑等。

③选择知识产权维权方式。知识产权中心根据知识产权侵权的识别意见,选择合适的知识产权维权方式,如协商、行政投诉、司法诉讼等,并确定知识产权维权的目标、期限、费用、责任等,准备知识产权维权的申请和材料,提交法务部审核。

④执行知识产权维权结果。与知识产权维权机构和侵权方进行沟通和协商,解决知识产权维权中的问题和疑问,获取和执行知识产权维权的结果,如侵权停止、侵权消除、侵权赔礼、侵权赔偿等,维护企业的合法权益。

(三)检查阶段:知识产权风险识别与绩效评价

1. 知识产权风险识别

案例企业在面对知识产权风险时,采取较为全面的管理策略,最大限度地保证能够及时发现、评估、应对各种风险。具体措施包括以下内容。

(1)明确风险管理目标。知识产权中心根据企业的经营目标和市场环境,确定知识产权风险识别的目标,如保护知识产权权益,提高知识产权管理水平等,并选择市场调研、专利检索、竞争分析等合适的知识产权风险识别方法。

(2)信息和数据的综合分析。知识产权中心根据知识产权风险识别的目标和方法，收集和分析知识产权风险识别的信息和数据，如知识产权的类型、数量、质量、结构、价值等，以及知识产权的使用情况、竞争情况、法律情况等，以了解和掌握知识产权的现状和特点，以及知识产权可能存在的风险和问题。

（3）识别和评估知识产权风险的来源和影响。知识产权中心根据知识产权风险识别的信息和数据，识别和评估知识产权风险的来源和影响，如知识产权的侵权风险、丧失风险、泄露风险等，以及知识产权风险的发生概率、损失程度、影响范围等，以确定和排序知识产权风险的优先级和重要性，以及确定知识产权风险的应对策略和措施。

（4）采用先进技术手段。引入知识产权管理软件和监测工具，如区块链技术用于确保知识产权的真实性和不可篡改性，人工智能算法用于分析大数据，预测潜在的侵权行为。

（5）专业平台的建设。开发内部知识产权信息管理平台，实现知识产权资产的数字化管理，提高风险识别的效率和准确性，并实施内部信息共享，促进跨部门的信息流通和协作，加快风险响应速度。

（6）强化职能部门的协同。明确知识产权中心、研发部、市场部等职能部门在风险管理中的角色和责任，形成有效的风险管理团队。

（7）问责机制的完善。建立明确的问责机制，确保每个部门和个人都能对知识产权风险管理负责，对于管理不善导致的损失，实行追责制度。

（8）记录和报告知识产权风险识别的结果和建议。知识产权中心根据知识产权风险的来源和影响，记录和报告知识产权风险识别的结果和建议，填写知识产权风险识别报告，报送最高领导层。

2. 知识产权绩效评价

案例企业为定期或不定期地对知识产权的管理效果和价值进行评价，了解和改进知识产权的管理水平和贡献度，建设了知识产权绩效评价制度，该制度主要包括以下内容。

（1）绩效评价体系。知识产权中心根据企业的经营目标和市场环境，确定知识产权绩效评价的目标，如提高知识产权的价值和作用，优化知识产权的结构和布局等，建立综合评价体系，从财务、市场、技术等多维度对知识产权绩效进行评价。

（2）绩效跟踪机制。知识产权中心根据知识产权绩效评价的目标和方法,收集和分析知识产权绩效评价的信息和数据,如知识产权的类型、数量、质量、结构、价值等,以及知识产权的收入、利润、竞争力、创新力等,以了解和掌握知识产权的管理效果和价值。

(3)评估和比较知识产权绩效的水平和贡献度。知识产权中心根据知识产权绩效评价的信息和数据,评估和比较知识产权绩效的水平和贡献度,如知识产权的数量、质量、结构、价值等是否达到预期目标,是否符合行业标准,是否优于竞争对手,是否促进了企业的经营发展等,以确定和排序知识产权绩效的优劣和差异,以及确定知识产权绩效的改进方向和措施。

(4)记录和报告知识产权绩效评价的结果和建议。知识产权中心根据知识产权绩效的水平和贡献度,记录和报告知识产权绩效评价的结果和建议,填写知识产权绩效评价报告,报送最高领导层。

(四)改进阶段:持续优化与问责机制

为了保障知识产权合规管理体系的有效性和适应性,案例企业制订了持续改进的措施,并建立了严格的问责机制。

1. 持续改进的措施

案例企业根据内外部环境的变化,不断优化和调整知识产权管理策略和流程。具体措施如下。

(1)环境监测。知识产权中心定期监测市场变化、技术进步和法律法规的更新,以便及时调整知识产权战略和管理措施。

(2)反馈机制。建立有效的反馈机制,由知识产权中心收集内部员工和外部客户的意见和建议,用于改进知识产权管理。

(3)创新激励。鼓励创新思维和方法在知识产权管理中的应用,如采用新技术提高知识产权管理的效率。

2. 严格的问责机制

案例企业制订了明确的问责机制,以保障企业的每个人都能对知识产权管理负责。具体措施如下。

(1)责任明确。对于知识产权管理的各个环节,明确各部门和个人的责任和职责,确保知识产权管理的有效执行。

(2)考核评价。实施绩效考核,根据知识产权管理的结果对相关部门和个人进行评价和奖惩。

(3)追责制度。对于管理不善导致的知识产权损失,实行追责制度,确保知识产权管理的严肃性和有效性。

三、案例企业的知识产权合规管理的成效和优势

案例企业通过建立和实施一套完善的知识产权合规管理体系,有效地激发和保护了企业的技术创新动力和成果,促进了企业的技术进步和转化,提高了企业的经济收入和利润,增加了企业的市场份额和品牌影响力,树立了企业的社会责任和形象,为企业的可持续发展提供了有力的支撑和保障,具体表现如下。

(一)技术创新能力和水平的提升

案例企业每年投入大量的资金和人力,开展高水平的技术研发活动,形成了一批具有自主知识产权的高新技术产品,这些产品不仅具有较高的技术含量和市场潜力,而且具有较强的知识产权保护力度和竞争力度,为企业的技术创新提供了强有力的支撑和保障。据统计,案例企业的技术创新投入占营业收入的比例达到了10%;案例企业的技术创新产出占营业收入的比例达到了15%;案例企业的技术创新效率(技术创新产出与投入的比值)达到了1.5。这些数据充分说明了案例企业的技术创新能力和水平的提升,也反映了案例企业的知识产权合规管理的效果和水平的提升。

(二)经济效益和价值的提升

案例企业通过知识产权的运用和维权,将企业的技术创新成果转化为经济收入和利润,通过知识产权的自主运用、许可运用、转让运用等方式,获取知识产权的运用收入,为企业的经济效益提供了有力的支持和保障,提高了企业的经济效益和价值。

(三)市场份额和品牌影响力的提升

案例企业通过知识产权的保护和维权,防止了企业的技术创新成果被竞争对手模仿或抢占,增强了企业的市场优势和竞争力,扩大了企业的市场份额和占有率。同时,因为有知识产权的运用和宣传,还提高了企业的品牌知名度和美誉度,增强了企业的品牌影响力和吸引力,如案例企业通过知识

产权展览、展示、讲座、培训等活动,向社会公众展示了企业的技术创新成果和知识产权成果,传播了企业的技术创新理念和知识产权理念,有效地提升了企业的市场份额和品牌影响力。

(四)社会责任和形象的提升

案例企业建立和实施知识产权合规管理体系,是遵守知识产权法律法规和行业规范的体现,维护了知识产权的秩序和公平,同时尊重知识产权的价值和尊严,促进了知识产权的创新和发展,为科技进步和经济发展作出了贡献,体现了企业的社会责任和担当。

四、案例企业的知识产权合规管理的不足和改进措施

(一)不足之处

案例企业虽然在知识产权合规管理方面取得了一定的成效,但也存在一些不足,需要进一步改进和完善,主要表现在如下方面。

第一,合规管理意识和重视程度不够高。案例企业的一些基层部门和人员对知识产权合规管理的重要性和必要性还缺乏充分的认识和理解,对知识产权合规管理的规则和要求还缺乏充分地遵守和执行,导致知识产权合规管理的效果和水平还有待提高。

第二,合规管理制度和规范不够完善。案例企业一些知识产权合规管理的细节和环节还缺乏相应的制度和规范,部分制度和规范还不够明确和具体,造成知识产权合规管理的流程和效率还有待完善和提高。

第三,合规管理方法和手段不够先进。案例企业一些知识产权合规管理的工具和技术还缺乏相应的更新和创新,知识产权合规管理的质量和水平还有待提高。

第四,合规管理协作和优化不够有效。案例企业一些知识产权合规管理的内部协作和外部协作还缺乏相应的机制和平台,导致知识产权合规管理的协同效应和综合效益有待提高。

(二)改进措施

为了改进和完善企业的知识产权合规管理,案例企业可以采取以下几

种措施。

第一,加强合规管理培训和宣传,提高合规管理意识和重视程度,使企业的各级各部门和人员明白知识产权合规管理的重要性和必要性,认真遵守知识产权合规管理的规则和要求,参与知识产权合规管理的活动和过程,形成一种积极的合规管理氛围和文化。

第二,完善合规管理制度和规范,提高合规管理制度和规范程度,使企业的各个环节和细节都有相应的制度和规范,保护和利用企业知识产权的权益和利益,防范和化解企业知识产权的风险和损失。

第三,更新和创新合规管理方法和手段,提高合规管理方法和手段的先进性,使企业的各种工具和技术都有相应的更新和创新,以适应知识产权的发展变化和市场需求,提高企业知识产权的管理效率和质量,增加企业知识产权的竞争优势和创新优势。

第四,加强合规管理协作和优化,提高合规管理协作和优化程度,使企业的各个内部协作和外部协作都有相应的机制和平台,促进企业知识产权合规管理的协同效应和综合效益,实现企业知识产权合规管理的优化和创新。

第三章 企业出海的知识产权合规

知识产权作为企业的重要资产，不仅关乎企业的核心竞争力，更是企业在海外市场立足和发展的基石。随着全球化的加速推进，越来越多的企业开始寻求海外市场的拓展机会。然而，企业出海并非易事，特别是在知识产权合规方面，面临着诸多挑战和风险。不同国家和地区的知识产权法律法规存在差异，企业出海时必须充分了解并适应这些差异，以避免知识产权问题而引发纠纷和损失。企业出海知识产权合规是一项复杂且艰巨的任务，企业需要充分了解海外市场的法律法规和监管要求，加强知识产权的管理和保护工作，不断提升自身的竞争力和风险应对能力，只有这样，企业才能在海外市场中立足和发展，实现全球化的战略目标。本章将重点探讨企业出海过程中的知识产权合规问题，以期为企业在海外市场的稳健发展提供一定的指导和借鉴。

第一节　企业出海知识产权合规管理概述

一、企业出海知识产权合规管理的定义

随着全球化进程的不断推进和经济环境的持续变化，我国企业面临的挑战与机遇日益复杂，对我国企业来说，出海正从“可选项”慢慢变成“必选项”，飞书点跃（BeyondClick）发布的《2023 年中国企业出海信心报告》显示，87.6% 的被调研企业对布局海外业务表现出积极心态，超六成企业有海外业务拓展计划。我国企业出海历经 40 余年的发展，模式持续迭代，目前主要包括产品/服务出海、制造出海、模式出海三类，出海路径则以海外并购、投资自建及供应商合作为主。[1] 无论采用哪种模式和路径，企业出海必然涉及信息流、物流或服务流的跨境及国别转换，在信息流、物流或服务流上承载的知识产权将面对国别转换所带来的复杂法律挑战，国别转换不仅意味着企业必须适应不同的市场环境和文化差异，更关键的是，它们需要在法律层面上应对各种各样的知识产权保护标准和知识产权合规要求。

知识产权的合规，即履行企业的全部知识产权合规义务，知识产权合规义务是企业必须遵守的涉及知识产权的强制性要求，以及在此基础上企业自愿选择遵守的涉及知识产权的要求。[2] 企业出海活动中所体现的知识产权合规要求由于各国法律法规、国际条约、监管规定、行业准则、商业惯例、道德规范的不同，而存在较为明显的差别，因此企业出海活动中的知识产权合规义务与知识产权合规本身即存在地域性特点，需要根据涉及的特定国家的不同而专门进行研究和应对。同时，企业出海活动往往涉及多个国家（至少包括出发国和目的国），在确定知识产权合规义务以及进行知识产权合规管理过程中，需要综合考量不同国家知识产权制度所带来的知识产权管理联动和冲突问题。

以常见的产品出海为例，产品出海过程中，会经历从生产国到销售目的

---

〔1〕 参见 36 氪研究院：《2023 - 2024 年中国企业出海发展研究报告》，载 36Kr 网 2024 年 1 月 30 日，https://36kr.com/p/2625803603557512。

〔2〕 相关规定参见《企业知识产权合规管理体系要求》（GB/T 29490—2023）。

国的过程，部分情况下可能还需长期或短期经过仓储中转国。由于知识产权具有地域性的特点，各国在知识产权的管理与制度上不尽相同，因此，所体现的知识产权合规义务呈现着复杂性、多样性与地域性特点。当产品随着物流、信息流进入销售目的国、仓储中转国时，产品的本体、宣传物料（有形或无形的）以及其他附随物料上所承载的商标、专利、著作权、商业秘密等知识产权随之经历着国别转换所带来的考验和挑战。此时，国别转换后知识产权资产在不同国家是否还能维持合适的资产属性，是否侵犯他人知识产权或违反当地法律法规，是否受到他国经营者侵权等问题将成为需要解决的合规问题，意味着由此而应履行的合规义务将随着国别转换而变得具有复杂性，而这种复杂性由于各国法律法规、国际条约、监管规定、行业准则、商业惯例、道德规范的不同，对我国企业来说颇具挑战，也逐渐成为企业知识产权合规管理所必须重点考量和研究的因素之一。

以专利为例，专利合作条约（PCT）专利进入各国的过程中，各国专利制度的差异性，或各国负责专利申请的专利代理人的理解差异，可能导致专利权利要求的表述或解释在各国存在不同。在美国等部分国家，外国同族专利在特定情况下可以作为外部证据作为解释本国专利权利要求、确定保护范围的参考。[1] 因此，充分理解各国专利制度，根据制度做好各国专利解释的一致性工作，避免各国专利解释冲突问题限缩专利核心的保护范围，并进一步做好各国同族专利的联动，在考虑各国专利制度的情况下，充分掌握各国同族专利的解释与保护范围，是专利资产端风险防范以及防止专利资产流失的重要关注点及应对手段。

由此可见，相比于单纯的国内企业知识产权合规，企业出海知识产权合规的主要变量在于信息流、物流或服务流上承载的知识产权所面临的国别转换，以及由此而产生的知识产权合规义务上的跨国法律管理和挑战。

因此，从内涵上来说，我国企业出海知识产权合规管理，是指我国企业在产品/服务出海、制造出海和模式出海等出海模式下，为了履行必须遵守的涉及知识产权的强制性要求，以及在此基础上企业自愿选择遵守的涉及知识产权的要求，而针对性的根据各国有关法律法规、国际条约、监管规定、

---

〔1〕 See Tanabe Seiyaku Co., Ltd. *v.* U.S. Int1 Trade Comm'n, 109 F.3d 726 (Fed. Cir. Mar. 7, 1997).

行业准则、商业惯例、道德规范和企业依法制订的章程及规章制度等规定，建立合理方针和目标，并通过一系列手段和措施的组合，以实现规范跨国知识产权管理、履行跨国知识产权合规义务、防范跨国知识产权风险、维护利益和保障发展的目的。

从外延角度上来说，我国企业出海知识产权合规管理包括：为实现规范跨国知识产权管理、履行跨国知识产权合规义务、防范跨国知识产权风险、维护利益和保障发展，企业所确立的方针和目标，以及为实现这些目标所形成的相互关联或相互作用的一组要件。从过程上来说，主要包括源头控制、过程监管、出险管理以及动态合规管理；从权利形式上来说，则体现为资产建设的合规管理、资产运营的合规管理，以及运营过程中知识产权使用风险的合规管理。进一步地，从措施角度来说，企业出海知识产权合规管理也包括跨国文化与法律的融合、跨国跨部门的知识产品资产管理、风险管理、持续的国际知识产权教育与培训、国际合作与沟通、跨境知识产权争议及风险应对等多个方面。

二、企业出海知识产权合规管理的价值

近年来，随着全球经济增长放缓，对我国企业来说，出海正从“可选项”慢慢变成“必选项”。我国企业出海知识产权合规管理所带来的价值主要体现在规避风险与潜在损失，以及提升品牌与企业竞争力两个方面。

从规避风险与潜在损失角度上来说，合理的企业出海知识产权合规管理有助于企业避免因知识产权侵权、被侵权、违反法律法规而面临法律诉讼以及经济和声誉损失。以我国跨境出口至美国的电商行业为例，批量知识产权侵权诉讼/投诉案件由于其批量性、下架、冻结力度大等特点［在美国，权利人通过批量知识产权诉讼，时常可以拿到针对数百个卖家的“临时限制令”（Temporary Restraining Order）和“初步禁令”（Preliminary Injunction），以实现批量的账户资金冻结，在该种情况下被告往往只能选择和解或者应诉来争取解除冻结］成为我国广大跨境电商卖家不得不重点应对的核心风险与“必要成本”考量，并且该成本往往不菲。我国越来越多的跨境电商卖家在产品出口至美国之前就选择美国执业律师对出口产品进行不侵权分析并出具法律意见，尽可能避免未来产生侵权损失及惩罚性赔偿。而在产品上市之前，我国不少跨境电商卖家也积极进行品牌商标注册、专利注册，以防

止未来被其他竞争者跟卖或仿冒。当面对知识产权诉讼/投诉时,我国越来越多的跨境电商卖家选择运用美国法律措施以尽可能减少侵权风险及损失。可见,至少对于中美跨境电商行业来说,知识产权的合规管理已经成为我国广大跨境电商卖家的"必修课"且具有实际的经济价值。

从资产端来说,有效的企业出海知识产权合规管理能够有效避免资产流失等法律风险。无论是在知识产权注册申请阶段还是在资产运营过程中,出海企业往往需要综合考虑和安排涉及各国的知识产权注册及运营时点,以及权利外观相关因素。时点方面,如优先权、在先权利、宽限期以及知识产权申请、续期的各个期限等,而权利外观则如前所述,各国知识产权制度的不同,将有可能导致同一或同族知识产权在各国的权利外观存在差异,出海企业应当有效管理这种差异,以避免对核心权利资产造成影响。当然,知识产权资产端的交易、许可甚至放弃往往也是出海企业所应重点关注的事项,特别是对知识产权集中度较高的企业而言,知识产权的交易、许可较为频繁,在交易、许可过程中,是否存在违约风险、是否会侵害公司核心利益等方面都是需要重点关注的问题。

从品牌与企业竞争力促进角度上来说,保护出海企业创新成果可能是企业出海知识产权合规管理最重要的价值之一。通过有效的知识产权合规管理,企业能够保护其技术创新和产品市场不受侵犯,确保这些宝贵资产的独特性和竞争力,这对于保持企业的市场地位和增强其在国际市场上的竞争力至关重要。以出海美国为例,近年来,大量拥有美国国内产业的各国企业在美国发起337调查,[1]一旦企业涉及337调查,被告企业可能面临严重的法律后果,包括被禁止将产品出口到美国市场,这对企业的国际贸易活动会产生深远影响,但是美国337调查并不解决任何侵权赔偿问题,即这是由原告发起的,以知识产权/不公平贸易为手段,主要为了保护原告在美国国内的产品市场、产品技术、品牌独特性和竞争力的法律措施,意在维持和促进品牌与企业的竞争力,并非要求侵权方进行经济赔偿。2021年,思摩尔作为

〔1〕 美国337调查,是指根据美国《1930年关税法》第337条(Section 337 of the Tariff Act of 1930)进行的一种调查。这项法律授权美国国际贸易委员会(United States International Trade Commission,USITC)调查某些涉嫌不公平贸易行为的情况,特别是在美国进口商品中存在的知识产权侵权(如专利权和商标权侵权)和某些非知识产权的不公平竞争行为。如果确定存在这样的不公平贸易行为,USITC可以采取措施禁止侵权产品进入美国市场。

第一家独立作为原告通过337调查程序主动起诉海外企业的我国企业，打响了我国企业综合运用海外知识产权发起337调查以保护出海企业创新成果的“第一枪”。当然，就主动保护出海企业创新成果而言，对企业出海知识产权合规管理的资产端管理质量要求较高，需要权利人能够综合目标国家知识产权管理制度，充分考虑各国知识产权联动，扎实有效地做好海外知识产权资产端建设，以实现知识产权的可维权性。此外，企业出海知识产权合规管理还能够提升品牌价值与声誉，促进企业业务拓展及提升企业谈判地位。知识产权对外而言往往是企业创新能力与品牌力的外在体现，由于知识产权具有排他性，企业拥有有价值的知识产权往往意味着其占有了知识产权所对应品牌或产品的市场。在海外某些知识产权运用及交易成熟的市场，这意味着企业价值与业务拓展竞争力、可持续发展能力的提升，并可能进一步影响企业估值。例如，在企业环境、社会和公司治理（ESG）评价体系中，知识产权的合规管理和利用与ESG中的治理原则紧密相关，对环境保护和社会责任也有重要影响，其是ESG框架中重要的横跨领域，是企业ESG可持续发展评价中的重要组成部分。

综上所述，科学有效的企业出海知识产权合规管理不仅能够尽可能减少跨国知识产权风险所造成的潜在损失与财务成本支出、商誉损失，特别是在跨国法律行动成本较高、执行难度较大的情况下，能够有效减少法律行动中财务、人力成本的支出，同时，合理的企业出海知识产权合规管理还能够为企业品牌、竞争力以及可持续发展提供促进作用，科学高效地为企业发展提供助力。实际上，企业技术研发、市场营销以及知识产权三者相互影响、渗透、支撑，三位一体，知识产权战略是企业整体战略实施的重要支撑。对于涉足国际市场的我国企业来说，当前全球政治经济格局和国际体系正经历着重大的转变，全球治理结构也在面临深刻的重塑，在这一背景下，建立及加强知识产权合规体系建设已成为确保企业业务持续稳定发展的关键举措。

在当前强调构建企业合规体系的大环境下，打造企业出海知识产权合规体系显得尤为重要。一方面，企业出海知识产权合规体系构成了企业整体合规架构的关键一环；另一方面，推动企业广泛实施出海知识产权合规管理，也正响应了建设知识产权强国的战略目标。

三、企业出海知识产权合规管理的原则及发展趋势

在进行企业出海知识产权合规管理的过程中，需要将基本的知识产权合规管理原则作为指导方向，依据《企业知识产权合规管理体系要求》（GB/T 29490—2023）的规定，企业知识产权管理的指导原则如下。

第一，战略导向。统一部署经营发展、创新创造和知识产权战略，使三者互相支撑、互相促进。

第二，领导重视。最高管理者的支持和参与是知识产权管理的关键，最高管理者全面负责知识产权管理，确保知识产权合规义务得到履行。

第三，全员参与。知识产权涉及企业各业务领域和各业务环节，所有人员须履行知识产权合规义务。

第四，全程管理。企业须在产品和/或服务的全生命周期开展知识产权管理，全过程履行知识产权合规义务，防范知识产权风险，实现知识产权价值。

除国内相关规范和原则外，出海企业在进行知识产权合规管理过程中，还应注意将国际公约、双边或多边贸易协定中关于知识产权的约定部分作为相关指导原则进行运用。《巴黎公约》、《专利合作条约》（PCT）、《马德里协定》、《伯尔尼公约》以及《与贸易有关的知识产权协定》（TRIPs）等知识产权类传统公约、协定对全球相当数量的国家的知识产权管理事宜具有重要影响，出海企业通过研究这类公约、协定将可能在跨国知识产权合规管理工作上事半功倍。此外，近年来双边或多边贸易协定也在影响各国的知识产权管理制度，如《全面与进步跨太平洋伙伴关系协定》（CPTPP）、《区域全面经济伙伴关系协定》（RCEP）中的 TRIPS – Plus 类条款，以及《中华人民共和国政府和美利坚合众国政府经济贸易协议》中的知识产权条款，都对各国的知识产权管理制度提出了更多要求。例如，CPTPP 作为一个高标准的自由贸易协定，广泛地包含了多方面的 TRIPS – Plus 条款，对国际知识产权规则的制定产生了深远的影响。具体而言，CPTPP 中的 TRIPS – Plus 条款不仅在权利规范层面提出了更高的要求，如商标权、专利权、版权及其相关权利的加强，而且在执法规范方面也设立了更为严格的标准，涵盖了民事司法保护、边境及临时措施，以及刑事处罚措施的强化。

在企业出海背景下，在国际国内规则之外，还应综合考虑知识产权通过

信息流、物流或服务流跨国流动所承载的复杂性，特别是在面对不同国家法律体系转换时所引发的法律、道德及文化的挑战，因此，在面对这些挑战时，应把握以下原则。

第一，持续性原则。由于企业出海情形下涉及知识产权法律法规、制度及知识产权环境形势的复杂性、多样性，企业更应该遵守持续性原则，定期审查及更新合规管理手段以适应市场与法律的变化。

第二，合作性原则。海外知识产权合规管理知识、人才及能力方面的资源对于一般出海企业来说较为紧缺，一般企业也很难独立建立完整的、涉及业务各国的知识产权合规管理知识、人才及能力方面资源体系，因此，在海外知识产权合规管理过程中，合作性原则尤为重要。企业应与政府机构、行业组织、律师事务所等建立良性合作关系，充分利用现有资源，共同推动企业出海知识产权的合规管理。

第三，多国联动原则。知识产权具有地域性，专利、商标、著作权等知识产权在不同国家可能具有不同的权利外观及权利范围，企业出海过程中，同一或同族知识产权内容在不同国家所体现出来的知识产权形式可能会相互影响，因此，需要企业综合考虑目标知识产权涉及的多国知识产权联动管理，避免对知识产权核心资产造成影响。

近年来，我国企业出海知识产权合规管理在制度建设、管理措施等方面取得了较快发展。制度建设方面，2021 年 9 月 22 日，中共中央、国务院印发了《知识产权强国建设纲要（2021—2035 年）》，为我国加快建设知识产权强国作出全面部署。该纲要第 5 条第 11 款提出，完善以企业为主体、市场为导向的高质量创造机制。以质量和价值为标准，改革完善知识产权考核评价机制。引导市场主体发挥专利、商标、版权等多种类型知识产权组合效应，培育一批知识产权竞争力强的世界一流企业。深化实施中小企业知识产权战略推进工程。优化国家科技计划项目的知识产权管理。由此可知，推进知识产权合规体系的构建是实践知识产权强国战略的重要举措。而自“合规元年”2018 年，《合规管理体系要求及使用指南》（GB/T 35770—2022）、《中央企业合规管理指引（试行）》、《企业境外经营合规管理指引》发布以来，国内各级政府和组织发布了多部与企业出海知识产权合规管理相关的制度与指引，如 2020 年 2 月发布的《关于推进中央知识产权工作高质量发展的指导意见》，2022 年 10 月施行的《中央企业合规管理指引》，2023 年 8 月发布的《企业知识产权合规管理体系要求》(GB/T 29490—2023),以及 2022 年 4 月广东省市场监管局发布的《企业知识产权国际合规管理规范》。

从管理措施方面,我们看到,我国企业出海知识产权合规管理措施由于技术的发展及认识、理论的进一步深化,呈现逐渐完善与持续创新的趋势。

第一,在技术层面,数字化和技术创新的加速为企业出海知识产权合规管理提供了便利。随着数字技术的发展,如区块链和人工智能在知识产权管理中的应用,企业出海知识产权合规管理措施变得更加高效和透明。区块链、可信时间戳、互联网档案馆(Wayback Machine)等在知识产权开发、技术成果创新存证以及知识产权维权、侵权应对方面的广泛应用,进一步降低了跨国知识产权合规管理的技术难度。而如人工智能、产业大模型的发展,使跨国法律、文化、语言及认知壁垒得到一定程度的降低,这让企业出海知识产权合规管理措施能够更好地面对不同法律法规、商业习惯、风俗文化、语言所带来的挑战。

第二,企业出海过程中,对非传统知识产权管理的重视正在逐步增加。随着商业模式的创新,非传统的知识产权形式,如商业秘密、数据权和网络域名,以及混合知识产权形式,正变得越来越重要,企业需要在其知识产权合规管理策略中对上述知识产权加以考虑。

第三,我们发现知识产权服务的全球化具有进一步加速扩张的趋势,随着企业对国际市场的需求增加,专业的知识产权服务,如国际知识产权律师和代理、咨询公司,在全球范围内快速扩展,服务能力也在不断深化,为企业提供定制化的跨境知识产权解决方案。我国各地各级政府、行业协会也在大力建设涉外法律、专业服务机构的资源体系,这无疑丰富了企业出海知识产权管理的措施与能力。

第四,知识产权争端解决机制的创新,是近年来企业出海知识产权合规管理所应重点关注的领域之一。一方面,随着国际商务活动的增加和知识产权全球化管理需求的上升,知识产权争端解决机制在不断创新。这包括利用仲裁、调解等非诉讼手段来高效、快速地解决跨国知识产权争议。这些机制的创新旨在降低解决争端的成本和时间,同时提供更灵活、更适应国际知识产权实践的解决方案。另一方面,平台规则与行业规则中的知识产权争端解决机制对于跨境电商、跨境物流以及跨境服务等出海领域来说,正变得越来越重要和不可忽视。以美国亚马逊跨境电商为例,美国亚马逊平台对于知识产权有着较为详细的平台规则。例如,在品牌注册方面,其具有完善的品牌注册规则及配套的商标管理,而在知识产权侵权管理方面,针对美国实用专利(Utility Patents)疑似侵权行为,其设置了与民事诉讼较为相似的简版争议解决程序——亚马逊专利快捷评估程序(Amazon Patent Evaluation Express,APEX)。该程序设置有中立的评估员,权利人与被诉侵权人双方作为原被告须分别向评估员提供涉案事实理由以及证据,其形式类似于一种简化的对抗诉讼程序,如果原告胜诉,亚马逊将下架涉案链接商品。而针对外观专利、商标、著作权等其他知识产权,亚马逊设置了投诉程序,由亚马逊设置人员评估投诉成立与否,如果投诉成立,则其同样将下架涉案链接商品。对于亚马逊上的跨境电商来说,一个产品链接往往代表着过往宣传资源及产品流量的积累,对产品销售至关重要,并且,对海外仓客户而言,产品链接还与其背后大量库存相关联,产品链接的下架将使店铺对该链接的宣传、流量资源积累和投放化为乌有,导致品牌大量失去甚至完全失去美国市场,进一步地,可能造成库存处理成本的损失。因此平台规则对像亚马逊这类跨境电商平台上的企业而言的重要性及与日常经营的紧密程度甚至超过当地法律诉讼程序、仲裁程序、行政监管程序等常规争端解决机制,并具有进一步完善及发展的趋势。

第五,跨国协作与多边协议的增强是知识产权合规领域不可忽视的发展趋势。《伯尔尼公约》、《巴黎公约》、《与贸易有关的知识产权协定》、《专利合作条约》、《马德里协定》、《工业品外观设计国际注册海牙协定》、《世界知识产权组织版权条约》(WCT)和《世界知识产权组织表演和录音制品条约》(WPPT)等多部跨国条约及多边协定,为知识产权跨国合作及运营带来便利。为了应对全球化带来的挑战,越来越多的国家参与到这类跨国知识产权协议中,企业需要关注这些变化,利用国际合作简化知识产权的跨境管理。

第二节　企业出海知识产权合规管理制度及流程

本节针对企业出海知识产权合规进行探讨,对于出海企业而言,知识产权合规管理制度和流程体系如何设计运行,可以从以下几个方面加以考量。

一、企业知识产权合规目标应立足自身需求,明确资源保障

首先,在建立企业知识产权合规管理体系前,体系建设者需要与企业管理层进行充分的沟通,了解企业的出海范围,业务开展的具体国家、地区,业务开展的类型,业务的计划营利模式以及具体的出海产品等,这些信息的汇总有利于体系建设者更深入了解合规体系搭建所需要的支撑资源。

其次,体系建设者需根据与企业管理层沟通的内容,汇总需要收集的不同类型的资料,包括目标国家或地区的知识产权法规、司法环境及目标国家或地区是否加入《巴黎公约》《伯尔尼公约》《世界知识产权组织版权条约》等。以美国司法为例,美国法院体系分为州法院和联邦法院,美国联邦法院体系又可分为联邦地区法院、联邦上诉法院和联邦最高法院以及其他专门法院。由于美国《专利法》为联邦法,在美国,与专利相关的诉讼只有联邦法院有管辖权。受理专利案件最多的联邦地区法院包括位于高科技企业集中的加利福尼亚州北区和中区联邦地区法院,因快速审理而被称为“火箭法庭”的弗吉尼亚州东区联邦地区法院,以及近年来因案件管理高效而备受关注的得克萨斯州西区联邦地区法院。此外,以对专利权人较为友好著称的得克萨斯州东区联邦地区法院和有较多跨境电商案件的伊利诺伊州北区联邦地区法院,也在专利诉讼中具有重要地位。整体来看,美国专利侵权诉讼的平均审判周期为2.5年。可见,对目标国家或地区的司法环境提前尽调,储备资源清单,有助于企业在出海遭遇司法纠纷时及时获得包括数据、资金、技术等资源支持。

再次,体系建设者需结合出海产品的特点或者企业出海的营利模式,了解目标国家或地区的政策特点以及政治环境,同行业竞争者在目标国家或地区的被制裁事件等。与企业出海经营涉及的业务部门、财务部门、人事部门等职能部门及现有出海业务的供应商了解现有或目标经营模式下,知识产权合规风险常见的应用场景,定制个性化的合规目标。

最后,体系建设者需取得企业最高管理者的合规承诺,包括在知识产权合规管理体系运行中妥善处理不合规行为,以实现企业知识产权合规文化自上而下传达的目标。

二、将知识产权合规融入企业出海全流程管理

首先,需要根据企业的现有或目标出海经营模式编制知识产权合规手册,手册的内容涵盖业务项目立项、资源调配、监督、"吹哨人"制度等各个环节的方向性合规自查义务。例如,在项目立项时核查项目涉及的商标、专利、著作权、集成电路布图设计等知识产权是否已经在目标国家或地区获取权利属性,是否有可能侵害目标国家或地区的在先权利等。以美国为例,我国企业在计划生产对美出口产品时,应先进行相关技术领域的检索,并进行不侵权分析,即所谓的自由实施(FTO)检索和分析。为了避免被判故意侵权,方法之一就是要尽到审慎义务,比如由美国专利律师出具不侵权的法律分析意见。如果能够做到这一点,通常被法院认定为故意侵权的可能性会降低。通过分析近年来的美国专利侵权案例可知,即使没有律师的法律意见,只要有合理的理由使法院相信涉案专利是无效的,不构成侵权,也有可能不被法院认为是故意侵权。即便如此,在产品进入美国市场前,请美国专利律师出具法律意见仍不失为一项好的选择。如果发现有侵权的可能性,应及时对产品进行规避设计。对于无法规避的专利技术,要么放弃出口计划,要么可尝试与专利权人进行谈判,评估采取支付许可费、购买专利、合资、合作等措施的可行性。将知识产权合规风险意识提前渗入企业出海现有或目标经营模式中的各个业务环节,能整体提高合规管理体系的实用性。

其次,知识产权合规手册编写完成后,经企业最高管理者审批向全体职工发布,确保所有职工可以收到手册,并在企业的内部电子文件中公布。人事部门应组织开展入职合规培训,并对关键岗位人员开展针对性培训,如在企业出海参加行业展览会前,对参展职工进行突发知识产权合规风险应急培训。以美国为例,如在展会期间被人以侵害知识产权为由申请法院颁布临时禁令,参展职工须及时启动公司知识产权合规应急措施,便于企业能在最短的时间内申请撤销或变更临时禁令,降低损失。职工良好的合规风险应对能力可以避免企业损失扩大,真正做到把合规渗透到各个业务环节。

最后,搭建与企业的现有或目标出海经营模式相一致的知识产权合规组织架构,有助于合规管理工作的有效实施。例如,全球化运营的企业,特别是业务可能涉及国际制裁及贸易出口管制的企业,应当考虑设置专门的制裁清单审查岗位;考虑加入国际行业组织的企业,则要尊重国际通行的要

求等。良好的知识产权合规组织架构下的工作人员，应具有专业的知识产权法律背景，能够为企业各业务部门提供合规咨询和帮助，通过提出建设性意见，实现统一组织、统筹协调，为企业的业务与产品创新提供合规支持。

三、开展知识产权合规风险评估和审计工作，建立激励机制

首先，企业风险评估在不同合规领域都是极其重要的，如美国司法部(DOJ)于2020年6月1日发布了《公司合规计划评估》[1](Evaluation of Corporate Compliance Programs)的更新版本。这次更新重点关注的焦点之一是"风险导向"合规计划的重要性，强调合规计划应当拥有足够的资源和授权，以识别最可能发生不当行为的领域。知识产权风险评估的主要任务是识别企业面临的各种知识产权风险，包括发生风险的类型、风险发生的位置(环境)、风险发生的可能性等。这就要求企业组织知识产权管理风险评估人员运用访谈、问卷调查、文档审阅、穿行测试、数据分析等基本方法展开评估。以新加坡为例，企业在收到临时禁令以后，是否能快速提供相关材料向新加坡最高法院申请更改或解除该禁令；企业在被专利权人指控侵权的情况下，能否及时提供材料证明不存在侵权事实或专利无效等。这些知识产权纠纷的应对情况以及场景记录均可以很好地反映出知识产权合规管理体系是否在运行阶段能够根据企业出海的现有或目标经营模式适配运行。

其次，对企业出海知识产权合规体系的合规制度与政策的合理性、合规流程的完整性、业务合规管控要求的落实情况等进行独立审计是知识产权合规管理的重要一环，可划分为审计准备阶段、审计实施阶段、审计报告阶段及审计整改阶段。审计既可以是单项审计，也可以是整体审计，无论是何种审计，在根据审计依据及合规审计清单对收集的证据进行检查以后，都需要整理合规审计问题清单，且在形成具体问题前与相关责任人就事实情况进行确认。审计实施阶段完成以后，审计组根据已查明的事实，在充分分析、揭示和评价审计证据的基础上，基于专业判断形成审计结论并编制知识产权合规审计报告，形成合规审计问题台账并保存结果，便于后续跟踪与监督工作的实施。

---

[1] 此规定于2023年3月进行了第3次修订与更新。

最后，知识产权合规体系是否有效运行，除进行风险评估和审计以外，还需要建立和完善“吹哨人”激励机制。业务一线的员工是最了解也是最清楚整个知识产权合规体系政策落实得好不好、执行得到不到位以及是否存在偏离等情形的人。以美国的《出口管制合规指南》为例，其第七要素“处理出口违规行为并采取纠正措施”指出，“管理层创造了一个安全的环境，员工相信对合规的真诚执意或关切不会受到报复；管理层认同举报制度；管理层向所有员工宣贯举报的正确性；提供多种举报途径并向全员告知”。在建立“吹哨人”激励机制时，既可以参考《两用物项出口管制内部合规指南》，也可以根据国际上权威机构对举报建设的标准进行运作。而在确立激励等级及奖金制度时，则可以参考美国《多德—弗兰克法案》的规定。企业合规组织应重视举报线索，在对举报线索进行筛查分类后应通过文件审阅、实地调查、信息检索和合规访谈的方式进行独立、保密、合法的调查，这对企业知识产权合规体系的持续运行具有积极意义。

四、循检促改、保三性，强合规长效根基

知识产权合规管理体系经过风险评估、审计及完善后，并非自此一劳永逸，其需要保持一个持续运作的状态，才能使其与企业出海的现有或目标经营模式相适配，为企业保驾护航。以专利布局为例，在科学技术更迭迅速、竞争对手为抢夺市场份额推陈出新的时候，企业要不断更新基础布局、攻击性布局及防御性布局技术，便于在产品出海过程中发现目标国家或地区存在专利侵权风险时及时升级技术方案，避免造成故意侵权。

要想保持知识产权合规体系的活力，首先，合规的培训和沟通是必不可少的。通过合规培训的方式，向全体职工普及合规管理的相关制度，包括企业出海目标国家或地区的法律法规内容，便于一线职工自查业务环节中涉及的知识产权是否已经按照目标国家或地区法律的规定取得权属或授权。以企业出海美国为例，对于比较敏感的商标标识如高清多媒体接口、微型安全数字存储卡等，确认是否已经获得商标权利人的许可。培养全员合规意识可以让一线职工在业务过程中及时发现风险、上报风险。不仅如此，合规培训同时也意味着责任划分，通过合规培训，可以有效划分企业责任、员工责任和第三方责任，及时建立“隔离带”和“防火墙”，防止因一线职工的个人侵权行为让企业受到牵连。

其次，出海企业可以通过将自身合规标准推广给第三方合作伙伴等形式开展对第三方合作伙伴的知识产权合规管理，以避免合作过程中第三方合作伙伴的不合规行为给企业带来遭受法律处罚、品牌声誉损害等风险。以定牌生产合作（Original Equipment Manufacture，OEM）为例，如贴牌方欠缺合规意识，未经许可超出授权许可范围使用知识产权或标签不符合出海目标国家或地区的强制性规定，定作方可能要为此承担海外权利人的追责，造成直接的经济损失和商誉损失。《世界银行集团诚信合规指南》（2010）认为，企业应当对代理人、顾问、咨询专家、承包商、经销商、分销商、供应商以及其他第三方开展合规管理。这要求企业需要在引入阶段即开始对第三方进行风险源分析，收集合规风险源信息，以便后续开展全面的风险识别工作。

最后，知识产权合规管理体系保持适宜性、充分性和有效性离不开企业合规文化的建设。全球化时代，企业遭遇的风险已经不仅仅局限于传统的商业风险，出海企业遭遇传统的商业风险往往不会立刻对企业造成毁灭性打击，企业还可以“存活”几年，并在“存活”阶段寻找新的商机，但企业一旦遭遇非传统的合规风险，对企业的发展将会是致命性的打击。2023 年 12 月 1 日，泰国知识产权和国际贸易中央法庭公告宣布有关中国瑞幸咖啡公司控告泰国皇家 50R 集团（50R group）侵犯商标版权案件的最后审判结果——判决中国瑞幸咖啡公司败诉，立刻执行。此前，泰国皇家 50R 集团在提交给法院的文件中指出，集团早在 2020 年通过合法程序向泰国商务部注册“瑞幸”商标，并依据泰国法律程序获准使用该商标从事茶、咖啡等饮品的咖啡店业务。然而，中国瑞幸咖啡公司随后向泰国中央知识产权和国际贸易法院提起诉讼，指控泰国皇家 50R 集团恶意注册商标。初级法庭判决泰国皇家 50R 集团败诉，但其认为判决不公，提交了反驳材料，并于 2023 年 12 月 1 日胜诉。泰国皇家 50R 集团进一步表示，在案件尚未裁决期间，中国瑞幸咖啡公司曾多次强迫其停止使用商标并强制扣押其财产，导致其遭受严重经济损失。为此，泰国皇家 50R 集团要求法院判令中国瑞幸咖啡公司赔偿其 100 亿泰铢（约合 20 亿元人民币），以弥补其经济损失和诉讼费用。[1]

---

〔1〕 参见曹晨：《热搜！泰国瑞幸向中国瑞幸索赔 20 亿元》，载证券时报网 2023 年 12 月 20 日，https://stcn.com/article/detail/1069606.html。

中国瑞幸咖啡公司此次的败诉凸显了其在规模化迅速扩张的同时，企业知识产权合规文化建设的不足，未能及时意识到海外知识产权合规风险，直接失去了泰国市场，最终选择出海新加坡。围绕企业的经营范围、发展阶段、业务特点、运营模式、企业文化、员工构成、合作伙伴等方面因地制宜地建设与企业基因相一致的知识产权合规文化，能够更好地推动企业防范风险、稳健运营。

综上所述，企业知识产权合规管理体系的设立表面上属于成本消耗型制度，企业需要投入大量人力、物力、财力维持管理体系的运行，审批、备案等制度也可能降低决策效率。但实则不然，有效的知识产权合规管理体系能够让企业获得竞争优势，提高商业信誉，避免因品牌风险事件遭受行政处罚或被追究刑事责任而影响品牌业务的开展。企业出海与企业在国内发展最为显著的差异在于业务经营地的域外性，无论是拥有全球业务的跨国集团还是专注特定国家或地区的出海企业，都需要在充分了解目标国家或地区合规环境的基础上，通过经费预算、人员管理、合规授权、意识培养及制度建设，有效部署知识产权合规体系。同时，根据出海企业的实际需求，在不同发展时期选择大而全或小而专的合规体系，促进合规在公司治理体系中轮转、融合。

第三节　企业出海知识产权合规管理重点风险及应对

一、知识产权海关监管风险

海关是进出境监督管理机关。1994 年起我国便赋予中国海关知识产权边境保护职责，时至今日知识产权边境保护职责早已经属于海关诸多法定职责之一。关于知识产权海关保护的概念，《知识产权海关保护条例》第 2 条规定："本条例所称知识产权海关保护，是指海关对与进出口货物有关并受中华人民共和国法律、行政法规保护的商标专用权、著作权和与著作权有关的权利、专利权（以下统称知识产权）实施的保护。"海关在进出境环节保护的具体知识产权类型包括上述条例第 2 条所述的商标专用权、著作权和与著作权有关的权利、专利权，后来增加了奥林匹克标志专有权、世界博览会标志专有权。知识产权海关保护属于海关的法定职责之一，因此赋予海关的权力在知识产权海关保护中自然可以依法行使，除此之外，海关在履行知识产权保护职责时还可以行使以下职权：知识产权海关备案；通知权利人确认货物是否侵权；审查权利人提交的申请并收取担保；扣留侵权嫌疑货物；依职权保护模式下调查认定是否侵权；对侵权人进行行政处罚；如涉嫌构成刑事犯罪，应当移送公安机关处理。

（一）知识产权海关备案

知识产权海关备案是企业保护自身合法权益的关键步骤，具有以下重要意义。

首先，是海关采取保护措施的前提条件。根据相关规定，知识产权权利人如果事先没有将其知识产权向海关备案，即使发现侵权货物即将进出境，也没有权利要求口岸海关予以扣留。

其次，有助于海关发现侵权货物。权利人在备案时，需要提供有关知识产权的法律状况，权利人的联系方式，合法使用知识产权的情况，侵权嫌疑货物情况、有关图片和照片等信息。这使得海关有可能在对货物的日常监管过程中发现侵权嫌疑货物并主动予以扣留，从而使权利人的合法权益得到及时的保护。

再次，预防将来可能的侵权行为发生。备案信息向社会公开，可以对进出口侵权货物所属企业起到警告和震慑作用，同时也可以为从事涉外定牌加工的企业提供查询知识产权状况的途径，防止发生侵权。

最后，海关备案还可以帮企业缩短相关行政程序的时间。备案是把与知识产权权利相关的证明文件和信息提前提交给海关，等于缩短了通关中海关从头开始了解和初步判断的时间，这在实时通关中等于为自己抢得先机。而且，依职权保护模式下，商标专用权的权利人还可申请办理知识产权保护总担保，从而不用逐票提交担保，提高维权效率。

（二）因知识产权侵权被海关扣留货物的处理

一旦被海关扣留的侵权嫌疑货物经调查被认定为侵权，根据具体情形，侵权人需要承担以下一种甚至全部法律责任。

1. 行政责任

被海关认定侵权的,由海关没收侵权货物并处以货物价值 30% 以下罚款。

2. 民事责任

知识产权权利人可以向人民法院起诉,要求侵权人承担民事责任,赔偿因侵权人进出口侵权货物给其造成的损失。

3. 刑事责任

如果涉嫌构成刑事犯罪,将移送公安机关处理。如果货物因为涉嫌侵犯知识产权被海关扣留,可以按照以下步骤处理:

(1)了解扣留原因。海关通常会向收货人或发货人发出通知,说明货物涉嫌侵犯了哪项知识产权,并提供相关的证据和法律依据。

(2)联系知识产权权利人。如果货物确实侵犯了知识产权,侵权人可以尝试联系知识产权权利人,寻求和解或支付相应的赔偿,若能够与知识产权权利人达成协议,他们可能会向海关提交放行货物的申请。

(3)提供担保金。若货物没有侵犯知识产权,侵权人可以向海关提供货物等值的担保金,请求海关放行物,担保金的金额通常等于货物的价值。如果知识产权权利人未能在合理期限内向人民法院起诉,则海关应当退还担保金。

(三)海关优惠原产地规定

优惠原产地规则在国际贸易中是一个重要的议题,经常引发争议。这些争议主要围绕以下几个方面展开。

1. 定义与解释

不同国家对优惠原产地规则的定义和解释可能存在差异,导致在实际操作中产生争议。

2. 原产地证明

关于如何证明产品的原产地,也可能产生争议。例如,某些国家可能认为某些加工或制造过程不足以改变产品的原产地。

3. 优惠待遇的适用

在何种情况下应适用优惠原产地规则,以及这些规则如何与其他贸易规则相协调,也是争议的焦点。

4. 对非优惠原产地规则的影响

优惠原产地规则可能与非优惠原产地规则产生冲突，导致实施上的困难。

为了应对这些争议，笔者结合实务经验，提出以下建议。

第一，加强国际合作。通过加强与其他国家的合作，共同制定和解释优惠原产地规则，可以减少争议的发生。

第二，提高透明度。确保优惠原产地规则的制定和实施过程透明，以便所有相关方都能了解和遵守这些规则。

第三，建立有效的争端解决机制。在出现争议时，应建立有效的争端解决机制，以便及时、公正地解决争议。

第四，加强培训和宣传。通过加强培训和宣传，提高企业和公众对优惠原产地规则的认识和理解，有助于减少误解和争议。

第五，灵活应用规则。在制定和实施优惠原产地规则时，应考虑到各种实际情况，确保规则既具有灵活性又能实现其目标。

总之，应对优惠原产地规则的争议需要多方面的努力，包括加强国际合作、提高透明度、建立有效的争端解决机制、加强培训和宣传以及灵活应用规则等。

二、国际展会相关知识产权合规

我国展商赴海外参加国际展会，应从以下三个层面做好与知识产权相关的必要准备。

（一）自我保护，自我审查

从内部管理来说，企业应当对自己的，尤其是要陈列到国际展台上的产品和技术，进行客观审慎的评估，从而明确需要自我保护的产品和技术，以及存在潜在侵权风险的产品和技术。

1. 提前锁定目标市场，保护自有知识产权

对于企业自主研发的产品和技术，有必要在进入海外目标市场前做好自我保护。企业在研发过程中，以采用本企业的专有技术或本领域内已知的现有技术为基础，依靠企业自己的研发人员团队，投入了大量的时间和成本，独立自主地开发出了技术成果和新产品。如果不在目标国家提前以知

识产权的方式对企业自主研发的技术成果和产品进行自我保护，将会给企业带来巨大的损失。一方面，因为缺少知识产权，一旦新产品被陈列在展会上，企业将无法禁止第三方仿冒该项新产品。另一方面，因为新技术被公开，在一定期限后，企业将永远失去就该项新技术申请专利的权利。届时，市场上的任何竞争者都可以无偿地使用该技术，企业研发的巨大投入将会付诸东流。

2. 携带自有知识产权的证明文件

参展商应当携带自有知识产权的全部证明文件，包括权利证书、登记簿副本、年费缴纳凭证、有效的使用许可合同、备案证明、转让协议等。

3. 采取必要的技术处理以保护最新研发成果

商业秘密是同行业企业间知识产权纠纷多发的领域。企业应当对只能以技术秘密的方式保护，不能以专利权的方式保护的技术，避免在展会上进行公开。如果出于展示新产品的目的，一定要呈现在展会上，须进行技术处理，防止被第三方通过反向工程破解该技术秘密的情况发生。

4. 审核技术许可的授权范围

对于企业通过技术许可和转让方式获得授权，合法生产销售的产品，应当请专业人士对该项产品涉及的技术许可和转让合同进行审查，从许可的方式、效力、时间和地域范围等方面排除潜在的违约可能。

5. 检索目标市场在先注册商标

从商标的角度出发，企业应当委托展会举办地区和国家的律师，就与企业产品相同或近似类别的商品上是否存在他人在先注册的商标进行检索。如果通过检索发现存在潜在的侵犯他人商标的风险，企业可以通过对自己使用的商标进行修改更换，或者与在先商标注册人协商，通过提前签订协议等方式规避风险。商标、企业名称及域名往往相关联，一旦企业的商标有潜在的侵犯他人商标的风险，应该对企业名称和域名中包含的该商标名称进行侵权分析，并采取必要的对策。

（二）查明与客户及供应商之间的知识产权授权边界

为了在国际展会上展示自己的产品，参展企业应当与客户及供应商之间签订相关的文件，厘清涉及知识产权的权利和责任。例如，若参展企业的产品是生产最终消费品的某一个部分、生产原料、机器等，在展会上，参展企业在展出自己产品的同时,如需将最终消费品一同展示,则企业需要取得客户的同意,签订书面的授权文件,以明确该客户知悉并且同意该参展企业展示含有该客户知识产权的产品。

与此相反,如果参展企业的产品上使用了供应商提供的产品部件、生产原料等,该参展企业可以考虑事前与供应商就该产品部件签订相应的不侵权协议,即由供应商作出其提供的产品部件不侵犯第三方的知识产权的保证。如果发生侵权的情况由供应商承担责任,并赔偿参展企业的损失。

(三)委托目标市场所在地律师进行参展产品侵权风险的分析

企业应当对目标市场同行业竞争者的技术和主要知识产权有所了解,可以委托当地律师检索某一行业或者锁定某几个重要竞争者的知识产权,对潜在的知识产权侵权风险进行预警。

(四)遇到知识产权纠纷的应对

参加国际展会时,可能会遇到以下与知识产权相关的纠纷:(1)权利人或其代理律师发出的警告信;(2)民事法院作出的临时禁令;(3)民事法院作出的证据或者财产保全的裁决;(4)检察官作出的临时措施;(5)海关作出的临时措施。

不同性质的法律措施,其前提条件、法律保障以及被控侵权一方的应对方法各不相同。任何情况下,出海企业均有权谢绝在场的记者或无关人员拍照摄像;询问前来交涉人员的身份;审查权利人主张的知识产权有效性的书面证据、申请人是否相符、被投诉的产品与证书上指定的产品是否相同或近似等。

值得注意的是,判断知识产权侵权不以主观过错为要件,无论当事人知道侵权与否,权利人都有权要求当事人承担停止侵权的责任。所以,一旦在目标市场展会上遇到类似的纠纷,应该冷静应对,与对方沟通,尽快联系当地有资质的律师来到现场,尽量通过协商的方式解决。

收到警告信时,如果当事人承认侵权,应当撤下侵权的产品;如果对是否侵权难以判断,可以征求权利人的同意,在一个约定的期限内再作答复。当收到法院作出的财产保全的裁定时,企业可以通过缴纳反担保的方式,避免财产保全的执行,从而确保参展活动的顺利进行。

如果当事人确实有理由认为其不构成侵权，警告信或裁定书的内容错误，其可以委托有资质的律师通过法律程序撤销裁定，并要求对方赔偿损失。

总而言之，涉及知识产权的法律问题纷繁复杂，在展会的筹备过程中，出海企业若能听取律师的专业意见，进行必要的准备，就会达到以很少的投入最大可能地排除潜在风险的效果。

三、收到外国法院知识产权禁令的应对

（一）境外法院发出知识产权禁令的常见情形

1. 侵权行为

当外国法院认定某一方侵犯了知识产权持有人的知识产权，为了保护知识产权持有人的权益，法院可能会发出禁令，要求侵权方立即停止侵权行为，并可能要求其赔偿损失。

2. 侵犯商业秘密

如果外国法院认为某一方泄露或非法使用了商业秘密，为了保护商业秘密的机密性和商业利益，法院可能会发出禁令，禁止泄露、使用或披露相关商业秘密。

3. 违反进口或出口禁令

在某些情况下，外国政府可能会对某些商品或技术实施进口或出口禁令，以保护国家安全、公共利益或其他重要利益。如果某一方被认定违反了这些禁令，外国法院可能会发出禁令，禁止相关商品或技术的进出口。

4. 初步禁令

在知识产权诉讼过程中，外国法院可能会在审判前发出初步禁令，以防止侵权行为在审判期间继续发生，保护知识产权持有人的权益。这种禁令通常在审判结果出来之前有效，以确保知识产权得到及时保护。

需要注意的是，外国法院发出知识产权禁令的具体条件和程序可能因国家、地区和法律制度的不同而有所差异。因此，在具体情况下应咨询专业律师以获取准确的法律建议和指导。

（二）应对步骤

收到外国法院的知识产权禁令时，可以按照以下步骤应对。

1. 核实禁令的真实性

出海企业需要先核实禁令的真实性，确保禁令确实来自外国法院，并且与企业的业务或产品有关。

2. 寻求法律建议

一旦确认禁令的真实性，出海企业应该立即寻求专业法律建议。咨询熟悉国际知识产权法和外国法律制度的律师，他们能够提供有关禁令的详细解释，并指导企业采取应对措施。

3. 审查禁令内容

仔细阅读禁令的内容，了解禁令的具体要求和限制。禁令可能要求出海企业停止销售侵权产品、下架侵权内容或支付罚款等，出海企业应该确保清楚禁令的要求，并遵守相关规定。

4. 分析禁令的合法性

出海企业与专业律师一起分析禁令的合法性，评估禁令是否侵犯了其合法权益，是否存在争议点或漏洞。

5. 与对方协商

出海企业应尝试与禁令的发起方进行协商，了解他们的诉求和目的，探讨是否可以通过和解或支付合理的费用来解决争议。

6. 遵守禁令要求

如果经过法律分析和协商后，认为禁令是合法的并且没有可行的争议点，那么出海企业应该遵守禁令的要求，停止销售侵权产品、下架侵权内容或支付罚款等。遵守禁令是避免风险进一步扩大的重要步骤。

7. 寻求替代方案

如果禁令对出海企业的业务产生了重大影响，则出海企业可以考虑寻找其他供应商、开发新产品或重新定位市场替代方案。

四、海外线上平台经营知识产权合规策略

（一）亚马逊平台知识产权违规及应对

亚马逊平台非常重视知识产权保护，确保卖家和买家的利益不受侵犯，卖家和买家若实施侵犯知识产权的行为可能导致账户被警告、暂停使用或永久封禁。

1. 常见违规类型

(1)假冒伪劣。销售假冒品牌商品,这些商品模仿真品的品牌、标志、包装等,试图让消费者相信它们是正品。

(2)版权侵权。未经版权所有者授权,复制、分发、展示或以其他方式使用受版权保护的作品(如书籍、音乐、电影、软件等)。

(3)商标侵权。未经商标所有者授权,使用与注册商标相同或相似的标志,可能会导致消费者混淆,以为商品或服务与商标所有者有关。

(4)专利侵权。未经专利持有人授权,制造、使用、销售或进口受专利保护的产品或过程。

(5)设计侵权。未经设计权所有者授权,生产、销售或进口与受保护设计相同或过于相似的产品。

(6)版权声明错误。错误地声称拥有某项作品的版权,导致合法销售者的商品被错误下架。

(7)擅自使用图片。使用未经授权的图片或图形,尤其是商品图片,这可能侵犯他人的版权或商标权。

2. 违规后果

在亚马逊平台上违反知识产权规定可能会导致一系列的后果,这些后果旨在保护消费者、权利所有者以及诚信卖家的利益。以下是违规可能导致的一些后果:

(1)警告。亚马逊可能会首先向卖家发送警告,通知他们存在潜在的知识产权侵权行为,要求卖家在指定时间内采取行动解决该问题。

(2)商品下架。如果确定存在侵犯知识产权的行为,亚马逊会下架相关商品,这意味着该商品将不再在亚马逊平台上出售,直到问题得到解决。

(3)账户冻结。对于重复或严重的知识产权侵犯行为,亚马逊可能会冻结卖家的账户。在账户被冻结期间,卖家将无法访问其账户,也无法进行任何销售活动。

(4)账户终止。在极端情况下,如果卖家持续违反知识产权政策,或者未在收到警告后采取适当行动,亚马逊可能会永久封禁卖家的账户。

(5)法律诉讼。权利所有者可能会选择通过法律途径追究侵权者的责任,在某些情况下,侵权行为可能导致刑事处罚。

(6)财务损失。除可能面临的法律费用和赔偿金外,账户被冻结或封禁会导致卖家收入中断,对卖家的业务造成严重影响。

(7)声誉损害。侵犯知识产权的行为可能会损害卖家在亚马逊平台上的声誉,即使解决了侵权问题,卖家重新获得买家的信任会变得十分困难。

为了避免这些后果,卖家应该确保他们充分了解并遵守亚马逊的知识产权政策,对所售商品拥有合法的权利,同时积极监控并管理自己的商品列表,以防止潜在的侵权行为。

3. 避免违规的建议

(1)了解和尊重知识产权。卖家应熟悉相关的知识产权法律和亚马逊的政策,确保自己的商品不侵犯他人的知识产权。

(2)获取授权和许可。卖家在销售受保护的商品之前,应确保自己拥有相应的授权或许可。

(3)使用原创内容。卖家应在商品描述、图片等方面使用原创或已获授权的内容,避免使用他人的作品。

(4)定期监控。卖家应定期检查自己的商品列表,确保没有潜在的侵权行为。同时,也要留意是否有人侵犯自己的知识产权。

(5)咨询专业人士。卖家在面对复杂的知识产权问题时,应寻求律师或专业人士的帮助,以确保自己的行为合法合规。

卖家遵守亚马逊的知识产权政策不仅可以保护自己免受投诉和法律风险,也有助于维护一个公平和健康的市场环境。

(二)贝宝(PayPal)知识产权违规类型及应对

1. 常见违规类型

PayPal 作为国际卖家常用的电子支付平台,有其自有的规则限制,国际卖家使用该平台进行支付,需要对境内外的知识产权规则都有一定的了解,总体而言,PayPal 平台涉及知识产权违规的类型主要有以下几种:(1)虚假广告;(2)侵犯商业秘密;(3)进行诽谤、商誉诋毁、威胁或骚扰;(4)提供虚假、不准确或误导性信息;(5)侵犯第三方版权、专利、商标;(6)其他不正当竞争行为。

2. 违规后果

如果 PayPal 平台发现卖家涉及了上述活动,那么平台可能采取的制裁行动包括但不限于以下情况。

(1)限制或注销、暂停卖家 PayPal 账户(PayPal 可即刻执行所有行动且无须支付罚金)。

(2)在将来或立即拒绝向卖家提供 PayPal 服务,永久禁止卖家再次进入 PayPal 平台。

(3)限制卖家对平台网站、软件、运营的系统(包括用于提供任何 PayPal 服务的任何网络和服务器)、其 PayPal 账户或任何 PayPal 服务的访问权限,包括限制卖家使用与 PayPal 账户相关联的付款方式付款或发送款项、提现的能力。

(4)冻结卖家的 PayPal 账户余额,根据法院命令、监管要求或其他法律程序的规定,冻结时间可能会超过 180 天。

(5)按照影响卖家或卖家 PayPal 账户的判决或命令冻结、使用或转移卖家账户中的资金,包括新加坡或其他国家/地区的法庭针对 PayPal 或其附属公司作出的判决和签发的命令。

(6)如果卖家违规并且接收了违规交易的资金,那么卖家还要对因违反规则给 PayPal 造成的损失负责,并进行赔偿,每笔交易收取 2500 美元(或其他币种等值金额),平台可以直接从卖家控制的任何 PayPal 账户的任何现有余额中扣除赔偿此类损失的金额。

3. 处理建议

卖家如发生知识产权争议被 PayPal 平台采取了限制措施,第一时间应当了解案件情况、排查侵权风险,调查主张权利的主体情况、权利是否规范,核实店铺是否确实有违规使用的行为。如果确认是合法使用或者不正确投诉,需要及时与 PayPal 平台客服沟通,提供合法使用或投诉错误的基础证据,要求解除限制措施,必要时可提供有公信力的第三方评估报告。如果经过判断确实有较大的侵权风险,应积极解决与权利人的知识产权侵权纠纷,及时与 PayPal 平台客服沟通处理的进度,待纠纷解决后申请解除限制措施。

第四章 著作权

著作权合规是企业运营和文化创意产业中不可忽视的重要议题,著作权不仅关乎创作者的权益保护,也深刻影响着企业的市场竞争力、品牌声誉以及长远发展。因此,深入理解著作权合规的内涵、要求与实践,对于所有涉及创意、内容及知识产权的企业和个人而言,都显得尤为重要。

第一节　著作权合规概述

一、著作权的概念

著作权是对自然人、法人或者其他组织对文学、艺术和科学作品依法享有的财产权利和精神权利的总称。[1] 我国著作权法保护文学、艺术和科学作品作者的著作权,以及与著作权有关的权益。

著作权包括人身权和财产权。著作人身权是作者或者著作权原始主体依法享有的与其人身不可分离的非财产性权利,[2]具体包括发表权、署名权、修改权以及保护作品完整权。著作财产权,是指著作权人依法享有的利用或者许可他人利用其作品并获得报酬的权利,[3]具体包括复制权、发行权、出租权、展览权、表演权、放映权、广播权、信息网络传播权、摄制权、改编权、翻译权、汇编权及应当由著作权人享有的其他权利。

与著作权有关的权利(邻接权),涉及出版者、表演者、录音录像制作者及广播电台、电视台等相关主体的权利。与前述著作权相比,邻接权有以下基本特点:其一,邻接权主体以法人或者其他组织为主,以自然人为辅助;其二,邻接权主体通过传播现有作品获得权利,著作权主体则是通过创作作品获得权利;其三,邻接权的客体是通过传播行为所产生的创造性智力成果,著作权的客体是通过创作行为所产生的独创性智力成果;其四,邻接权的内容很有限;其五,邻接权的保护期限是自传播成果公开之日起的若干年。[4]

二、作品的独创性

作品,是指"文学、艺术和科学领域内具有独创性并能以一定形式表现的智力成果",包括:文字作品;口述作品;音乐、戏剧、曲艺、舞蹈、杂技艺术作品;美术、建筑作品;摄影作品;视听作品;工程设计图、产品设计图、地图、

---

[1] 参见吴汉东主编:《知识产权法学》(第 7 版),北京大学出版社 2019 年版,第 37 页。
[2] 参见吴汉东主编:《知识产权法学》(第 7 版),北京大学出版社 2019 年版,第 76 页。
[3] 参见吴汉东主编:《知识产权法学》(第 7 版),北京大学出版社 2019 年版,第 80 页。
[4] 参见吴汉东主编:《知识产权法学》(第 7 版),北京大学出版社 2019 年版,第 90 页。

示意图等图形作品和模型作品;计算机软件;符合作品特征的其他智力成果。

(一)作品须具有独创性

独创性指的是独立完成且具有创作性。宝佳公司诉陈某贤、中华人民共和国原国家工商行政管理总局商标评审委员会异议复审行政纠纷案[1]中,最高人民法院明确,《著作权法》保护的是具有独创性的作品,必须同时符合"独立创作"和"具有最低限度创造性"两个方面的条件才可能成为《著作权法》意义上的作品。受《著作权法》保护的作品不仅要求独立完成,还须达到一定水准的智力创造高度,智力创造性能够体现作者独特的智力判断与选择、展示作者的个性,并达到一定创作高度要求,"独"与"创"缺一不可。

另外,在作品满足独创性的前提下,法律允许就同一题材进行二次创作。最高人民法院《关于审理著作权民事纠纷案件适用法律若干问题的解释》第 15 条规定:"由不同作者就同一题材创作的作品,作品的表达系独立完成并且有创作性的,应当认定作者各自享有独立著作权。"在孙某民等与沈阳瑞东文化发展有限公司等侵犯著作权纠纷案[2]中,法院援引上述司法解释并指出:"著作权法禁止后来作者抄袭他人在先创作的作品,但允许不同作者就同一题材再次进行独立创作。抄袭和独创的认定标准在于双方作品是否存在不合理的相似。"法院意见表明,"独创性"的核心是"创作性",允许作者合理借鉴他人作品。

(二)作品不具有独创性的情形

独立完成和付出劳动本身并不是某项客体获得著作权法保护的充分条件,还需体现作者的个性。技术方案、实用功能、事实本身的汇编等通常不受保护,因为它们没有反映作者独特的智力判断和选择,也没有体现作者的个性。

如在湘北威尔曼制药股份有限公司与佛山市弘兴医药有限公司著作权

[1] 参见最高人民法院行政裁定书,(2012)知行字第 38 号。

[2] 参见北京市海淀区人民法院民事判决书,(2009)海民初字第 28734 号。

纠纷案[1]中，法院审查认为药品说明书不具有独创性，理由是：(1)药品说明书不具备《著作权法》意义上作品所需具有的条件。《著作权法》所涵盖的作品通常是独立存在的，能够传达特定思想，不受制或附属于他物，可以独立进入商业领域并独立实现价值。药品说明书与药品之间的关系被视为主物与从物的法律关系。药品说明书无法脱离药品而独立发挥效用，不具有独立使用价值和价值。(2)药品是一种特殊商品，药品说明书具有强制性。药品说明书是载明药品重要信息的法定文件，是选用药品的法定指南，具有强制性，经审批后的药品说明书，不得自行修改。(3)我国《药品注册管理办法》(2007)第74条规定，[2]仿制药应当与被仿制药具有同样的活性成分、给药途径、剂型、规格和相同的治疗作用。因此，同品种的仿制药与被仿制药应当相同，其说明书内容也应与被仿制药的说明书内容相同。如果药品说明书受著作权法保护，则药品说明书将成为表达制作者独特个性的载体，将会给医生和患者用药造成障碍，严重扰乱药品监管体系。(4)再审申请人威尔曼公司可通过其他的法律途径保护其药品。在我国，符合《专利法》规定的药物及其制作方法可以获得专利保护，符合法定条件的保密信息可以作为商业秘密获得保护，符合数据保护规定的新药实验数据可以获得数据保护，药品知识产权还可以通过商标、中药品种等方式获得保护。

在田某华与李某清、成都时代出版社著作权侵权纠纷案[3]中，法院认为，菜谱不具有独创性，理由是：作者通过取舍、选择、搭配，创作出作品，而非通过简单复制已有形式或机械推演创作而成。作者在创作作品的过程中投入了智力性劳动，创作出来的作品具有最低限度的独创性。该案中，田某华创作的《巧》一文虽然是一篇完整的菜谱作品，受著作权法保护，但是其原料配方、用量及制法、操作程序记载的是利用佐料制作泡椒菜肴及泡椒墨鱼仔菜肴的一种技术信息，这种技术信息主要通过专利、技术秘密加以保护，且该技术信息在表述方式上不具有独创性。

在胡某方、云南中新对外新闻文化发展有限公司与曹某志、北京亚视星

[1] 参见丁文严主编，中国法学会审判理论研究会编：《知识产权案件裁判规则(一)：著作权案件审理中客体可著作权性判断》，法律出版社2021年版，第262页。

[2] 相关规定参见2020年《药品注册管理办法》第35条第2款。

[3] 参见四川省高级人民法院民事判决书，(2008)川民终字第218号。

空国际文化艺术交流中心著作权侵权及不正当竞争纠纷案[1]中,法院认为,商业方案本身不具有独创性,理由是:对原告胡某方主张确认其系《北京行方案》的著作权人的诉讼请求依法应予以支持。但是原告按照《北京行方案》所记载的北京行活动的策划方案、组织方法及具体实施步骤等活动使用实施了该作品,这些活动所再现的作品中的策划方案、组织方法及具体实施步骤的内容属于作品的构思和思想,不属于著作权法上的复制活动,依此活动主张权利,不属于《著作权法》规定的应当由著作权人享有的权利范畴。

三、著作权的许可和转让

《著作权法》第 10 条第 1 款规定了 12 项著作财产权以及 5 项相关权。著作权人可将其享有的著作财产权全部或部分许可他人使用或转让给他人,并依据合同约定或《著作权法》的规定获得报酬。

此外,根据《著作权法》第 24 条第 1 款规定了 13 项法定许可的情形,"可以不经著作权人许可,不向其支付报酬,但应当指明作者姓名或者名称、作品名称,并且不得影响该作品的正常使用,也不得不合理地损害著作权人的合法权益"。在"葫芦娃""黑猫警长"美术作品著作权侵权纠纷案[2]中,上海知识产权法院认定:涉案电影海报为描绘 20 世纪 80 年代少年儿童的特殊时代背景,引入了当时具有代表性的少儿动画形象"葫芦娃"与"黑猫警长"的美术作品,将这几位角色与其他具有年代特征的元素一同作为电影海报的背景图案,已然超越了对涉案作品艺术美感的单纯展现,其使用方式和功能发生了显著转换,且转换程度较高,可被视为一种创新性的使用方式,并未对涉案作品的正常使用造成影响,也未不合理地损害著作权人的合法权益。因此,此举构成合理使用。该案中,"葫芦娃"与"黑猫警长"的角色形象在电影海报中得到了创新的转换性使用,即在新作品中赋予了这些原作品新的价值、功能或性质,从而改变了它们原本的功能或目的,不是简单地使用或再现原作品的文学价值以及艺术价值。该案裁判明确了转换性使用属于合理使用的审查判断标准,即"在转换性使用的情况下,不影响原作品

---

〔1〕 参见云南省昆明市中级人民法院民事判决书,(2005)昆民六初字第 64 号。

〔2〕 参见 2016 年度上海法院知识产权司法保护十大案例之六:"葫芦娃""黑猫警长"美术作品著作权侵权纠纷案。

的正常使用，也没有不合理地损害著作权人合法利益的"，构成对原作品的合理使用。

在订立著作权相关许可或转让合同时，当事人应结合商业使用需求对著作权及相关权的权属进行审查，确认相关使用行为已取得合法授权。

第一，确认授权方是否为原始权利人。如果授权方为原始权利人，当事人应当重点审查授权方提供的相关著作权登记证书、原件、底稿、认证机构证明等权属证明文件，以确定其是否有资质授权。如果授权方是著作权的被许可人，当事人还应当审查授权方获得授权的权属链条是否清晰完整，是否与所有上游权利人存在逐级授权，审查内容包括但不限于合同、符合行业惯例的权利人声明、获得的授权种类和期限等。

第二，根据实际需求确定许可使用合同或转让合同的主要内容。《著作权法》第 26 条第 2 款规定了许可使用合同的主要内容，包括：许可使用的权利种类；许可使用的权利是专有使用权或者非专有使用权；许可使用的地域范围、期间；付酬标准和办法；违约责任；双方认为需要约定的其他内容。《著作权法》第 27 条第 2 款规定了权利转让合同的主要内容，包括：作品的名称；转让的权利种类、地域范围；转让价金；交付转让价金的日期和方式；违约责任；双方认为需要约定的其他内容。著作权许可使用合同和权利转让合同的审查重点是授权/转让权利的种类和范围，被许可人/受让人应明确通过许可合同/转让合同可以获得著作权人的哪些权利。对于著作权人在合同中未明确许可、转让的权利，在实际使用过程中还应另外获得著作权人的授权。

第三，注意考量授权许可期限。以影视授权改编为例，授权期的终止日需谨慎考量，应结合项目进展和计划，对许可期限到期后的拍摄行为作出相对宽松的约定，如授权期的终止日可以约定在授权期限内"改编完成""摄制完成""全部制作完"或约定具体日期。另外，为避免许可到期后发生侵权纠纷，企业可以与授权方在合同中针对授权期满后的相关权属情况作出约定。

四、人工智能生成物的著作权问题

在我国司法实践中，对于人工智能生成物能否构成著作权法意义上的作品，存在诸多争议。然而，从相关判决中，可以看出法院对人工智能生成物的判断要素。

在李某与刘某侵害作品署名权、信息网络传播权纠纷案〔1〕中，法院认为，涉案人工智能生成图片属于美术作品，受到著作权法的保护。法院指出，审查原告主张著作权的客体是否构成作品，需要考虑如下要件：第一，属于文学、艺术和科学领域；第二，具有独创性；第三，具有一定的表现形式；第四，属于智力成果。该案中，从涉案图片的外观上来看，其与人们通常见到的绘画、照片并无不同，显然属于艺术领域，且具有一定的表现形式，具备了要件一和要件三。

关于“智力成果”要件，法院认为，“智力成果”是指智力活动的成果。法院指出：原告发布涉案图片时已经标注“AI 插画”，且原告可以利用稳定扩散（Stable Diffusion）模型根据自己设定的提示词和参数还原该图片的生成过程，在无相反证据的情况下，可以认定涉案“春风送来了温柔”图片系原告利用生成式人工智能技术生成的。由原告构思涉案图片开始，到最终选定涉案图片为止，在这整个制作过程中，原告投入了一定的智力劳动，因此涉案图片符合“智力成果”的要件。

关于“独创性”要件，法院认为：独创性要求作品由作者独立完成，并体现作者的个性化表达。当用户利用 Stable Diffusion 类模型来生成图片时，用户提出的需求与他人的差异越大，对画面元素和布局构图的描述就会更加清晰具体，更能展现出用户个性化的表达。该案中，从涉案图片本身来看，可以发现经设置模型系统生成的图片与已有作品存在可以识别的明显差异。原告对于人物及其呈现方式等画面重要元素通过设定提示词进行了设计，对于画面布局构图等关键要素通过参数进行了设置，体现了原告独特的、个性化的选择和安排。在庭审中，原告通过对提示词和参数进行重新设定和调整，生成了与案涉图片以及已有作品不同的图片，由此说明不同的用户可以根据其需求和喜好自行对提示词和参数进行设定，由系统生成不同的图片。因此，涉案图片并非机械性、程序性的智力成果。因此，在无相反证据的情况下，可以认定涉案图片系由原告独立完成，体现了原告的个性化表达。

该案中，涉案图片是“以线条、色彩构成的有审美意义的平面造型艺术

〔1〕 参见北京互联网法院发布 2023 年度十大典型案件之一：“AI 文生图”著作权案——李某与刘某侵害著作权纠纷案。

作品”,因此被认定为美术作品,受著作权法保护。同时,由于该图片可以被归类为具体的作品类型,不需要适用“其他作品条款”进行保护。综上所述,涉案图片属于《著作权法实施条例》第 4 条第 8 项规定的美术作品,受到著作权法的保护。

在腾讯科技(深圳)有限公司、深圳市腾讯计算机系统有限公司与深圳微源码软件开发有限公司、商圈(深圳)联合发展有限公司商业不正当竞争纠纷案〔1〕中,法院认为,人工智能生成文章属于作品,受著作权法保护,“从涉案文章的生成过程来分析,该文章的表现形式是由原告主创团队相关人员个性化的安排与选择所决定的,其表现形式并非唯一,具有一定的独创性,可以将该人工智能生成物认定为原告主持创作的法人作品”。

在北京菲林律师事务所诉北京百度网讯科技有限公司著作权侵权纠纷案〔2〕中,法院认为,人工智能生成文字不属于作品,不受著作权法保护,“涉案内容体现出人工智能针对相关数据的选择、判断、分析,具有一定的独创性,但是具备独创性并非构成文字作品的充分条件,文字作品应由自然人创作完成,在现行法律可以对此类软件的智力、经济投入予以充分保护的情况下,不应对民事主体的基本规范进行突破,因此认定该人工智能生成物并非《著作权法》意义上的作品”。

第二节　资产建设端

一、著作权的保护客体:作品

(一)作品的概念

在日常生活中,人们经常使用“作品”一词,但许多“作品”并非著作权法意义上的作品。

---

〔1〕参见最高人民法院发布的互联网十大典型案例之十:腾讯科技(深圳)有限公司、深圳市腾讯计算机系统有限公司诉深圳微源码软件开发有限公司、商圈(深圳)联合发展有限公司等不正当竞争纠纷案。

〔2〕参见 2020 年北京互联网法院涉网著作权八大典型案例之三:北京菲林律师事务所诉北京百度网讯科技有限公司侵害文字作品著作权案——计算机软件智能生成内容不构成作品。

无论是普通人，还是文学艺术家或自然科学和社会科学研究者，要向他人传递信息，或让他人了解自己的思想感情或研究成果，就必须通过一定的形式，如语言、声音、图像等加以表达，使他人得以阅读、欣赏和感知。这种将内心世界的思想、感情或其他信息，借助语言、艺术和科学符号体系加以表达的过程就是“创作”，由此形成的具有文艺或科学美感和独创性的智力成果，就是著作权法意义上的“作品”。[1]

《伯尔尼公约》并没有明确给出作品的定义，仅在第 2 条第 1 款采用了概括式规定：文学和艺术作品包括文学、科学和艺术领域内的一切成果，无论其表现形式或者方式如何。

综合《著作权法》第 3 条[2]、《著作权法实施条例》第 2 条[3]对“作品”的定义，著作权法意义上的作品应符合如下几个条件：(1) 人类智力成果；(2) 文学、艺术和科学领域内的智力成果；(3) 能以有形的形式复制；(4) 具有独创性。

1. 人类智力成果

创作，词典解释为“制造，建造”，即通过人的智力活动，实现从无到有。纯粹的自然风光即使独特、优美，也只能称作为大自然杰作，由于不是人类创作的智力成果，不属于著作权法意义上的作品。

例如，湖南省张家界市天门山的天门洞，壮观而神秘，犹如通往天界的门户，因其属于自然天成，并非人类创作而成，任何人都不可能对天门洞享有著作权。但如果摄影师对角度、距离、光线、焦距等方面进行选择，拍摄一张天门洞的照片，则该照片属于摄影师创作的作品，摄影师对该照片享有著作权。

2. 文学、艺术和科学领域内的智力成果

在人类智力成果中，有的基于本身特性和公共政策考虑，不能受到著作

---

〔1〕 参见王迁：《著作权法》，中国人民大学出版社 2015 年版，第 16 - 17 页。

〔2〕 《著作权法》第 3 条规定：“本法所称的作品，是指文学、艺术和科学领域内具有独创性并能以一定形式表现的智力成果，包括：(一) 文字作品；(二) 口述作品；(三) 音乐、戏剧、曲艺、舞蹈、杂技艺术作品；(四) 美术、建筑作品；(五) 摄影作品；(六) 视听作品；(七) 工程设计图、产品设计图、地图、示意图等图形作品和模型作品；(八) 计算机软件；(九) 符合作品特征的其他智力成果。”

〔3〕 《著作权法实施条例》第 2 条规定：“著作权法所称作品，是指文学、艺术和科学领域内具有独创性并能以某种有形形式复制的智力成果。”

权法保护,有的则由其他法律保护。因此,必须在著作权法保护的作品和其他法律保护的智力成果之间进行必要的划分。著作权法保护的是能传递思想感情、信息或展示美感的特定表达。

另外,在科学领域内,部分表达形式,如工程设计图、产品设计图和科学模型等,能够展示科学之美,因此能在符合独创性等的条件时构成作品。

3. 能以有形的形式复制

著作权法保护的是思想的表达形式,而不是思想、事实或观点本身。当一个人通过印刷、写作、绘画或其他形式,将某种思想、事实或观点转化为作品,且该表达形式能以有形的形式进行复制和传播,从而促进文化创新和知识传播,产生社会价值,方能受到著作权法的保护。如果思想感情没有通过语言、科学符号等形式表达出来,就无法让社会公众加以阅读和感知,也就无法被复制和传播,没有任何的社会价值,当然无法由著作权法加以保护。

4. 具有独创性

独创性是指作品由作者独立创作完成,是作品区别于其他人类智力成果的关键,只有具有独创性的外在表达才是作品。著作权法中的独创性,强调作者在创作过程中的独立判断和决策,以及个人在创作中发挥的作用,作品需是作者自己的智力成果,而不是对已有作品的复制、抄袭或篡改。

(二)案例

著作权法旨在平衡作者的权利和公众利益,以促进文化创新和知识传播。在判断某一对象是否构成受著作权法保护的作品时,法院通常会考虑作品的独创性和可复制性。如果作品同时满足这两个条件,那么它便被视为具有实质性要件,从而受到著作权法的保护。

虽然许多国家和地区乃至国际条约明确规定,著作权保护只及于表达,而不及于思想、程序、操作方法、概念、原理或者发现等,但实践中区分思想和思想表达并非易事。例如,对于文字作品而言,字数越少、语句越短,越容易成为思想而不是表达。

另外,在司法实践中,英语单词的记忆方法、词典的编纂方法都被法院认为属于思想的范畴,否定其获得著作权保护的可能性,但按照这些方法作出的外在表达存在属于作品的可能性。

在岳某宇与俞某洪、群言出版社、北京当当网信息技术有限公司、北京市新华书店王府井书店侵犯著作权纠纷案[1]中,法院认为:著作权法保护作品的表达而不保护其所体现的思想,该案所涉及的单词的记忆方法属于思想的范畴,并非著作权法的保护客体。英语单词的构成以及含义是确定的。英语单词的构词法属于公有领域,不同的英语单词可能包含相同的词根或者词缀,可能拆分为两个或者多个单词,也可能找到若干形近词。同时,英语单词的发音存在和汉语类似的谐音情况。该案中涉及的拆分关键词记忆方法、谐音记忆方法、选择类比单词比较以及方法等本身均属于方法,也就是属于思想范畴,不属于著作权法保护的范围。当这些记忆方法用具体的表达体现出来时,这些表达成为著作权法保护的对象。

在孙某、蔡某阳与商务印书馆国际有限公司侵犯著作权纠纷案[2]中,最高人民法院认为:按照词义分级分类编纂是实践中词典编纂普遍采用的一种方法,这种方法不属于著作权法保护的客体。涉案《分类词典》与《描写词典》均系按照分级分类的方法汇编而成的汇编作品,因在此之前已有相关成语分类词典出版发行,不排除涉案两部词典的汇编者在词典的汇编过程中,均借鉴了他人的智力成果。根据著作权法的基本原则,借鉴他人作品汇编新的作品,只要新汇编作品的表现形式具有独创性,即受著作权法保护。该案中,原审法院根据查明的事实,认定孙某、蔡某阳汇编的《分类词典》的分级类目选择和编排的表现形式与同类词典相比,具有独创性,应予保护的认定正确。鉴于《描写词典》的分级目录及词条收录与《分类词典》的不相同,尽管前者与后者有30余个小类名称相同,但经比对,二者排列位置不同,词条编排也不同,且后者在词条收集、分类方式、类目名称、词条释义的确定和整体编排上与前者的表现形式不同,故《描写词典》同样属于具有独创性的汇编作品。因孙某、蔡某阳主张商务印书馆国际公司侵犯其著作权缺乏事实依据,原审法院驳回其请求并无不当。

---

[1] 参见北京市第二中级人民法院民事判决书,(2009)二中民终字第05782号。

[2] 参见最高人民法院民事裁定书,(2008)民申字第74号。

二、著作权的归属

(一)著作权的原始归属——作者

根据我国《著作权法》第 11 条的规定〔1〕,从著作权的归属形式和保护角度来看,被视为的作者和作者一样,能够原始取得著作财产权和著作人身权,两者并无实质性差别。在法人或非法人组织被视为作者的情况下,实际从事创作的自然人,可被视为法人或非法人组织的"工具"。

(二)著作权的继受归属——继受主体

著作权中的复制权、发行权、出租权、展览权、表演权、放映权、广播权、信息网络传播权、摄制权、改编权、翻译权、汇编权等财产权利可以像普通财产权利那样通过转让、继承或遗赠等方式被他人继受取得;但著作权中的人身权利不能转让,继受人只能继受著作权中的财产权利,不享有完整的著作权。已逝作者的人身权也只能加以保护,而不能继承。

(三)特殊作品著作权的归属

1. 职务作品

职务作品是指作者为了完成单位的工作任务而创作的作品。职务作品分为普通职务作品和特殊职务作品。

根据我国《著作权法》第 18 条第 1 款的规定〔2〕,构成职务作品的条件包括:(1)作者是法人或非法人组织的工作人员,两者之间具有实质意义上的劳动或雇佣关系;(2)作品是作者因履行职务行为、完成工作任务所创作。所谓工作任务,按照我国《著作权法实施条例》第 11 条第 1 款的规定,是指公民在该法人或者该组织中应当履行的职责。应当履行的职责与具体的工

---

〔1〕《著作权法》第 11 条规定:"著作权属于作者,本法另有规定的除外。创作作品的自然人是作者。由法人或者非法人组织主持,代表法人或者非法人组织意志创作,并由法人或者非法人组织承担责任的作品,法人或者非法人组织视为作者。"

〔2〕《著作权法》第 18 条第 1 款规定:"自然人为完成法人或者非法人组织工作任务所创作的作品是职务作品,除本条第二款的规定以外,著作权由作者享有,但法人或者非法人组织有权在其业务范围内优先使用。作品完成两年内,未经单位同意,作者不得许可第三人以与单位使用的相同方式使用该作品。"

作时间无关，即使工作人员利用下班时间进行创作，只要是履行职责而完成的作品，都属于职务作品；相反，如果作品的创作与工作人员应当履行的职责无关，即使该作品的创作是在正常的工作时间内或利用了单位的物质技术条件，该作品也不属于职务作品。

特殊职务作品的署名权由作者享有，其他著作权归属于单位，例如，利用法人或者非法人组织的物质技术条件创作，并由法人或者非法人组织承担责任的工程设计图、产品设计图、地图、示意图、计算机软件等职务作品；报社、期刊社、通讯社、广播电台、电视台的工作人员创作的职务作品。

另外，单位与作者之间还可以约定方式将职务作品约定为特殊职务作品，如以合同方式约定单位享有除署名权以外的著作权。

2. 委托作品

委托作品不同于以雇佣关系为基础、与业务范围紧密相连、属于创作者工作职责范围的职务作品，其属于以平等主体之间的委托合同关系为基础创作的作品。

根据《著作权法》第 19 条的规定，[1] 在无明确约定时，委托作品的著作权属于受托人，但为了平衡委托人和受托人之间的利益关系，在双方未约定著作权权属而著作权属于受托人的情况下，最高人民法院《关于审理著作权民事纠纷案件适用法律若干问题的解释》第 12 条[2] 对著作权人享有的著作财产权进行了一定的限制，即委托人可以在委托创作的特定目的范围内免费使用该作品。

3. 合作作品

合作作品是指两个以上的作者通过共同创造形成的作品。合作作品具备以下两个要素：(1) 客观上存在合作创作；(2) 主观上合作者具有共同的创作意愿。

---

[1] 《著作权法》第 19 条规定："受委托创作的作品，著作权的归属由委托人和受托人通过合同约定。合同未作明确约定或者没有订立合同的，著作权属于受托人。"

[2] 最高人民法院《关于审理著作权民事纠纷案件适用法律若干问题的解释》第 12 条规定："按照著作权法第十七条规定委托作品著作权属于受托人的情形，委托人在约定的使用范围内享有使用作品的权利；双方没有约定使用作品范围的，委托人可以在委托创作的特定目的范围内免费使用该作品。"

根据我国《著作权法》第 14 条[1]和《著作权法实施条例》第 9 条[2]的规定，合作作品的著作权由合作作者共同享有。如合作作品可以分割使用，作者对各自创作的部分可以单独享有著作权，但行使著作权时不得侵犯合作作品整体的著作权。如合作作品不可以分割使用，其著作权由各合作作者共同享有，通过协商一致行使；不能协商一致，又无正当理由的，任何一方不得阻止他方行使除转让以外的其他权利，但是所得收益应当合理分配给所有合作作者。

4. 演绎作品

演绎作品应当具备以下三个要素：(1)依据已有作品的独创性表达进行演绎；(2)演绎作品再现了已有作品的独创性表达，两者之间具有类似性；(3)对已有作品的独创性表达进行了修改，该修改达到了独创性要求。

应注意的是，对已有作品的演绎需要符合独创性的要求才能形成新的演绎作品，如果改变较少，且改变前后不存在可以被客观识别的显著差异，则改变的结果只能被视为原作品的复制件。

另外，演绎作品应或多或少地再现已有作品的独创性表达，演绎作品虽然利用了已有作品中具有独创性的表达，但如果新作品与已有作品的整体表达不同，人们接触新作品后无法从中直接感知已有作品的独创性表达，则新作品的表达已经和已有作品之间没有联系，应属于独立的新作品。

演绎者在演绎已有作品时，并非必须事先征得已有作品著作权人的同意，只是在行使演绎作品著作权时不得侵犯已有作品的著作权，也就是说，即使演绎者在演绎已有作品时没有事先征得已有作品著作权人的同意，演绎者对其演绎作品仍然享有著作权，其只是不能积极地行使著作权，否则就会侵害已有作品的著作权。

可见，演绎作品具备双层权利结构，演绎者以已有作品为基础进行创

---

[1] 《著作权法》第 14 条规定："两人以上合作创作的作品，著作权由合作作者共同享有。没有参加创作的人，不能成为合作作者。合作作品的著作权由合作作者通过协商一致行使；不能协商一致，又无正当理由的，任何一方不得阻止他方行使除转让、许可他人专有使用、出质以外的其他权利，但是所得收益应当合理分配给所有合作作者。合作作品可以分割使用的，作者对各自创作的部分可以单独享有著作权，但行使著作权时不得侵犯合作作品整体的著作权。"

[2] 《著作权法实施条例》第 9 条规定："合作作品不可以分割使用的，其著作权由各合作作者共同享有，通过协商一致行使；不能协商一致，又无正当理由的，任何一方不得阻止他方行使除转让以外的其他权利，但是所得收益应当合理分配给所有合作作者。"

作,其对作为智力劳动成果的演绎作品享有著作权;同时,演绎作品融入了已有作品的基本表达,已有作品的著作权存在于演绎作品之中。因此,在利用演绎作品时,不仅应得到演绎作品著作权人的许可,还应得到已有作品著作权人的许可。

5. 汇编作品

汇编作品是指汇编若干作品、作品的片段,或者不构成作品的数据或其他材料,对其内容的选择或者编排体现独创性的作品。汇编作品分为两类:(1)对若干作品、作品的片段进行独创性的汇编而形成的作品;(2)对不构成作品的数据或材料进行独创性的汇编而形成的作品。

但是,无论汇编的材料是否是作品,如果在选择或者编排方面没有体现出独创性,则不能构成汇编作品。

对于第一类汇编作品,因被汇编的材料本身就属于作品,因此也属于双层权利结构:(1)经过各作品作者许可后,汇编者通过独创性的选择或编排将各作品汇编成册,汇编者对该汇编作品享有著作权,但对汇编作品的著作权仅限于体现独创性选择或编排的作品集合,而不及于被汇编作品本身;(2)汇编者行使汇编作品的著作权时,不能侵犯原作品的著作权。

三、企业著作权的资产建设

企业著作权资产重点强调的是企业享有的著作权财产权益,而不是企业拥有的、依赖著作权权利开发和运用的实物资产。

在企业日常经营中,相关著作权绝大部分是员工在自身工作岗位上,为完成工作任务,接受企业指派,进行相关创作形成的职务作品所得,其他部分是企业受让他人的著作权所得。有效形成作品,取得这些作品的著作权,并对这些著作权进行有效管理,才能让著作权真正为企业的发展保驾护航。

(一)著作权登记

1. 是否所有作品均须进行著作权登记

公司经营中,会不断产生著作权作品。作品是否登记,并不影响作者或者其他著作权人依法取得著作权。著作权登记的主要作用在于,可作为著作权归属最直观的初步证明,从而大大减少权利人的举证负担。

因此,对于日常工作记录基本能够反映出其创作时间、创作内容而且发生侵权纠纷概率不大的作品，基于成本考虑，没有必要进行著作权登记。但是，对于企业核心作品、使用频率较高或容易被侵权的作品等，应进行著作权登记，以便于后续维权举证或者对外宣传。例如，用作商标或者代表公司形象的标志，公司自行开发或委托他人开发的软件程序，具有较高艺术或商业价值的照片、图片、插画等。

2. 建立底稿管理制度

需要注意的是，作品登记证书只是著作权归属证明的初步证据，而作品原始底稿对著作权归属的证明往往非常重要，尤其是对于作品产出较高的中小企业，如果每一部作品都进行著作权登记，其工作量繁重，成本高昂，并且如果仅进行著作权登记，却无作品底稿，其著作权归属并非能当然受到支持。因此，建议企业重视对作品原始底稿的保存和管理，建立完善的底稿管理制度，这样才能在著作权归属的证明上做到防患于未然。

3. 著作权登记与外观设计专利申请的取舍

企业在设计出具有独特设计的产品后，针对该产品，可能可以同时进行著作权登记和外观设计专利申请，此时企业该如何进行取舍？

著作权登记在我国是自愿登记制，发证机构为中宣部下设的中国版权保护中心，发证前，中国版权保护中心并不会对该作品进行审查，著作权登记中的创作完成日期完全可自由填写。而外观设计专利的申请在我国为审查制，国家知识产权局审查时，要求外观设计专利必须具备新颖性。因此，企业应提前做好全面的规划，若选择同时进行著作权登记与外观设计专利申请，为提高外观设计专利的稳定性，建议同时申请，或者著作权登记晚于外观设计专利申请。

4. 软件著作权的登记

软件著作权属于著作权保护的一种作品，其本质与美术作品、书法作品等一样，其特殊之处在于软件著作权的保护对象主要是企业花费了较大人力和物力开发完成的软件产品，是软件型企业研发实力的体现。

企业经营中，同一款软件经常存在版本的更新迭代，那是否每次更新迭代都需要进行软件著作权登记呢？这取决于企业进行软件著作权登记的主要目的。如主要目的在于申请成为高新技术企业，则可对软件各个版本申请软件著作权登记；如主要目的在于无形资产的保护，则企业可根据实际情况对迭代内容比较大的版本或者重要版本进行软件著作权登记，而过渡性质的版本无须申请软件著作权登记。

（二）与第三方之间的著作权约定

1. 与员工之间

员工为完成企业工作任务所创作的作品属于职务作品，著作权归属于员工，企业仅仅有权在其业务范围内优先使用，只有具备一定条件的特殊职务作品，企业才享有除署名权以外的其他著作权。

因此，企业如想获得员工创作作品的著作权，建议在员工入职时与其签署相关协议，提前约定好作品的权利归属。

2. 与合作方之间

企业经营中，通常会与其他第三方进行相关的合作，产生相应的作品，如委托/合作创作等。

委托人和受托人之间可通过合同约定著作权的归属，在无明确约定时，著作权属于受托人。因此，企业与其他第三方之间的委托合同将涉及著作权归属及其他财产性权利，直接关系企业的切身利益，企业应谨慎对待。

（三）利用人工智能生成的作品

随着生成式人工智能的迅速发展，输入指令生成文本、图片、视频等，已成为司空见惯的操作。人工智能生成内容指通过人工智能技术生成的各种文本、图像、音频和视频等多媒体内容，其是机器学习和自然语言处理等技术的结合，通过对海量数据的学习和分析，可以让计算机模拟人类的创造力和判断力，自动生成符合人类需求的内容。

关于人工智能生成内容是否属于著作权保护的客体范畴这一问题，我国并没有法律规范可以直接界定其是否属于作品。实践中，终端用户、模型提供者的生成内容是否具有创造性，人工智能服务提供者生成内容是否侵权等，都是当前面临的难题。

人工智能技术的发展势不可挡，如何看待人工智能技术的发展决定了人工智能相关问题的处理方式。目前世界各国都在对人工智能进行积极的研究和探索，我国学术界和实务界中对于相关问题观点不一，尚未达成统一的标准。笔者认为，人工智能终究是人类创作的辅助工具，无论人工智能发展到什么阶段，都应在此基础上根据现行《著作权法》对人工智能生成内容的作品属性及其著作权归属进行解释和判断。而企业在开展日常关于生产式人工智能业务时，需着重关注作品的独创性及智力成果属性，避免引起相应的著作权纠纷。

第三节　侵权风险端

侵权风险端的合规可以理解为，行为人通过合规努力做到不侵权。结合《著作权法》的相关规定，著作权法的侵权责任认定体系为：行为人的行为落入了著作权控制的范围，如不存在合法授权、合法来源、合理使用、法定许可的情形，该行为人应承担法律责任。因此，行为人可以通过如下几个方面控制侵权风险发生：(1)不落入他人著作权的控制范围；(2)合法受让与许可；(3)合理使用与法定许可；(4)合法来源；(5)间接侵权责任防范。

一、不落入他人著作权的控制范围

如果行为人没有落入他人著作权控制的范围，则自然不存在侵权。此问题涉及公有领域[1]、著作权人的权利边界等内容。

(一)公有领域与独创性

任何创作均源自社会，著作权法具有明显的公共政策属性。公有领域的公共元素属于全社会所有，任何人都可使用。独创性是区分不同作品的核心概念，独创性是指作品由作者独立完成，并能体现作者特有的选择与安排。独创性包括独立完成和创造性两方面内容，作品的独创性要求欲保护的智力成果须达到一定的创造高度。两大法系对作品的独创性要求存在本质区别，且采用同一法系的国家之间，甚至同一国家不同种类的作品之间，独创性概念也不完全相同。[2] 在某一作品中，可能存在公有领域的内容。一般而言，行为人使用该作品中公有领域的内容，不会构成侵权。“你的作

---

[1] 公有领域，是指权利不为个人专有，而由社会成员自由利用的法律状态，如我国的“四大名著”。

[2] 参见金渝林：《论作品的独创性》，载《法学研究》1995 年第 4 期。

品中也许有着一些属于公有领域的部分,这并不意味着将影响你拥有整体版权。只是你拥有的版权只限于自己原创的部分。"[1]因此,行为人使用某作品时,应注意区分作品中属于公有领域的部分与具有独创性的部分,行为人使用属于公有领域部分的内容不会导致侵权。

(二)实质性相似

著作权法的侵权判定规则之一是,"接触+实质性相似"。具体而言,行为人须接触过相应作品且其利用的内容与作品构成实质性相似,才会构成侵权。接触要件系解决独立创作问题,实质性相似要件则是确定是否使用问题。因为行为人的使用可能与原作品不完全一致,实质性相似解决用到何种程度构成侵权的问题。对于实质性相似的判断,有整体观察法和抽象分离法,不同的方法导致的判断结论可能会有不同。不同的作品类型,适合的判断方法不同,如美术作品适合整体观察法,而文字作品则适合抽象分离法。行为人在利用他人作品过程中,应注意分辨其利用的内容,其利用的内容与原作品不构成实质性相似的,则未落入他人著作权的控制范围,未构成侵权。

(三)专有权利不控制的内容

我国著作权保护司法实践中出现了一个误区,即当事人总是在争论到底侵犯了著作权中的哪一项权利,我们应接受一种新的理念,即未经许可使用他人享有著作权的作品,只要不属于权利的限制和例外情形,就应当属于侵权。[2] 根据著作权法定原则,著作权具有对世效力,权利范围明确才能使公众合理预期相应法律后果。《著作权法》规定了12项具体财产权利以及"其他权利"的兜底权利。这些权利控制的范围之外,不是侵害著作权的行为,即不是任何使用或再现作品的行为都是侵害著作权的行为。如果这些行为无法落入具体权利的控制范围,则这些行为可能是不侵权的。不同权利控制的行为不同,而不同权利的限制亦不同,权利人主张不同的权利可能会导致不同的结果。因此,行为人应清晰认识专有权利控制的范围,界定可

---

[1] [美]威廉·S.斯特朗:《版权实用指南》,李凡、卢丹译,辽宁人民出版社1991年版,第4页。
[2] 参见李明德、许超:《中华人民共和国著作权法》,法律出版社2009年版,第217页。

实施行为与禁止行为,以避免侵权风险。

二、合法受让与许可

如果行为人通过合法受让或许可的方式取得相应权利,且其在取得权利的范围内使用作品,则不会构成侵权。但如果行为人超出其取得的权利范围使用作品,则其使用行为既是违约行为,同时也是侵权行为。对于受让及许可,需注意以下几个方面的侵权风险控制。

(一)关于权利转让与许可的规定

《著作权法》第 26 条第 1 款规定[1],使用他人作品应当同著作权人订立许可使用合同,该法规定可以不经许可的除外。许可使用合同的内容应当包括:许可使用的权利种类;许可使用的权利是专有使用权还是非专有使用权;许可使用的地域范围、期间;付酬标准和办法;违约责任;双方认为需要约定的其他内容。《著作权法》第 27 条规定[2],转让该法第 10 条第 1 款第 5 项至第 17 项规定的权利,应当订立书面合同。转让合同应当包括下列主要内容:作品的名称;转让的权利种类、地域范围;转让价金;交付转让价金的日期和方式;违约责任;双方认为需要约定的其他内容。《著作权法》第 29 条规定[3],许可使用合同和转让合同中著作权人未明确许可、转让的权利,未经著作权人同意,另一方当事人不得行使。

根据上述规定,《著作权法》对著作权的转让与许可作了明确规定,当事人须签订书面合同,应明确权利种类、范围、付酬标准等内容,且未经著作权人明确转让或许可的权利,行为人不得行使。

---

〔1〕《著作权法》第 26 条第 1 款规定:“使用他人作品应当同著作权人订立许可使用合同,本法规定可以不经许可的除外。”

〔2〕《著作权法》第 27 条规定:“转让本法第十条第一款第五项至第十七项规定的权利,应当订立书面合同。权利转让合同包括下列主要内容:(一)作品的名称;(二)转让的权利种类、地域范围;(三)转让价金;(四)交付转让价金的日期和方式;(五)违约责任;(六)双方认为需要约定的其他内容。”

〔3〕《著作权法》第 29 条规定:“许可使用合同和转让合同中著作权人未明确许可、转让的权利,未经著作权人同意,另一方当事人不得行使。”

（二）特别解释规则

《著作权法》的上述规定，是基于著作权法以保护权利人的权益为中心，无论是许可合同的解释，还是法定限制的解释，都区别于普通合同和法律的解释。著作权许可合同的特别解释规则要求，著作权许可合同中所有存有歧义之处，都将做有利于著作权人的解释。只有明晰的语言才能剥夺著作权人对自己劳动成果享有的权利。[1] 民事合同应根据合同文义、合同整体内容、合同目的、交易习惯等具体情况进行解释，而著作权法的相关合同还具有特别的解释规则。因此，行为人在进行著作权转让与许可的过程中，应充分认识著作权法有利于权利人的特别解释规则。

（三）具体权项的控制范围

如前所述，行为人应清晰认识专有权利控制的范围。而且，行为人还应认识专有权利之间控制范围的不同，这样才能防范权利转让及许可中的风险。《著作权法》规定的十几项具体权利分别控制不同的行为，每项权利都有自己的边界。以表演权与展览权的控制范围为例，著作财产权可按不同的标准进行分类，如分成复制权和传播权两大类，复制权包括复制、演绎类权利，传播权包括发行权、表演权等权利。[2] 根据作品使用方式的不同，可分为“以有形方式使用作品”和“以无形方式使用作品”两类权利，前者如展览权，后者如表演权。[3] 以有形方式使用指以同质再现作品的方式使用作品的权利，以无形方式使用系以某种人们无法直接看到作品原质的方式来使用作品的权利，如剧本、歌词、舞谱、诗词等作品被表演、演奏、播放。[4] 这种分类方法充分体现了表演权的特点，表演权控制“以无形方式使用作品”的行为，表演不直接体现作品，呈现在人们眼前的是表演者“转化”的内容。这种分类方法与前述表演需具有创造性、艺术性的要求相通，只有具有可表

---

〔1〕 参见何怀文：《著作权侵权的判定规则研究》，知识产权出版社2012年版，第130页。

〔2〕 关于著作财产权的类型化，参见陈绍玲：《中国著作权体系化的构建方法》，载《法律方法》2015年第2期；王文敏：《著作财产权的类型化及其运用》，载《法律方法》2017年第1期。

〔3〕 参见韦之：《著作权法原理》，北京大学出版社1998年版，第21－22页。

〔4〕 参见费安玲：《著作权权利体系之研究：以原始性利益人为主线的理论探讨》，华中科技大学出版社2011年版，第172页。

演性的作品,才有可能以无形方式被使用。展览系通过机械的、静态的、不改变作品表现形式的陈列等方式向公众提示作品的行为,而表演系通过表情、动作、声音等手段改变作品再现手段,动态地向公众提示作品的行为。[1]展览权与表演权的不同,体现在是否改变作品的表现形式,这种界分与前述有形/无形方式使用作品的权利分类一脉相承。如《著作权法》规定的放映权,可控制通过放映机、幻灯机等技术设备公开再现美术、摄影、电影作品的行为。放映权的客体均属于通过视觉欣赏的作品,不可以被"表演"。[2] 如果美术作品可以被表演,通过设备向公众传播被记录下来的对美术作品的表演则侵害了表演权,这与放映权控制的行为发生重叠,这样会使放映权丧失存在的价值。[3] 著作权的转让与许可,既是著作权价值的重要体现,也是著作权运营的重要内容。因此,行为人只有清晰认识各项专有权利的控制范围,才能控制著作权转让与许可中的风险。

三、合理使用与法定许可

《著作权法》规定了两种权利限制,一为合理使用,二为法定许可。

(一)合理使用

合理使用,是指在法律规定的情形下,行为人可以不经权利人的许可而使用作品,且无须向权利人支付报酬。《著作权法》第 24 条第 1 款明确了 13 种合理使用情形:"在下列情况下使用作品,可以不经著作权人许可,不向其支付报酬,但应当指明作者姓名或者名称、作品名称,并且不得影响该作品的正常使用,也不得不合理地损害著作权人的合法权益:(一)为个人学习、研究或者欣赏,使用他人已经发表的作品;(二)为介绍、评论某一作品或者说明某一问题,在作品中适当引用他人已经发表的作品;(三)为报道新闻,在报纸、期刊、广播电台、电视台等媒体中不可避免地再现或者引用已经发表的作品;(四)报纸、期刊、广播电台、电视台等媒体刊登或者播放其他报纸、期刊、广播电台、电视台等媒体已经发表的关于政治、经济、宗教问题的

---

[1] 参见李扬:《著作权法基本原理》,知识产权出版社有限责任公司 2019 年版,第 199 页。

[2] 参见崔国斌:《著作权法:原理与案例》,北京大学出版社 2014 年版,第 380 页。

[3] 有关机械表演与放映权的相关论述,参见王迁:《论网络环境中表演权的适用——兼评〈著作权法修改草案(送审稿)〉对表演权的定义》,载《比较法研究》2017 年第 6 期。

时事性文章,但著作权人声明不许刊登、播放的除外;(五)报纸、期刊、广播电台、电视台等媒体刊登或者播放在公众集会上发表的讲话,但作者声明不许刊登、播放的除外;(六)为学校课堂教学或者科学研究,翻译、改编、汇编、播放或者少量复制已经发表的作品,供教学或者科研人员使用,但不得出版发行;(七)国家机关为执行公务在合理范围内使用已经发表的作品;(八)图书馆、档案馆、纪念馆、博物馆、美术馆、文化馆等为陈列或者保存版本的需要,复制本馆收藏的作品;(九)免费表演已经发表的作品,该表演未向公众收取费用,也未向表演者支付报酬,且不以营利为目的;(十)对设置或者陈列在公共场所的艺术作品进行临摹、绘画、摄影、录像;(十一)将中国公民、法人或者非法人组织已经发表的以国家通用语言文字创作的作品翻译成少数民族语言文字作品在国内出版发行;(十二)以阅读障碍者能够感知的无障碍方式向其提供已经发表的作品;(十三)法律、行政法规规定的其他情形。"

每一种合理使用情形,都有其具体的适用条件。行为人应充分理解每种合理使用情形,真正做到合理使用。以"国家机关为执行公务使用已经发表的作品"为例,这种使用的范围限定在执行公务。某公安局在抗疫新闻报道中,用黑猫警长的动漫头像遮住了执法人员的脸部,这种使用显然与执行公务无关。为了抗击疫情,使用动漫角色制作宣传资料,应属执行公务行为。结合经典动漫形象制订宣传资料,会受到人们的欢迎,但此举很难被认定为执行公务所必需,因为不使用这些作品不会对宣传资料的制作产生实质性影响。"如果国家机关为了完成某项公务并不止有一种路径,那么使用他人作品就并不具有足够的正当性。"[1] 虽为执行公务,国家机关也不可任意使用他人作品,不可超出必要的程度、方式和范围。

《著作权法》第 24 条第 1 款规定了 13 种合理使用情形,可以不经著作权人许可,不向其支付报酬,但应当指明作者姓名或者名称、作品名称,并且不得影响该作品的正常使用,也不得不合理地损害著作权人的合法权益。世界各国的著作权制度大体可分为两大体系:作者权体系和版权体系。作者权体系与版权体系确立的合理使用立法模式有所不同,作者权体系主要采用列举、封闭式的立法模式,而版权体系则是开放式的立法模式。我国

[1] 袁博:《著作权法解读与应用》,知识产权出版社有限责任公司 2015 年版,第 158 页。

《著作权法》规定的合理使用制度，采用了作者权体系列举、封闭式的立法模式。当然，立法模式的选择主要应当基于社会需求和司法现状。[1] 合理使用制度作为平衡著作权人与公共利益的重要制度，无论是封闭式还是开放式的立法模式，都是解决问题的有效手段。

最高人民法院《关于充分发挥知识产权审判职能作用推动社会主义文化大发展大繁荣和促进经济自主协调发展若干问题的意见》（法发〔2011〕18号）第8条规定，在促进技术创新和商业发展确有必要的特殊情形下，考虑作品使用行为的性质和目的、被使用作品的性质、被使用部分的数量和质量、使用对作品潜在市场或价值的影响等因素，如果该使用行为既不与作品的正常使用相冲突，也不至于不合理地损害作者的正当利益，可以认定为合理使用。该意见融合了美国司法实践认定合理使用的四个因素及《伯尔尼公约》等国际条约"三步检验法"的内容。2020年修订的《著作权法》亦明确了"三步检验法"的相关内容。但根据《著作权法》的条文表述，合理使用仍是封闭式的立法模式，适用合理使用必须符合列举的"十三种情形＋其他条件"。如超出该13种情形认定合理使用，法院将面临法律适用的困境。

（二）法定许可

法定许可，是《著作权法》规定的另一种权利限制。法定许可，是在法律规定的情形下，行为人可不经权利人许可而使用作品，但应当支付报酬。法定许可具体包括编写出版教科书、报刊转载、制作录音制品等几种情形（见表4－1）。

表4－1　法定许可的具体情形

法律法规名称	具体规定
《著作权法》	第25条　为实施义务教育和国家教育规划而编写出版教科书，可以不经著作权人许可，在教科书中汇编已经发表的作品片段或者短小的文字作品、音乐作品或者单幅的美术作品、摄影作品、图形作品，但应当按照规定向著作权人支付报酬，指明作者姓名或者名称、作品名称，并且不得侵犯著作权人依照本法享有的其他权利。 前款规定适用于对与著作权有关的权利的限制。

〔1〕参见李琛：《著作权基本理论批判》，知识产权出版社2013年版，第208页。

续表

法律法规名称	具体规定
《著作权法》	第35条第2款　作品刊登后,除著作权人声明不得转载、摘编的外,其他报刊可以转载或者作为文摘、资料刊登,但应当按照规定向著作权人支付报酬。
《著作权法》	第42条第2款　录音制作者使用他人已经合法录制为录音制品的音乐作品制作录音制品,可以不经著作权人许可,但应当按照规定支付报酬;著作权人声明不许使用的不得使用。
《著作权法》	第46条第2款　广播电台、电视台播放他人已发表的作品,可以不经著作权人许可,但应当按照规定支付报酬。
《信息网络传播权保护条例》	第8条　为通过信息网络实施九年制义务教育或者国家教育规划,可以不经著作权人许可,使用其已经发表作品的片断或者短小的文字作品、音乐作品或者单幅的美术作品、摄影作品制作课件,由制作课件或者依法取得课件的远程教育机构通过信息网络向注册学生提供,但应当向著作权人支付报酬。
《信息网络传播权保护条例》	第9条第1款　为扶助贫困,通过信息网络向农村地区的公众免费提供中国公民、法人或者其他组织已经发表的种植养殖、防病治病、防灾减灾等与扶助贫困有关的作品和适应基本文化需求的作品,网络服务提供者应当在提供前公告拟提供的作品及其作者、拟支付报酬的标准……

《著作权法》在“权利的限制”一节规定了合理使用及编写出版教科书的法定许可情形,其他法定许可情形分散在“与著作权有关的权利”一章及《信息网络传播权保护条例》中。每种法定许可亦有相应的适用条件,作为著作权人的权利限制制度,其适用具有非常严格的条件。如制作录音制品法定许可,根据该规定的内容以及立法背景、学理解释,其要求音乐作品已被制作为“录音制品”,已有录音制品必须是“合法录制”,再次制作的形式必须是“录音制品”,再次录制时限于使用“音乐作品”,等等。

(三)指明作者与无法指明

合理使用与法定许可的规定,均明确规定了行为人在使用时应指明作者姓名或者名称、作品名称。署名权是我国《著作权法》规定的四种著作人身权利之一,署名权是著作人身权的核心。对此,行为人应注意的是,即使相应行为可能是法律规定的合理使用或法定许可情形。同时,《著作权法》一方面鼓励创作、保护权利人的专有权利；另一方面还平衡社会利益、鼓励作品传播，故著作权的行使会受到一定限制，署名权亦不例外。目前，关于署名权受到限制的法律依据主要为《著作权法实施条例》第19条的“但书”部分。《著作权法实施条例》第19条规定：“使用他人作品的，应当指明作者姓名、作品名称；但是，当事人另有约定或者由于作品使用方式的特性无法指明的除外。”该条的“但书”部分，明确了“由于作品使用方式的特性无法指明”的例外情形。对于无法指明的情形，司法实践的认定不一。对于行为人而言，其应在不能指明作者之时，注意无法指明的适用，以最终适用合理使用或法定许可。

四、合法来源

知识产权侵权案件中，“合法来源”是销售商免除赔偿责任的重要抗辩事由。合法来源抗辩，一般指销售商销售不知道是侵权的商品，如其能够证明该商品具有合法来源，则销售商不承担赔偿责任。合法来源抗辩需审查销售商是否具有主观上的故意或过失，客观上是否提供了侵权商品具有合法来源的证据。《专利法》与《商标法》均明确了合法来源抗辩的相关规定。在侵害著作权案件中，合法来源抗辩亦是法院审理的核心问题之一，[1]著作权法领域的合法来源抗辩的法律依据如表4－2所示。

表4－2　著作权法领域合法来源抗辩的法律依据

法律法规名称	具体内容
《著作权法》	第59条　复制品的出版者、制作者不能证明其出版、制作有合法授权的，复制品的发行者或者视听作品、计算机软件、录音录像制品的复制品的出租者不能证明其发行、出租的复制品有合法来源的，应当承担法律责任。 在诉讼程序中，被诉侵权人主张其不承担侵权责任的，应当提供证据证明已经取得权利人的许可，或者具有本法规定的不经权利人许可而可以使用的情形。
最高人民法院《关于审理著作权民事纠纷案件适用法律若干问题的解释》	第19条　出版者、制作者应当对其出版、制作有合法授权承担举证责任，发行者、出租者应当对其发行或者出租的复制品有合法来源承担举证责任。举证不能的，依据著作权法第四十七条、第四十八条的相应规定承担法律责任。

〔1〕合法来源抗辩已被很多法院列为著作权案件审理要素。

根据上述规定内容,行为人能否适用合法来源抗辩,关键在于其是否为"复制品的发行者"。根据"复制品的发行者"等规定内容,合法来源抗辩仅适用侵害发行权的情形,而且,根据合法来源抗辩的立法理由,上述规定是关于过错推定而承担法律责任的规定,是为了充分有效地保护著作权人的权益,参照《与贸易有关的知识产权协议》第 45 条的规定,明确了举证责任,[1]该规定与善意第三人理论无关,且适用时无须考量公共利益。[2] 如前所述,合法来源是销售商最为重要的抗辩理由之一,合法来源的抗辩由行为人提出且由行为人进行举证。司法实践中,行为人提供何种证据可以证实其具有合法来源是难点问题。行为人应在其采购过程中,注意采购的渠道合法、采购价格合理,保留好采购单据、支付凭证,等等。

五、间接侵权责任防范

知识产权的侵权责任可以分为直接侵权和间接侵权两类。知识产权是一系列法定专有权利的集合,任何人未经许可实施受专有权利控制的行为,且不属于法律规定的例外情形的,构成直接侵权。间接侵权行为,是指故意引诱他人侵权,或为侵权行为提供帮助,以及在特定情况下准备或扩大侵权后果的行为。[3] 法律规定并未明确直接侵权与间接侵权的相关概念,但法院的一些指导性文件中有相关表述,一些判决中也直接称直接侵权与间接侵权。根据传统的民事侵权责任理论,侵权责任可分为一人侵权责任以及多数人侵权责任。该区分方法与间接侵权、直接侵权区分的不同仅是区分的标准不同。[4]

前述行为人侵权风险控制情形,主要针对著作权专有权利展开。随着互联网的发展,通过互联网传播作品的行为非常普遍,信息网络传播权应运而生。信息网络传播权系专有权利的一种,其控制信息网络传播行为。网

---

[1] 参见胡康生主编:《中华人民共和国著作权法释义》,法律出版社 2002 年版,第 211 页。

[2] 参见屈文静:《网络销售所涉著作权侵权两题——侵害信息网络传播权的认定及合法来源抗辩的适用》,载微信公众号"知产前沿"2023 年 4 月 7 日,https://mp.weixin.qq.com/s/VE-bIQMlNVd9whs8iCMTv1A。

[3] 参见王迁、王凌红:《知识产权间接侵权研究》,中国人民大学出版社 2008 年版,第 1－3 页。

[4] 参见王国柱:《多数人侵权视野下的知识产权间接侵权制度》,载《大连理工大学学报(社会科学版)》2015 年第 3 期。

络服务提供者，是信息网络传播的中枢，是权利人、用户和社会公众之间的“桥梁”。网络服务提供者作为互联网发展的重要角色，其责任的认定直接影响互联网的发展。《信息网络传播权保护条例》规定了“避风港”的情形，网络服务提供者承担过错责任。最高人民法院《关于审理侵害信息网络传播权民事纠纷案件适用法律若干问题的规定》规定了网络服务提供者的过错情形。如行为人是网络服务提供者，其应按上述规定，做到相应注意义务，否则可能承担侵权责任。

第四节　防范措施端

随着科技进步和创意产业的蓬勃发展，知识产权的价值日益凸显，已成为推动企业创新和发展的重要资产。同时，国际国内对于知识产权的保护也日趋完善，从立法到执法，都为知识产权的保障提供了更为坚实的支撑。在这样的背景下，公众对于知识产权的保护意识也逐渐增强，不再停留在过去的模糊认知，而是更加明确和坚定地认识到保护知识产权的重要性。因此，知识产权维权活动迎来了新的高潮，特别是在著作权领域。

随着数字化和网络化进程的加快，著作权的保护面临前所未有的挑战。一方面，网络侵权行为的隐蔽性和快速传播性使得著作权保护变得困难；另一方面，大众对于文化产品的需求日益增长，也为著作权纠纷的频发提供了“土壤”。

在此背景下，企业如何有效避免自身的著作权遭受不法侵害，成为摆在企业面前的难题。这不仅需要企业加强内部管理，完善企业著作权的登记、许可、维权等环节，还需要企业积极采取技术手段，如数字水印、版权监测等，以确保作品的安全。

与此同时，如何避免侵犯他人的著作权也是企业不可忽视的问题。尊重他人的创作成果，是企业应尽的义务，也是维护企业声誉和形象的重要一环。

一、提高员工的风险防范意识和风险识别水平

不同于其他知识产权，著作权的获得不需要向相关部门申请，一般来

说，在作品完成时即产生了著作权，这使普通公众难以得知未署名作品著作权的权利归属，再加上员工的著作权保护意识不足，风险意识薄弱，这将不可避免地导致侵权或者被侵权的发生。因此，在当前商业环境中，提高员工的风险防范意识和风险识别水平已成为保护企业著作权不被侵犯以及企业不侵犯他人著作权的关键措施之一。

提高员工的风险防范意识和风险识别水平将有助于著作权的合规管理，降低可能因未遵守相关法律法规而产生侵犯他人著作权以及未能充分利用法律使自身著作权免受侵犯的风险。企业能否利用合规管理能力的提升使其发展“走得稳”和“走得远”，关键在于对企业员工进行合规风险防范教育。

首先，企业应加强对员工著作权法律知识的培训，让员工更好地理解著作权的相关概念、法律规定、侵权情形以及侵权行为的法律后果。通过著作权法律知识培训，员工在提高法律知识素养的同时，能更好地认识到保护企业著作权以及不侵犯他人著作权的重要性，并在日常工作中更加自觉地遵守相关规定。

其次，企业应增强员工的风险意识。企业不仅应培训员工如何识别潜在的著作权风险，如何避免侵权行为的发生，还应教育员工在发现侵权行为时如何解决应对。通过不断提高员工的风险意识和防范能力，企业可以大大降低面临著作权纠纷的风险。

企业可以采取多种方式对员工进行培训，以营造良好的学习氛围并增强培训效果，例如，定期举办培训讲座、交流会等活动。同时，企业还可以建立知识考核机制，通过不同的考核方式来检验员工的培训效果，确保培训得到有效落实。

最后，企业的法务部门可以整理典型的著作权合规案例，梳理合规风险防范的相关问题，然后将整理好的资料下发给员工进行学习。通过学习典型案例和了解风险防范问题，员工可以更加直观地了解著作权风险点和应对方法，从而提高自身的风险防范意识和风险识别水平。

二、加强著作权登记和运用过程的合规管理

（一）加强著作权登记合规管理

著作权登记虽然以自愿为原则，但其重要性不容忽视。登记后的著作

权作为权利归属的初步证明，在发生纠纷时能够成为主张权利的有力“武器”，有助于保护自身的著作权，以及遭受侵权后维权工作的顺利开展。因此，加强著作权登记的合规管理至关重要。

首先，企业应建立完善的著作权登记制度，明确登记流程、责任部门和人员，确保登记工作的规范性和准确性。同时，要加强对员工的著作权登记培训，提高员工的登记意识和能力。

其次，企业在进行著作权登记时，应严格遵守相关法律法规和规定，确保登记内容的真实性和合法性，避免出现虚假登记、重复登记等不合规行为，以免给企业带来不必要的法律风险。

最后，企业还应加强对著作权登记证的保管和管理，防止因遗失或泄露导致著作权纠纷，建立完善的登记证保管制度，明确保管责任人和保管方式，确保登记证的安全性和可追溯性。

（二）加强著作权运用过程的合规管理

在著作权运用过程中，企业同样需要加强合规管理，确保著作权的有效利用和避免潜在的法律风险。具体可以采用以下方式进行管理。

1. 取得使用许可

除法定许可及合理使用之外，企业在使用他人著作权时应签署著作权许可使用合同。在签署合同前，企业应注重审查著作权的权利主体和许可权限，确保合同的有效性和合法性。通过授权使用，企业可以合法地利用他人的著作权资源，促进自身业务的发展。

2. 采购部门统一采购

由采购部门统一确定并采购所需的著作权作品，争取最大限度地获取许可范围。同时，通过统一采购，企业可以更好地控制著作权的使用成本，并确保采购的著作权作品符合企业的业务需求。

3. 专人集中管理

明确统一的著作权管理方式，对于涉及著作权的作品安排专人进行统一管理，确保著作权信息的准确性和保密性。通过专人集中管理，可以最大限度地避免著作权信息的外泄和滥用，维护企业的合法权益。

4. 定期审计

对著作权作品的使用情况进行定期审计，及时发现可能存在的侵权等不合规情况,并与法务部门进行沟通,及时防范风险。通过定期审计,企业可以及时发现并纠正著作权运用过程中的不合规行为,确保企业的著作权管理工作得到有效执行。

综上所述,加强著作权登记合规管理和著作权运用过程的合规管理是企业保护自身著作权、防范侵犯他人著作权的重要举措。企业应不断提高著作权管理的合规性和有效性,为企业的稳健发展提供有力保障。

三、构建良好的著作权合规组织架构

良好的著作权合规组织架构能够降低企业面临风险的概率,适宜的合规组织体系、创新的管理组织方式是企业保护著作权不被侵犯以及防范侵犯他人著作权的重要途径之一。

(一)建立专业的合规委员会

筛选具有著作权知识的专业人员,同时包括企业董事会、监事会等管理层人员,共同组建合规委员会。这样既能有专业人员作出合规建议,也能保证在具体执行工作中有足够的授权,避免合规管理工作难以推进。

(二)制订相应的合规管理章程

由企业法务部门与合规委员会进行合作,共同起草和制订相应的合规管理章程。以每个季度的合规工作进行划分总结,若合规工作中发现章程中存在不合理条款,要及时进行调整、完善和补充,从而使合规管理章程能够与时俱进。

(三)各部门设立合规联系人

各部门在开展工作过程中要积极配合合规委员会的工作,设立专门的合规联系人能够保证合规委员会的通知能及时传达到每个部门,同时监督员工开展合规工作。员工在工作中发现的合规问题可以传达给部门合规联系人,由合规联系人统一收集并向合规委员会进行反馈。

(四)设立合规专员岗位

合规专员能够促进企业内部合规建设、管理和监督工作的开展,使企业

各项事务、决策等符合法律法规的相关规定。合规专员直接与合规委员会、法务部门进行对接沟通，共同识别企业的合规风险，开展合规业务的管理、反馈工作，帮助企业更好地规避风险，营造浓厚的合规管理文化。

四、定期、及时进行合规审计

定期、及时的合规审计是企业合规管理体系中的重要环节，对于确保企业合规经营、防范风险及维护企业权益均具有重要意义。企业通过定期审计可以及时发现合规风险，并评估合规管理制度的执行落实情况，为企业决策提供有力支持。

为确保合规审计的有效性，企业可建立专门的合规审计小组，合规审计小组可由合规委员会和法务部门共同组成。审计小组应具备专业的审计知识和经验，以便全面、深入地开展合规审计工作。在审计过程中，审计小组需重点关注企业日常工作中可能出现的违法违规问题，如员工行为是否符合合规要求、业务流程是否合规等。当发现工作中存在不合规问题时，审计小组应根据实际出现的情况灵活调整审计方法和计划，确保审计工作的时效性。

与此同时，为保障合规审计的独立性和客观性，企业应确保审计小组具备充分的权限和资源，若审计小组不能独立开展审计工作，审计工作的效率将大打折扣。审计小组与被审计部门必须保持良好的沟通和协作关系，确保审计工作能够顺利开展。

在合规审计过程中，一旦发现有员工存在违反合规管理的行为，审计小组应及时予以制止，并向相关部门报告。企业相关部门应根据该员工违规行为的性质和严重程度，依法依规进行处理。处理完违规行为之后，企业可以对违规行为进行通报，应说明该违规行为的类型以及如何才能避免该违规行为，以提高全体员工的合规意识和风险意识。

此外，企业还应建立合规审计结果反馈机制，将审计结果及时反馈给相关部门和负责人员，并召开合规审计总结会议，对审计的结果进行分析和总结，若发现合规管理体系中存在问题和不足，再商讨进一步完善和优化合规管理制度。

第五节　短视频行业著作权合规

近年来，随着各色各类短视频App的迅猛发展，我国短视频行业的注册用户和市场规模呈现持续快速增长趋势。根据中国互联网络信息中心发布的第55次《中国互联网络发展状况统计报告》显示，截至2024年12月，我国网民规模达11.08亿人，其中的短视频注册用户规模达10.4亿人，占用户整体数量的九成以上。

短视频，又称短片视频，是一种新兴的内容传播方式，由连续视听画面组成，可以在各类新媒体平台上播放，适合相关用户通过移动设备在移动状态和短时休闲状态下观看，短视频时长几秒到几分钟不等，通常具有时长短、内容丰富、形式多样、传播速度快、受众广泛等特点。由于短视频具有广泛的受众和强大的传播力，成为许多品牌和企业营销策略中重要的一部分，品牌和企业通过与具有一定影响力的网红用户或普通用户合作，将广告植入短视频中，或者通过广告投放的方式进行推广，以吸引更多的目标受众，提升品牌知名度和销售额。

随着短视频经济的迅猛发展，短视频行业引发了新的矛盾和冲突，包括一系列著作权侵权问题和法律纠纷，此类纠纷大致分为以下几类：一是短视频的独创性及作品类型问题；二是短视频作品著作权权利归属问题；三是二次创作短视频的合理使用问题；四是短视频平台注意义务问题。下文关于短视频行业著作权合规的讨论，将围绕以上四个问题展开。

（一）短视频的独创性及作品类型问题

短视频的独创性及作品类型是短视频行业著作权合规最先要讨论的问题。短视频是否构成法律意义上享有著作权保护的作品，是著作权合规的基础。如果一个短视频不构成法律意义上享有著作权保护的作品，那么该短视频属于公有领域的产物，即不享有排除他人使用的权利，任何人都无须授权或许可即可使用。只有属于受到著作权保护的作品，才会谈及著作权合规。

一般而言，连续视听画面可以分为视听作品和录像制品，视听作品是投入了某种智力性活动、具有最低限度以上的独创性，体现了作者的精神劳动和智力判断，享有著作权保护的作品。而录像制品是不具有独创性的，是写实、简单、重复机械性地录制连续画面的产物，录像制品不享有著作权。从法律规定的文字表述及司法实践来看，对于独创性的认定，一般考虑是否由作者独立创作完成，以及对表达的安排是否体现了作者的选择、判断。对于作品定义的关键点为"是否具有独创性"这个问题，我们常说的"具有"，是一种定性描述，属于事实判断和价值判断，不包含对独创性"量"的评价，通俗来讲，作品"独创性"的多与少不影响作品的定义。由此可见，如果满足了作品的其他构成要件，那么该作品被认定具有独创性，无论独创性的多与少，均可认定其构成法律意义上的作品。在司法实践中，法院在审理相关案件时对短视频独创性的认定标准相对较低，只要在画面拍摄、取舍、剪辑制作等方面表现并反映出创作者独立构思，表达了创作者的某种思想内容，体现了创作者个性的连续画面，一般都可以被认定为作品，享有著作权相关法律的保护。

因此，短视频行业的用户在发布相关视频时，应避免重复、机械性地写实录制，所投入的劳动应是"使得额头冒汗"的智力活动，表达创作者的独立构思，体现创作者的个性，保持原创的同时推陈出新。

（二）短视频作品著作权权利归属问题

《著作权法》第 2 条第 1 款规定："中国公民、法人或者非法人组织的作品，不论是否发表，依照本法享有著作权。"因此著作权均自创作完成之日产生，即创作者在作品完成时即享有该作品的著作权。《著作权法》第 12 条第 1 款规定："在作品上署名的自然人、法人或者非法人组织为作者，且该作品上存在相应权利，但有相反证明的除外。"此外，最高人民法院《关于审理著作权民事纠纷案件适用法律若干问题的解释》第 7 条第 1 款规定了可以证明权属的证据形式，"当事人提供的涉及著作权的底稿、原件、合法出版物、著作权登记证书、认证机构出具的证明、取得权利的合同等，可以作为证据"。司法实践中，证明著作权权利人归属的证据有多种，因著作权无须登记即取得的性质，作品登记证书不是唯一证明著作权权属的证据，即使拥有作品登记证书，也仅仅是著作权权属的初步证据，如他人有其他相反证据，一样可以推翻作品登记证书所记载的内容。因此，在短视频行业关于作品权利归属的合规问题中,“如何有效证明著作权权属?”及“如何保留权属证据?”是每一位著作权人都需要十分重视的问题。

著作权人需要有作品留痕、存证意识,懂得利用不同的方式对作品包括但不限于创作过程、完成时间、发表时间等重要事件节点进行存证。创作者在创作之初应树立良好的作品留痕及存证意识,在创作的各个节点进行有效的存证,为日后产生纠纷时,维护自己的合法权益做好充足的准备。以下分享几个实务中固定证据的方式。

1. 电子邮件

创作中的作品底稿在创作的过程中可以通过电子邮件发送给自己或者特定的邮箱,以此证明创作过程,此方法无须费用,且随时可以操作,具有方便简单的特点。需要注意的是,如果长期使用此方法,需要考虑较大文件会存在被清理、保存时效的问题。

2. 上传至网盘或者第三方平台

作品也可以上传至网盘以此证明创作过程及作品权属,网盘具有自动记录上传时间的功能,且网盘可以保存较大内存的文件,如创作的文件内容较大,可以选择该方式。微信、微博、抖音、小红书等第三方平台也是多数创作者的选择。如果创作者不希望作品发表,仅仅希望作品留痕,可选择第三方平台“仅自己可见”的私密发表方式;如果创作者想要发表作品,可以选择作品上传至第三方平台时的发表方式为“公开”。创作者在选择“公开”发表方式时,需要充分考虑作品泄露、可能被他人剽窃等问题,如果选择公开发表,应事先做好充足的准备,手上保存其他更多的证据证明该作品的权属。

3. 电子存证平台

现在市面上有非常多的电子存证平台,通过该方式进行固定证据及留痕,证明效力比上述两种方式更高,更具有说服力。该方式有中立的第三方机构背书,可以排除“私自篡改”这个影响证据效力的问题,在诉讼中更具有证明效力,且电子存证平台固定证据的方式有多种,包括拍照、录像、电子录屏等,便于创作者采取适合自己的方式进行操作,该方式费用低廉,具有高效便捷的特点。

4. 著作权登记

著作权登记是现在最常见,也是最有效的权属证明方式,但是著作权登记存在出证时间长、费用高等问题,该方式适合有一定经济能力的权利人选择。对于较为重要的、具有核心竞争力的著作权,建议使用该方式登记著作权权属。

5. 公证取证

公证方式存证也是目前社会上承认度较高的存证方式之一,在没有相反证据的情况下,大部分法院都会采信公证书上所记载的内容。该方式具有证明效力高的特点,同时存在费用高的问题,在一些重要的事项中,或者对诉讼维权产生重大影响的关键问题中,一般采用公证处固定证据的方式。

(三)多频道网站(MCN)对短视频著作权归属的影响

短视频根据制作模式的不同,可以分为以下三类:(1)用户生成内容(UGC),用户生成内容是指短视频用户依据其个人独创生成的短视频。(2)专业生成内容(PGC),专业生产内容是指借助专业视频生成工具生成的短视频。(3)专业用户生成内容(PUGC),专业用户生成内容是指有专业的人员或机构参与到短视频的制作当中。其中的 PGC/PUGC 这两种模式为较为专业、成熟的视频制作模式,基于短视频经济带来的巨大收益,PGC/PUGC 会涉及 MCN 的介入,而 MCN 的介入会引发一系列知识产权纠纷问题,其中著作权的归属是短视频行业热烈讨论的问题。本书所说的 MCN 是一种新的网红经济运作模式,指借助视频平台,通过为主播提供交叉推广、资金、数字版权管理、营销、引流等服务,从主播那里获取广告分成或频道收益的第三方服务机构。MCN 的本质是经纪中介公司,其作用是为与其签约的用户提供服务,通过与广告主、长/短视频及电商等平台建立合作的方式,帮助签约网红创造价值。发展至今,MCN 机构的定位越来越细化,比如有内容型 MCN、直播型 MCN、经纪型 MCN、综合型 MCN 等。短视频行业中主要涉及的是内容型 MCN,内容型 MCN 以内容生产为主,通过接取广告,将广告融入所创作的内容中实现商业化,或者是通过打造 IP,逐步实现商业化。综上所述,MCN 的介入,使短视频知识产权的归属不再像 UGC 制作模式那样单一化,在具体制作过程中会增加许多不确定因素,从而使各方纠纷频发。

在短视频行业中,丰富的内容能够使创作者获得持续关注,既是保持其热度的关键,也是其商业价值的核心竞争力。如果短视频用户发布的作品没有 MCN 介入,不是利用 MCN 创作团队完成的,而是用户独立创作的,则该作品的著作权当然属于该用户。但是,如果短视频有 MCN 介入,通过 MCN 创作团队创作而来,那么用户与 MCN 私下所签署的相关协议则对著作权的归属认定起到关键作用。因此,在涉及 MCN 介入时,可以通过签订协议来对短视频的著作权进行约定,通过签订协议对双方合作过程中所涉及的著作权的归属、产生的收益、账号的使用等重要问题进行详细的约定,避免出现纠纷时自身的合法权益无法保障。如果签订的相关协议没有对短视频的著作权进行约定,那么从相关法律上来看,短视频的著作权归属于短视频的创作者。如果短视频作品是两人以上合作创作完成的,那么该短视频是合作作品,著作权由合作作者共同享有。在具体行使合作作品的著作权时,享有合作作品著作权的合作作者可以通过协商一致行使著作权,如果合作作者之间协商不一致,无法达成统一意见,那么在没有正当理由的情况下,任何一方都不得阻止他方行使除转让、许可他人专有使用、出质以外的其他权利,但是所得收益应当合理分配给所有合作作者。同时,如果合作作品可以分割使用,那么作者对各自创作的部分可以单独享有著作权,单独行使其所享有的著作权,需要注意的是,作者单独行使著作权时不得侵犯合作作品整体的著作权。为了避免知识产权纠纷牵扯不清,且合作作品著作权具体行使过程中存在较多局限及不确定性,因此建议合作作者签订相关协议对合作短视频的著作权归属进行了详细约定。

(四)二次创作短视频的合理使用问题

二次创作短视频一般是指视频创作者在已经公开发表的视频的基础上,加入自己的构思及独创性,创作出的一个新作品。视频行业蓬勃发展,平台上的短视频数量激增,为二次创作短视频创作者提供了海量的素材,二次创作短视频的产出相对于原创短视频更加便捷、多元及极具性价比,因此,二次创作短视频在短视频行业中比较常见,占据了短视频的较大比例。二次创作短视频在短视频中存在一定的体量,因此该类型短视频引发的纠纷及讨论较多。涉短视频著作权纠纷案件中,被诉侵权行为以简单复制型侵权行为为主,包括切条长视频、搬运短视频、添加未经授权使用的背景音乐等。近年来,二次创作短视频侵权纠纷不断出现,新类型创作和传播行为引发的纠纷也不断进入公众讨论的范围。近年来,影视经济带来的巨大收益使得越来越多的用户将目光聚焦到影视经济上，与其花费2—3个小时去观看一部电影，越来越多的消费者及用户更加青睐用几分钟快速观看完一部电影，针对这一个市场需求，越来越多的用户制作电影解说类短视频，通过剪辑特定电影的电影画面，再配以自行创作的文字内容加以解说，能够让观看者在较短时间内获取到电影的大部分内容。这种“快”“简”“短”的电影解说类视频，属于典型的二次创作短视频。

另一种典型的二次创作短视频是模仿他人短视频的内容及主题，拍摄出与原视频风格、制作相类似的短视频。二次创作者在面对短视频原创作者的指控时，其常常以使用他人作品为合理使用作为抗辩理由，但是从法律角度来讲，这种使用方式不是合理的使用，不能阻却侵权不成立。如上文所述，著作权的合理使用是法定的，二次创作的情形并不是合理使用的13种情形之一，二次创作者在他人作品上进行再创作，如果没有得到原著作权人的授权和许可，此种再创作行为是构成侵权的。

二次创作者的另一个抗辩事由是二次创作行为没有为其带来收益，即二次创作者主张其没有因侵权行为获得收益，以此来阻却赔偿。二次创作者将二次创作的作品公开上传至互联网，该行为可能暂时没有给其带来直接的经济收入，但是基于“流量经济”的影响，获得热度的流量产品，可以以某种方式实现“流量变现”，为二次创作者带来直接、间接或潜在的经济效益。二次创作者将二次创作产品上传至互联网的行为，是一种市场行为，不具有非商业属性，因此不属于个人使用。在司法实践的绝大多数案例中，法院认定涉案的二次创作短视频不属于合理使用，构成著作权侵权。因此，短视频、自媒体产品制作者和网络传播平台，不应抱有侥幸心理，合理使用并不能成为二次创作行为的违法阻却事由，创作过程应当尊重原创作者的合法权利，取得原创作者的同意或者授权，否则将陷入著作权侵权纠纷的旋涡中。

（五）短视频平台注意义务问题

短视频平台作为短视频行业的推动者和经营者，其对短视频传播行为的规范及行业的良性发展有着天然的高度义务和责任。短视频平台在管理平台上的短视频及可能出现的侵权视频时所采用的是“避风港原则”，“避风港原则”主要体现在《信息网络传播权保护条例》第14条第1款的规定，对提供信息存储空间或者提供搜索、链接服务的网络服务提供者，权利人认为其服务所涉及的作品、表演、录音录像制品，侵犯自己的信息网络传播权或者被删除、改变了自己的权利管理电子信息的，可以向该网络服务提供者提交书面通知，要求网络服务提供者删除该作品、表演、录音录像制品，或者断开与该作品、表演、录音录像制品的链接。权利人向平台发送的通知书应当清楚载明如下内容：(1)作品权利人的姓名(名称)、具体的联系方式和地址，表明自己是维权的合法主体；(2)要求删除或者断开链接的侵权作品、表演、录音录像制品的具体名称和具体网络地址，以便平台能够在最短的时间内找到所指向的侵权作品或链接；(3)构成侵权的初步证明材料。平台在收到上述文件之后，会将文件转发给所指向的侵权方，如所指向的侵权方无初步证据证明其未侵权，则平台方将按照平台管理制度对所指向的侵权作品、链接进行处理；如所指向的侵权方有初步证据证明其不存在侵权行为，则平台方将该信息反馈给权利人，权利人不服可向法院起诉，至此，平台方的合理注意义务已经完成。《信息网络传播权保护条例》第 23 条规定，网络服务提供者为服务对象提供搜索或者链接服务，在接到权利人的通知书后，根据该条例规定断开与侵权的作品、表演、录音录像制品的链接的，不承担赔偿责任；但是，明知或者应知所链接的作品、表演、录音录像制品侵权的，应当承担共同侵权责任。由于互联网信息过多，平台存在网络监控的困难，在实践中很难确定哪个是侵权作品，如要求平台对每一单投诉都进行实质性的评判，那么平台的责任会超出其承受范围。毕竟，平台方无法承担起司法机关审判案件的职能，基于此种考虑，"避风港原则"给平台方提供了一个免于承担责任的情形。

下面以全国首例认定直播带货场景下的直播平台为电商平台侵害商标权案——赛饰贸易(上海)有限公司诉莱州市弘宇工艺品有限公司、北京微播视界科技有限公司侵害商标权案[1]来具体说明。该案的一审判决书中，法官对平台合理注意义务作了详细的阐述，结合短视频行业特征，将短视频平台合理注意义务总结为以下几个方面：(1)平台建立了账号及营销功能注册注销、营销行为规范制度等机制规约；(2)平台根据我国相关法律法规及有关规定，制订并在平台公开公示了知识产权管理及保护规则、平台公约；

---

〔1〕 参见北京市海淀区人民法院民事判决书，(2021)京 0108 民初 6194 号。

(3)平台履行了对平台账户运营者资质,所在平台营销的内容、商品和服务的真实性、合法性进行审核的前期审核义务;(4)平台制订了营销商品和服务负面目录,列明了依法应予禁止或不适宜以短视频形式营销的商品和服务类别;(5)平台对运营者、营销人员进行了基于身份证件信息、统一社会信用代码等真实身份信息认证;(6)平台建立健全了投诉、举报机制,并及时处理权利人对于违法违规信息内容的投诉举报;(7)平台知道或应当知道平台内经营者实施了侵犯知识产权等违反法律法规和服务协议的行为时,采取了删除、屏蔽、断开链接等必要处置措施;(8)消费者或其他权利人因为触碰了视频内的链接,而跳转到其他平台,通过其他平台购买商品或者接受服务发生争议时,短视频平台积极协助消费者或其他权利人维护其合法权益,包括提供必要的证据等。

在司法实践中,著作权侵权行为获得的赔偿数额往往较低,且诉讼程序具有滞后性,给权利人维权造成了诸多困难。传播价值是指短视频上传到平台上给上传者带来的价值。由于短视频内容更新较快,短视频的传播价值会随着时间慢慢消失,传播之初是短视频价值的最高峰。短视频由于其传播数量多、传播速度快、更新速度快的特点,其传播价值持续的时间往往非常短暂,一旦错过传播周期的高峰期,权利人将错失重要市场,给权利人造成重大损失,而给权利人造成最大、最直接的伤害的时间则是在前期的价值周期。在面对如此多的著作权侵权行为,如果采取直接针对侵权主体逐一起诉的维权策略,将会花费巨大的维权费用且效果甚微,无法从根源上解决侵权问题,维权的失败会给被侵权方造成二次伤害及打击。

针对短视频行业侵权行为的特征,如果想获得较好的维权效果,我们可以积极发挥短视频平台的管理责任及合理注意义务。据不完全统计,超过八成的原创短视频作者会选择根据平台知识产权管理制度,通过向平台举报、投诉的方式维权,平台在收到举报之后会进行初步审核,通过平台知识产权管理机制的运行对侵权短视频做下架处理,平台处理可以在较短的时间内使侵权方停止侵权,迅速地维护权利人的合法权益,且维权成本低,由此可见短视频平台在原创作者维权过程中起到了重要作用,其维权成本低、处理迅速、能批量操作等优点获得权利人的认可并成为权利人维权的首选方式。例如,多数影视作品在作品开播时,都会针对侵权行为进行市场清理行动,第一时间向平台投诉、举报涉嫌侵权的作品,进行批量下架,平台方能够及时、有效地处理此类知识产权侵权行为，较好地维护了相关权利人的合法权益。因此，在处理短视频侵权纠纷时，权利人可以通过与平台方积极沟通、高效反馈，对于涉及较大经济利益的作品，可事先向平台沟通备案，事中及时投诉、举报侵权链接并申请下架处理，事后整理并针对重大侵权线索提起诉讼，积极发挥短视频平台治理作用并落实其合理注意义务，从而高效化解平台知识产权纠纷，有效维护创作者的合法权益。

第五章　商标权

企业的商标权合规应当以市场为导向，通过深入了解市场需求和竞争态势，制订合适的商标策略，不断为企业创造价值。本章节从商标本身的资产价值、通过维权活动获取被动价值等方面对企业商标合规的不同应用场景进行了论述，使企业经营者在激烈的市场竞争中通过品牌效应，稳固商业地位，实现可持续发展。

第一节　商标权合规概述

一、商标权的概念

商标，是指能够将自然人、法人或其他组织的商品与他人商标区别开的标识，包括文字、图形、字母、数字、三维标志、颜色组合和声音等，以及上述要素的组合。[1] 商标权是指民事主体享有的在特定的商品或服务上，以区分来源为目的，排他性使用特定标志的权利。商标权相比专利权和著作权而言，有其独特的法律特征。在某些方面，商标法更接近于侵权法（事实上，从一个专业的法律视角来看，商标法是侵权法的分支，即众所周知的不正当竞争法的组成部分），而非财产法，尽管它与后者存在相当的重合，并且基本的产权经济学仍然具有重大意义。[2]

商标的使用，是指将商标用于商品、商品包装或者容器以及商品交易文书上，或者将商标用于广告宣传、展览以及其他商业活动中，用于识别商品来源的行为。[3] 商标在不断使用和宣传的过程中，会跟相关市场和受众产生联结，在联结和互动的过程中，商标逐步体现出一些拓展功能，具体如下。

第一，品质保障功能。基于商标区分商品（服务）来源的基本功能，其在长期的市场使用中，会产生识别性，其市场相关用户在日积月累潜移默化的使用中，会对品质优良的产品的商标产生正向评价，影响用户的复购决策，也即品质优良的商品（服务）的商标在经过市场洗礼后，会具备品质保障功能。

第二，广告宣传功能。承载着商标的商品或服务在市场上流通，本身就

---

〔1〕《商标法》第 8 条规定："任何能够将自然人、法人或者其他组织的商品与他人的商品区别开的标志，包括文字、图形、字母、数字、三维标志、颜色组合和声音等，以及上述要素的组合，均可以作为商标申请注册。"

〔2〕参见［美］威廉·M. 兰德斯、理查德·A. 波斯纳：《知识产权法的经济结构》，金海军译，北京大学出版社 2005 年版，第 214 页。

〔3〕《商标法》第 48 条规定："本法所称商标的使用，是指将商标用于商品、商品包装或者容器以及商品交易文书上，或者将商标用于广告宣传、展览以及其他商业活动中，用于识别商品来源的行为。"

是对商标的一种宣传，该商品市场占有率越高，商标的广告宣传作用越显著。

第三，提升消费者体验的功能。消费者对某一商标形成认同后，可以减少购买决策时间，且使用过程中会有彰显自己品位和选择的认同感，这些都能够隐性提升消费的体验。

二、商标权的法律特征

商标权的取得方式包括使用取得和注册取得，通过注册获得的商标权又被称为注册商标专用权。在我国，商标注册是取得商标权的基本途径。就我国的注册商标而言，商标的核准注册是基于其显著性。显著性体现在商标本身具有识别商品来源的能力，但商标在注册时并不需要相关公众已经实际将其与注册人的商品联系起来，在注册后能够具有识别作用即可；另一种则是经过使用获得显著性的商标，这种商标本身的识别性可能不强，因实际使用才具有识别的能力，才可以被获准注册，但这种是少数情形。

经商标局核准注册的商标为注册商标，商标注册人享有商标专用权，受法律保护。[1] 商标权作为一项法律赋予的权利，其具备如下法律特征。

（一）专有性

商标权人可以在其核定的商品或服务项目上使用其核准注册的商标，未经商标权人许可，任何人不能在同一种或类似的商品或服务上使用与其注册商标相同或者近似的商标。这是商标权最基本的法律特征，体现了商标权的独占性和排他性。需要注意的是，商标专用权并非指商标权人有在核定使用的商品或者服务上使用注册商标的绝对自由，而是指注册商标在其注册范围内具有很强的排他效力。[2] 以苹果公司与深圳唯冠公司 iPad 商标权属纠纷案[3]为例，2000 年，唯冠集团旗下的子公司分别在多个国家和地区注册。iPad 商标，其中包括深圳唯冠公司注册的中国（不含港、澳、台地区）的 iPad 商标，2009 年，苹果公司通过 IP 公司与唯冠集团旗下一家子公

---

〔1〕《商标法》第 3 条第 1 款规定："经商标局核准注册的商标为注册商标，包括商品商标、服务商标和集体商标、证明商标；商标注册人享有商标专用权，受法律保护。"

〔2〕参见王迁：《知识产权法教程》，中国人民大学出版社 2007 年版，第 462 页。

〔3〕参见 2012 年中国法院知识产权司法保护十大案件之一。

司——台湾唯冠公司达成商标转让协议,以3.5万英镑为对价向IP公司转让包括涉案商标在内的iPad商标。2010年2月,IP公司签订《权利转让协议》向苹果公司转让涉案两商标。2010年4月19日,苹果公司、IP公司以深圳唯冠公司为被告,向广东省深圳市中级人民法院提起诉讼,请求根据台湾唯冠公司与IP公司签订的商标转让协议,判令深圳唯冠公司在中国拥有的涉案iPad商标归其所有。广东省深圳市中级人民法院经过审理认为商标转让协议是台湾唯冠公司签订的,对深圳唯冠公司没有约束力,也没有构成表见代理,故判决驳回了苹果公司等的诉讼请求。苹果公司、IP公司不服,向广东省高级人民法院提起上诉。在二审期间,广东省高级人民法院经多次调解,最终,双方于2012年6月达成调解协议,由苹果公司支付6000万美元,深圳唯冠公司将涉案iPad商标过户给苹果公司。由此可见,深圳唯冠公司作为商标权人,在未经变更转让的情况下,对iPad商标具有独占性和排他性。

(二)禁用性

商标权人对其注册商标享有的专用权使其有权禁止他人在相同或者类似商品/服务上使用与其注册商标相同或者近似的商标。以"西门子"仿冒混淆纠纷案为例,核准注册在洗衣机商品上的涉案注册商标"西门子"由西门子公司及西门子中国公司享有专用权,经过长期使用具有较高知名度。奇帅公司在其生产销售的洗衣机产品、产品外包装及相关宣传活动中使用了"上海西门子电器有限公司"标识,江苏省高级人民法院、最高人民法院经审理均认为该行为构成商标侵权及不正当竞争,全额支持了西门子公司及西门子中国公司的赔偿请求。[1] 由此可知,西门子公司作为商标权人,有权禁止他人在相同或者类似商品/服务上使用与其注册商标相同或者近似的商标。

(三)可许可性

商标权人可以通过与他人签署商标许可合同,许可其他非商标权利人

---

〔1〕 参见2023年人民法院反垄断和反不正当竞争典型案例之六。

使用其注册商标。以黄某与乔瑞富公司商标使用许可合同纠纷案[1]为例，乔瑞富公司与黄某就“长颈鹿”系列商标签订《商标许可合同》，授权黄某在从事幼儿、少儿英（美）语培训时使用该合同项下的商标，黄某向乔瑞富公司支付许可费。虽然最后双方签订的《商标许可合同》解除，但合同履行期间黄某的商标使用行为得到了认可。

（四）可转让性

商标权作为一种财产权，可以被转让，还可以被继承或者作为企业破产财产处分。

（五）时间性

商标权是有时间限制的，但是商标权人在法定期限内享有申请续展注册商标的权利。这体现了商标权的时效性，商标权人需要在法定期限内申请续展，以维持其商标的有效状态。

总的来说，商标权的法律特征体现了其独占性、排他性、财产性、时效性以及广泛的保护范围。这些特征使商标权在保护商标权益、维护市场秩序、促进经济发展等方面发挥重要作用。

三、商标权合规

商标权合规是企业在商标管理和使用过程中遵守法律法规的规定，以确保企业的商标权益得到充分保护，避免因违反法律规定而带来的法律风险。换言之，商标权受到的《商标法》《商标法实施条例》等相关法律、法规的约束，涵盖了商标的注册、使用、转让、维权等各个环节。

在企业的实际经营中，商标权合规管理主要包括两个部分：一是避免侵犯他人在先商标权或其他在先权；二是确保自身商标注册策划方案能够顺利实施。商标权合规的最终目的在于充分发挥商标权的价值，为企业的发展和营利贡献力量。

注册商标专用权的保护范围与其知名度直接相关。知名度越高的注册商标，认定商标近似和商品类似的范围也越大，对于他人使用相同或者近似商

---

[1] 参见上海市杨浦区人民法院民事判决书，(2022)沪0110民初309号。

标的排斥范围也越大，因而保护范围越宽。[1] 最高人民法院在《关于当前经济形势下知识产权审判服务大局若干问题的意见》中指出："认定商品类似和商标近似要考虑请求保护的注册商标的显著程度和市场知名度，对于显著性越强和市场知名度越高的注册商标，给予其范围越宽和强度越大的保护，以激励市场竞争的优胜者，净化市场环境，遏制不正当搭车、模仿行为。"因此，企业商标权合规应当在合法、诚实信用的基础上，遵循以市场为导向的原则，通过以下几种方式为企业创造价值。

第一，市场调研与品牌定位。企业需要通过市场调研了解目标市场的需求和竞争态势，进而明确品牌定位。这有助于企业确定商标的设计方向，确保商标能够准确传达品牌的核心价值和特色。

第二，商标策略制订。根据市场调研结果，企业需要制订合适的商标策略，包括商标的注册、保护、许可使用等方面。通过合理的商标策略，企业可以确保商标的独特性和合法性，避免侵权纠纷，并为未来的品牌扩张和市场推广奠定基础。

第三，商标价值提升。企业需要不断提升商标的价值，以增强品牌的市场竞争力。这可以通过多种方式实现，如加大品牌推广力度、提高产品质量和服务水平、拓展销售渠道等。商标价值得到提升后，企业可以获得更多的市场份额和消费者认可，从而实现商业价值的最大化。

第四，商标侵权风险防控。企业需要加强商标风险的防控工作，避免商标问题导致商业损失。这包括及时监测和打击商标侵权行为、加强商标的续展和维护工作、建立完善的商标管理制度等。通过有效的商标侵权风险防控，企业可以确保商标的稳定性和安全性，为企业的可持续发展提供保障。

第五，商标与市场营销结合。企业需要将商标与市场营销活动紧密结合，通过商标的力量推动市场营销效果。例如，可以在广告宣传、促销活动、产品包装等方面充分运用商标元素，提升品牌知名度和美誉度，从而吸引更多消费者购买和使用企业的产品。

综上所述，商标权合规应坚持市场导向原则，使企业经营者在激烈的市场竞争中通过品牌效应，稳固企业的商业地位，实现企业的可持续发展。

---

[1] 参见孔祥俊：《商标的标识性与商标权保护的关系——兼及最高法院有关司法政策和判例的实证分析》，载《人民司法》2009 年第 15 期。

第二节　资产建设端

一、商标获取是商标资产建设的基础

企业进行商标资产建设的第一步是商标获取。商标可以通过商标申请、商标受让、商标许可等多种方式被获取,企业只有在获取商标后,才能通过商标运营将商标升级为品牌,从而获得品牌化收益。获取商标的方式包括以下三种。

(一)商标申请

目前,大部分国家对于商标注册采用的是自愿注册原则,商标的自愿注册原则是指商标使用人可以根据自己的需要和意愿决定是否申请商标注册。但是对于一些特殊商品会有不同规定。例如,我国法律针对烟草商品作出了强制注册要求,[1]对于烟草商品,若未注册商标在市场上销售,即是违法行为。

商标申请应当向国家知识产权局提交,申请商标注册或者办理其他商标事宜的,可以自行办理,也可以委托依法设立的商标代理机构办理。外国人或者外国企业在我国申请商标注册和办理其他商标事宜的,应当委托依法设立的商标代理机构办理。[2]

目前,我国开通了线下申请以及数据电文方式申请服务。数据电文方式申请大大地简化了申请流程,并且国家知识产权局的电子申请渠道逐步开通了商标注册申请、商标后续申请、商标驳回复审、商标异议等多种办理商标事项的通道,方便商标申请人对自己的商标进行申请和维护。

---

[1] 《烟草专卖法》第19条第1款规定:"卷烟、雪茄烟和有包装的烟丝必须申请商标注册,未经核准注册的,不得生产、销售。"

[2] 《商标法》第18条规定:"申请商标注册或者办理其他商标事宜,可以自行办理,也可以委托依法设立的商标代理机构办理。外国人或者外国企业在中国申请商标注册和办理其他商标事宜的,应当委托依法设立的商标代理机构办理。"

（二）商标转让

商标转让是商标获取的另一重要方式。广义的商标转让是指通过协议转让、接受赠送、继承、继受等方式从原商标注册人处取得注册商标所有权的行为。商标转让方可以通过转让商标直接获取价款，商标受让方可以通过受让商标获得商标的使用价值。

我国法律规定受让人应当保证使用该注册商标的商标质量。另外，商标权利人转让注册商标时，对其在同一种商品上注册的近似的商标，或者在类似商品上注册的相同或近似的商标，应当一并转让。[1] 以华为公司的“麦芒”手机为例，“麦芒”商标是华为公司在 2015 年自主申请被驳回后，于 2017 年从北京永安世达科贸有限公司受让取得的，当时北京永安世达科贸有限公司除了转让了第 9 类“麦芒”商标，第 14、17 类亦是一并转让，[2] 华为公司在 2021 年将该“麦芒”系列商标转让给天翼电信终端有限公司。[3]

商标转让相较于商标申请具有较高成功率。由于商标申请需要国家知识产权局进行审核，因此是否能成功存在不确定性，但是商标转让是转让已经申请成功的商标，国家知识产权局仅需审核转让商标的行为是否会导致消费者产生混淆或有其他不良影响，并不会对商标进行实质性审查，因此，通过商标转让的方式获取商标的成功率高于商标申请的成功率。

（三）商标许可

商标许可亦是商标获取的重要方式之一，我国商标法规定的商标许可有三种，包括独占使用许可、排他使用许可、普通使用许可。[4]

---

〔1〕《商标法》第 42 条第 2 款规定：“转让注册商标的，商标注册人对其在同一种商品上注册的近似的商标，或者在类似商品上注册的相同或者近似的商标，应当一并转让。”

〔2〕参见国家知识产权局商标局：《商标转让/移转公告》2017 年 1 月 20 日第 1536 期，第 14559 页。

〔3〕参见国家知识产权局商标局：《商标转让/移转公告》2021 年 10 月 6 日第 1762 期，第 960 页。

〔4〕最高人民法院《关于审理商标民事纠纷案件适用法律若干问题的解释》第 3 条规定：“商标法第四十三条规定的商标使用许可包括以下三类：（一）独占使用许可，是指商标注册人在约定的期间、地域和以约定的方式，将该注册商标仅许可一个被许可人使用，商标注册人依约定不得使用该注册商标；（二）排他使用许可，是指商标注册人在约定的期间、地域和以约定的方式，将该注册商标仅许可一个被许可人使用，商标注册人依约定可以使用该注册商标但不得另行许可他人使用该注册商标；（三）普通使用许可，是指商标注册人在约定的期间、地域和以约定的方式，许可他人使用其注册商标，并可自行使用该注册商标和许可他人使用其注册商标。”

独占使用许可，是指商标注册人在约定的期间、区域，以约定的方式，将其注册商标仅许可一个人使用，商标注册人依约定不得在被许可人使用期间及区域以相同的方式使用该注册商标。

排他使用许可，是指商标注册人在约定的期间、区域，以约定的方式，将其注册商标仅许可一个人使用，商标注册人依约定可以在被许可人使用期间及区域以相同的方式使用该注册商标，但不得另行许可任意第三人使用该注册商标。

普通使用许可，是指商标注册人在约定的期间、区域，以约定的方式，许可他人使用其注册商标，并可自行使用该注册商标和许可任意第三人使用其注册商标。

商标许可对于商标权利人而言，其优势在于商标权利人可以将自己所有的闲置商标通过许可的方式许可任意第三方使用，不仅可以获得许可费，亦可以通过这种方式实现商标的使用，在应对撤销连续3年不使用注册商标的申请时有着极大的优势。但是商标权利人应监督商标被许可人使用其注册商标所生产的商品或提供服务的质量，以保证商标许可人商品或服务的品质，维护自身的商誉。在实践中，商标权利人通常要求商标被许可人缴纳品牌保证金、定期到商标被许可人的工厂或营业场所进行检查，以及在商标许可协议中约定若商标被许可人的产品出现问题，商标权利人有权终止合同并主张高额违约金。

商标许可相较于商标转让而言，其优势在于商标许可不会导致商标专用权的主体发生改变，对于商标被许可人而言，只要支付一定的许可费用，就可以使用知名品牌，不仅减少了自己本应支出的商标申请费用、宣传费用，还可以立即享受到商标许可方已经构建的商标知名度。以南极人公司为例，2008年国际金融危机时，南极人公司将所有工厂出售，去掉生产端和销售端，通过共同体商业模式，将公司转型为“品牌授权”模式，不仅给企业带来高额的收益，也让发展逐步走下坡路的企业获得“新生”。南极人后更名为南极电商，2020年4月，南极电商2019年年度报告显示公司营业总收入为39.07亿元，同比增长16.52%；[1] 2021年4月，南极电商2020年年度

---

〔1〕参见《南极电商股份有限公司2019年年度报告》，载巨潮资讯网，http://www.cninfo.com.cn/new/disclosure/detail? orgId=9900002701&announ cementId=1207507439&announcementTime=2020-04-16。

报告摘要显示公司营业总收入为41.71亿元,同比增长6.78%。[1]

综上所述,企业可以通过商标申请、商标转让、商标许可获取商标,只有在获取商标后,才能在此基础上进一步的运营和保护商标。

二、商标运营是商标资产建设中的价值体现

商标运营是指企业利用商标资源进行经营管理活动,旨在加强品牌形象,提升品牌认知度和知名度,进而促进销售增长。商标运营是企业品牌战略的重要组成部分,对企业的长远发展具有重要意义。

(一)商标运营之设计商标

良好的商标运营应当开始于商业行为实施之前,而不是递交商标申请以后或需要使用商标以后,这样才能让商标真正助力企业的发展,帮助企业保持良好的品牌形象以及不断提升企业的商业价值,避免商标问题成为企业发展的掣肘。简言之,企业的商标设计可从稳定性及显著性两个方面进行考量。

1. 稳定性

商标在设计前,应避免设计的商标属于禁止使用的情形或者存在侵犯在先其他权利的情形,否则在商标设计完成或使用过程中出现被行政查处或被诉侵权的情形,将极大地影响商标的稳定性,商标的精心运营效果也将付诸东流。

商标局自2018年1月至2022年6月,累计打击82.43万件恶意商标注册申请,快速驳回了"火神山""雷神山""清澈的爱""长津湖""全红婵""冰墩墩""谷爱凌"等一批重大不良影响商标注册申请,依职权主动宣告注册商标无效3744件。[2] 由此可见,商标设计一味靠蹭热度并非长久运营之计。

---

[1] 参见《南极电商股份有限公司2020年年度报告摘要》,载巨潮资讯网,http://www.cninfo.com.cn/new/disclosure/detail? orgId=9900002701&announcementId=1209699182&announcementTime=2021-04-16。

[2] 参见李杨芳:《国家知识产权局商标局深入推进——商标领域改革取得显著成效》,载国家知识产权局中国商标网,https://sbj.cnipa.gov.cn/sbj/ssbj_gzdt/202211/t20221111_23408.html。

除此之外,商标设计应避免对在先的姓名、著作权、外观设计专利权、肖像权、地理标志权等的侵害,尽量在减少对现有图案、文字等要素进行借鉴的前提下,自行创作完成。以"功夫熊猫"商标异议案为例,上海烟草集团有限责任公司将"功夫熊猫"电影名称及角色名称在"香烟"商品上提出注册申请,北京市第一中级人民法院以诉争商标侵犯梦工场公司"功夫熊猫"电影名称及动物角色名称"财产权益"为由,判决诉争商标不予注册。[1] 由此可见,自行创作能保障商标的稳定性。

2. 显著性

商标的显著性是商标在市场上树立自身品牌形象和竞争优势的重要因素,显著性强的商标更容易被消费者识别和记忆,从而在市场竞争中获得更大的优势,且在商标权维权的司法实践中,显著性强的商标更容易维权。

根据商标所处的不同阶段,可将其显著性划分为固有式显著性和获得式显著性。固有式显著性,来自商标自身的文字、图案等构成要素的集合,取决于该集合的独特性或其与所使用的商品或服务之间的联系,因此,固有式显著性自商标递交申请时就已确定,不再变化。而获得式显著性,则是商标经过长期使用和宣传后获得的显著性,主要与企业使用商标的方式及时间长短挂钩,处于波动状态。

商标的固有式显著性主要强调的是商标的臆造性、任意性、暗示性。而获得式显著性则强调的是商标的使用时长、使用频率、使用范围,是企业在商标的使用过程中投入大量的人力、物力达成的社会性效果。无论是哪种显著性,均属于商标价值的重要组成部分。以商标的固有式显著性为例,臆造性标志商标如"柯达 KODAK""索尼 SONY""喜力克斯 HELIX"等,没有固定的含义,不可能与商品或服务的通用名称相同或近似,因此可以充分享受注册商标的排他权,有效防止他人在相同的商品上使用近似的商标。而任意性标志商标如"苹果"(用于电子产品)、"骆驼"(用于香烟)等,这些商标所使用的词汇在常规语境中具有其他含义,但作为商标时,它们成功地代表了特定的商品和服务,并在消费者心中建立了独特的品牌形象。最后的暗示性标志商标如"红牛"等,则通过"红牛"这个象征力量和活力的动物形象,暗示这种饮料能提供能量,帮助消费者恢复活力。以隐喻或象征的方式

[1] 参见北京市第一中级人民法院行政判决书,(2014)一中行(知)初字第 8000 号。

传达商品的特点,既可以使商标具有媲美任意性商标的独创性,又可以使消费者通过商标了解产品的功能。

综上所述,企业对商标设计稳定性和显著性的考量将会为后续商标的有效运营打好坚实的基础。

(二)商标运营之使用商标

当商标设计好并递交申请后,企业就可以着手使用商标。我们可以将其划分为两个阶段,一个是商标核准注册之前,另一个是商标核准注册之后。

1. 商标核准注册之前

商标递交申请至商标核准注册之间的这段时间,企业已经可以使用商标,但是此时使用的商标不具有法律地位,仅是对产品以及服务的区分起标识作用,而且在使用商标时依然有需要注意的事项,将未注册商标冒充注册商标使用的,或者使用未注册商标违反《商标法》第 10 条规定的,由地方工商行政管理部门予以制止,限期改正,并可以予以通报,违法经营额 5 万元以上的,可以处违法经营额 20% 以下的罚款,没有违法经营额或者违法经营额不足 5 万元的,可以处 1 万元以下的罚款。[1]

企业在实际生产经营中应注意在商标的右上角不要标注"©"标志,而应当标注"TM"标志。因为"©"标志代表注册商标,"TM"标志代表申请中的商标。

2. 商标核准注册之后

(1)保证注册商标的合法存续性

正常的核准注册商标,在运营的过程当中,首先应当确保的是商标本身的合法存续性。注册商标的合法存续性产生法律风险的情形可以分为两

---

〔1〕《商标法》第 52 条规定:"将未注册商标冒充注册商标使用的,或者使用未注册商标违反本法第十条规定的,由地方工商行政管理部门予以制止,限期改正,并可以予以通报,违法经营额五万元以上的,可以处违法经营额百分之二十以下的罚款,没有违法经营额或者违法经营额不足五万元的,可以处一万元以下的罚款。"

种,一种是注册人擅自变更商标信息,另一种是注册商标必须以使用为目的。[1] 两种法律风险相较而言,对注册商标提出撤销连续3年不使用申请属于更为常见的影响商标合法存续的风险,且该撤销申请并未限定提起的次数及利害关系,因此需要商标权人格外关注。以第5000606号"熊出没"商标的撤销纠纷为例,诉争商标由兰某、肇某于2005年11月14日向商标局提出注册申请,2010年2月21日被核准注册,专用期限至2020年2月20日,核定使用在第25类婴儿全套衣、游泳衣、鞋等商品上。2014年8月20日,经商标局核准,该商标转让给鑫迪鞋厂。然而由于在商标核准注册后,商标权利人并未积极地使用商标,异议人吴某向商标局申请撤销"熊出没"商标。

该案经商标评审委员会审查决定撤销商标、北京知识产权法院维持审查决定、北京市高级人民法院改判撤销审查决定、最高人民法院指令再审、北京市高级人民法院维持审查决定,最终支持了异议人吴某的撤销申请,判决撤销第5000606号商标"熊出没"。这意味着第5000606号商标"熊出没"的权利人因3年未实际使用商标而丧失该商标的专用权。[2]

撤销连续3年不使用申请的成立前提是商标权人对其所拥有的商标连续3年未使用,司法实践中,对于使用的要求通常表现为往来的购销合同、合作协议、开具的发票、进行宣传的方式等,因此为了保证注册商标的合法存续性,商标权人应当对使用商标的过程留存必要的证据,防止撤销连续3年不使用申请导致商标灭失。

(2)通过授权许可的方式实现商标价值收益

企业将自身的注册商标对外进行授权许可经营具有以下优势:

①增加额外的收入。通过商标授权,企业可以获得额外的许可费或版权使用费,从而增加企业的收入。这种收入既可以是一次性的,也可以是持

---

〔1〕《商标法》第49条规定:"商标注册人在使用注册商标的过程中,自行改变注册商标、注册人名义、地址或者其他注册事项的,由地方工商行政管理部门责令限期改正;期满不改正的,由商标局撤销其注册商标。注册商标成为其核定使用的商品的通用名称或者没有正当理由连续三年不使用的,任何单位或者个人可以向商标局申请撤销该注册商标。商标局应当自收到申请之日起九个月内做出决定。有特殊情况需要延长的,经国务院工商行政管理部门批准,可以延长三个月。"

〔2〕参见北京市高级人民法院行政判决书,(2018)京行再5号。

续性的,具体取决于许可协议的条款。

②扩张品牌与占领市场。允许其他企业在一定地域或领域内使用该商标,有助于品牌的快速扩张和占领市场。被授权方通常会投入资源进行品牌推广和市场营销,从而增加原品牌的曝光度和影响力。

③共享资源与分担风险。通过商标授权,企业可以与被授权方共享资源,如技术、渠道、市场经验等。同时,被授权方在市场推广和运营方面能为企业分担一部分风险。

④提升品牌价值。成功的商标授权可以提升原品牌的知名度和美誉度,进一步巩固和提升品牌价值。当多个企业共同使用一个知名品牌时,该品牌的市场地位和影响力往往会得到提升。

⑤国际化拓展。通过与国际企业合作进行商标授权,企业可以借助对方的渠道进入国际市场,实现品牌的国际化拓展。

⑥专注核心业务。通过将商标授权给其他企业,企业可以更加专注于自身的核心业务和研发创新,将品牌推广和市场运营等任务交给专业的被授权方去完成。

对外进行商标授权许可的同时,企业应当对被许可方销售许可产品进行动态监控,主要包括两个方面,一方面是对生产产品质量的监控,避免因产品质量问题损害品牌形象,维护品牌形象和消费者信任;另一方面是对产品侵权的把控,避免因被许可方的销售行为而侵犯第三方的在先权利。

(3)长期保持对注册商标进行市场监测

商标监测是一个系统性的商标运营过程,旨在确保商标的合法使用并防止侵权行为,可通过以下步骤加以实施。

①明确监测目标,具体如下:(a)确定要监测的商标范围,包括主品牌、子品牌、系列产品等;(b)设定监测的重点区域和市场,如线上平台、实体店、特定地区或国家等;(c)明确监测的时间频率,如定期监测、不定期抽查等。

②收集商标信息,具体如下:(a)整理自有商标的注册证书、使用许可、商标图样等文件资料;(b)收集市场上竞争对手的商标信息,了解行业内的商标使用情况;(c)通过公共数据库、商标注册局网站等途径获取已注册和申请中的商标信息。

③制订监测策略,具体如下:(a)根据监测目标,制订详细的监测计划,包括监测方法、工具、人员分工等;(b)确定监测的关键点,如商标的相似性,

使用商品的类别、销售渠道等;(c)设定合理的阈值,用于判断商标侵权的可能性。

④实施监测,具体如下:(a)利用网络工具、搜索引擎、社交媒体等在线渠道,监测商标的网络使用情况;(b)安排人员在实体店、批发市场等线下场所进行实地调查;(c)与消费者、经销商等利益相关者保持沟通,了解市场反馈和商标使用情况。

⑤分析监测结果,具体如下:(a)对收集到的数据进行整理和分析,识别潜在的商标侵权行为;(b)评估侵权行为的严重程度和影响范围,确定后续处理策略;(c)将监测结果与之前的监测记录进行对比,观察商标使用趋势和变化。

⑥采取应对措施,具体如下:(a)对于确认的侵权行为,及时与侵权方进行沟通,要求其停止侵权并承担相应责任;(b)必要时,向相关执法机构或法院提起诉讼,维护自身商标权益;(c)针对监测结果中反映的问题,调整商标使用策略和加强内部商标管理。

⑦持续改进,具体如下:(a)根据市场变化和监测结果的反馈,不断优化监测策略和方法;(b)加强与行业内外的合作与交流,共同打击商标侵权行为;(c)定期对监测流程进行审查和更新,确保其适应市场发展和法律法规的变化。

三、结合企业实际需求是商标资产建设中的重要方向

在不同发展阶段的企业或者不同类型的企业,对于商标资产建设都有不同的考虑因素,企业应根据自己的类型以及所在的发展阶段,制订适宜的商标资产建设方针,增加企业的商标资产,促进企业的发展。

(一)根据企业规模选择商标战略

企业的商标战略应该与企业的发展战略相一致。初创型企业在成立初期设定企业的商标战略时应考虑企业实行一体化商标还是多商标战略。

一体化商标战略,即以企业的商标为主,其他描述性名称或产品代码为辅。

多商标战略,是企业通常会将字号、标志(Logo)进行商标保护,亦会设计产品品牌,对企业不同的产品设计不同的商标,对于产品包装上的重点突

出内容亦会进行商标保护。

一般来说,一体化商标战略适合产品单一的企业,产品单一的企业在制造业中常见的是车企,如奥迪(Audi)是德国汽车品牌,其标志为4个圆环相扣,该公司施行的就是一体化商标战略,对于奥迪车,公司仅使用Audi以及4个圆环的商标,消费者通过车型来区分奥迪车辆。而多商标战略则适合多产品的消费品制造或销售企业。如联合利华公司旗下有众多商标,在03类的个人护理和家庭护理产品上拥有包括多芬(Dove)、力士(Lux)、凡士林(Vaseline)、清扬(Clear)等商标;在30类的食品饮料产品上拥有立顿(Lipton)、和路雪(Walls)、梦龙(Magnum)等商标。快速消费品行业基于消费者的选择众多、产品变化快,多商标战略能够不断地推陈出新,通过不同的商标让消费者感觉选择多样,从而吸引不同的消费群体。

(二)关注相关企业的商标布局

1. 了解行业领头者或竞争对手的商标布局

企业在初创时期若不清楚如何进行商标布局,可以自行或者委托专业的律所、代理机构查询了解行业领头企业的商标申请状况,根据行业领头企业的商标申请状况来确定自身的核心类别。企业在发展时也应时刻关注竞争对手的商标布局,可以通过其竞争对手的商标布局察觉发展趋势,并提早作出应对措施。

2. 关注上下游企业的商标布局

企业应时刻关注上下游企业的商标布局情况,若上下游企业的商标存在争议,将会影响企业自身的发展。在我国,销售侵犯注册商标专用权的商品的,属于侵犯注册商标专用权;销售不知道是侵犯注册商标专用权的商品,能证明该商品是自己合法取得并说明提供者的,不承担赔偿责任。[1] 虽然能证明商标是合法取得并说明提供者的不承担赔偿责任,但要停止侵权。在此情形下,若企业无法从上游供应商处获得赔偿,那么企业投入的采购成本、产品宣传费用等将成为"泡影",影响企业的发展。

3. 了解行业的商品或服务核心

企业在初创时期,应该向律所或正规代理机构咨询企业所在行业在商

---

〔1〕 相关规定参见《商标法》第57条第3项、第64条第2款。

标上的核心类别，不同行业在商标建设上有不同的倾向。例如，餐饮行业，其核心类别是第43类的餐饮、餐馆服务，若考虑后期接受品牌加盟转型做品牌的商业管理，那么在初期可以在第35类的饭店商业管理、特许经营的商业管理服务上一并注册。像第08类的餐具商品，第29、30、31、32、33类与食品、饮料、原材料相关的商标类别，其实属于餐饮行业上游供应商的核心类别。

又如，服装行业的核心类别是第25类，而第18类的皮具、皮包以及第09类的太阳镜亦属于时尚品，于是第18、09类对于服装行业而言，只能是次核心类别。

行业不同，其核心类别亦不同，企业应实事求是，从其所处的行业以及其核心商品或服务考虑，集中财力、人力，维护好核心商品或服务的核心商标。

（三）催化注册商标资产化

企业的商标资产建设发展到一定规模，可以将商标资产转变为资本。

1. 商标出资

商标出资，是指商标权利人依法将商标或商标使用权进行评估作价，作为对企业的非货币或非实物出资，从而获得投资公司的股权。我国《公司法》规定，股东可以用货币出资，也可以用知识产权等可以用货币估价并可以依法转让的非货币财产作价出资。[1] 因此，股东可以用商标或商标使用权进行出资。

商标权的出资方式主要有两种：第一种是以商标本身出资，股东之间可以对商标进行协商定价，投资方将其所拥有的注册商标转让至被投资企业或新设企业名下，被投资企业或新设企业成为新的商标权人；第二种是商标权利人以一定年限的商标使用权出资，投资方将注册商标按照一定的条件和期限许可给被投资企业或新设企业，被投资企业或新设企业在许可期限内按照设定的条件使用注册商标，而投资方仍然是该注册商标的所有人。

---

〔1〕《公司法》第48条第1款规定："股东可以用货币出资，也可以用实物、知识产权、土地使用权、股权、债权等可以用货币估价并可以依法转让的非货币财产作价出资；但是，法律、行政法规规定不得作为出资的财产除外。"

这种方式也可以理解为以商标许可费出资。

2. 商标融资

商标融资，是指将商标资产进行评估、办理商标质押后向银行等融资平台贷款。商标经过商标权利人的使用获得知名度，产生市场价值后成为商标权利人的一种无形资产。商标权利人可以将商标质押给银行等金融机构或融资平台获取贷款。企业通过商标质押融资，可以解决资金短缺问题，从而获取发展资金。

在我国，由于商标权属于无形资产的特殊性，商标权的出资、融资并没有得到充分、广泛地应用与发展。商标权出资、融资面临最大的问题是，商标权属于无形资产，对其价值的评估没有一个统一的标准，选择不同的评估机构会有不同的评估结果，因此在标准定价上存在较大难度，并且商标权具有不稳定性，一个注册成功的商标在注册成功后仍然会面临商标被第三人提出无效宣告、撤销 3 年不使用申请。在《知识产权强国建设纲要（2021—2035 年）》中提到，要建设激励创新发展的知识产权市场运行机制，完善无形资产评估制度，形成激励与监管相协调的管理机制。积极稳妥发展知识产权金融，健全知识产权质押信息平台，鼓励开展各类知识产权混合质押和保险，规范探索知识产权融资模式创新。[1] 因此，对于对商标权进行评估，继而进行投资、融资，仍然有许多方面需要法律、制度、行业协作的进一步完善。

综上所述，商标权合规体现在资产建设端，主要是在商标权的获取、运营中集中体现，企业可结合实际的企业需求选择合规重点、要点，实现商标权价值推动企业价值提升的美好愿景。

第三节 侵权风险端

一、侵权的分类

企业在日常经营管理过程中，随着企业或产品市场的进一步扩大，商标

---

〔1〕 参见新华社：《中共中央 国务院印发〈知识产权强国建设纲要（2021—2035 年）〉》，载中央人民政府网，https://www.gov.cn/zhengce/2021-09/22/content_5638714.htm。

的侵权风险也会随之增加，这一点在平台公司身上体现得更为明显。这是因为企业或产品市场越大，涉及的法律关系越多，出现纠纷的数量也会相应提升。

《商标法》第 57 条[1]列出了 7 种侵犯注册商标专用权的行为，可以将其简单归纳为以下七类：(1) 相同侵权；(2) 相似侵权；(3) 销售侵权产品；(4)制造或销售伪造标识；(5)反向假冒；(6)帮助侵权；(7)其他。

根据法律规定的种类和实务中常见的情况，可以将商标权侵权风险作以下划分。

(一)相同侵权和相似侵权

根据涉嫌侵权标识、商品类别与涉案商标标识是否相同，可以将侵权行为分为相同侵权与相似侵权。相同侵权是指未经商标注册人的许可，在同一种商品上使用与其注册商标相同的商标的行为；相似侵权是指未经商标注册人的许可，在同一种商品上使用与其注册商标近似的商标，或者在类似商品上使用与其注册商标相同或者近似的商标，容易导致混淆的行为。

在实务中，在相同类别使用相同标识的侵权情况相对较为少见，因为此种情况一旦生产或销售金额达到一定数额，可能涉及刑事责任。大部分情况是相似侵权，即在商标标识或商品类别上作一些变动，如我们见到的"adl-das"运动鞋、"大白免"奶糖、"旺子"牛奶、"康帅傅"方便面、"咏动"功能饮料等山寨产品。司法实践中，大量商标侵权案件基本属于相似侵权的类型，如曹某冬与云南下关沱茶(集团)股份有限公司侵害商标权纠纷案[2]、小米科技公司等与中山奔腾公司等侵害商标权及不正当竞争纠纷案[3]、欧普公

---

[1] 《商标法》第 57 条规定："有下列行为之一的，均属侵犯注册商标专用权：(一)未经商标注册人的许可，在同一种商品上使用与其注册商标相同的商标的；(二)未经商标注册人的许可，在同一种商品上使用与其注册商标近似的商标，或者在类似商品上使用与其注册商标相同或者近似的商标，容易导致混淆的；(三)销售侵犯注册商标专用权的商品的；(四)伪造、擅自制造他人注册商标标识或者销售伪造、擅自制造的注册商标标识的；(五)未经商标注册人同意，更换其注册商标并将该更换商标的商品又投入市场的；(六)故意为侵犯他人商标专用权行为提供便利条件，帮助他人实施侵犯商标专用权行为的；(七)给他人的注册商标专用权造成其他损害的。"

[2] 参见最高人民法院民事判决书，(2017)最高法民再 273 号。

[3] 参见江苏省高级人民法院民事判决书，(2019)苏民终 1316 号。

司与华升公司侵害商标权纠纷案[1]等。

(二)生产侵权和销售侵权

根据侵权主体在侵权行为中的分工,可以将侵权行为分为生产侵权与销售侵权。销售侵权是指销售了侵权的产品;而生产侵权顾名思义是在对原材料进行加工后形成侵权产品。随着现代工业的发展,制造分工日益精细化、专业化,物理制造的整个过程完全可以借助于第三人而实现,无须侵权人亲自实施全部或部分加工过程就可以得到最终的产品,如很多工厂的定牌生产合作模式。这使生产侵权在实践中有了更多的释义。

最高人民法院《关于产品侵权案件的受害人能否以产品的商标所有人为被告提起民事诉讼的批复》中明确指出,"任何将自己的姓名、名称、商标或者可资识别的其他标识体现在产品上,表示其为产品制造者的企业或个人,均属于《中华人民共和国民法典》和《中华人民共和国产品质量法》规定的'生产者'"。该司法解释直接采用最直观的表现,即产品上公示的企业名称、商标权人或其他可识别的标识所有者便为生产者,在此不考虑侵权产品实际是否由公示者生产。最高人民法院在中山市童梦电子商务有限公司、贝比赞公司侵害发明专利权纠纷案[2]中重申了这一观点。

在定牌生产合作模式中,有实际负责生产的受托加工方。其中有委托工厂生产商品的委托加工方。其中委托加工方很可能根本没有工厂和生产条件,但在司法实践中仍被认定为生产者,如果构成侵权,则需要承担生产侵权责任,而非仅将物理制造方认定为生产者。实际上,委托加工方往往是侵权的主导者,受托加工方则是按照委托方的要求进行生产加工。因此,在一个侵权案件中,可能会出现不止一个生产侵权方。此外,因为销售环节不同,也可能出现不止一个销售侵权方。

司法实践中,生产侵权方和销售侵权方所承担的责任是不同的。如果一个侵权案件中不止一个生产侵权方,则生产者之间需对侵权行为承担连带责任。销售侵权方如果不能证明其产品具有合法来源,则也需要承担侵权责任,但仅在销售侵权的范围内进行承担,责任往往小于生产者,也无须

---

[1] 参见广东省高级人民法院民事判决书,(2019)粤民再147号。

[2] 参见最高人民法院民事裁定书,(2018)最高法民申4912号。

和生产者承担连带责任。相应责任更直观地体现在赔偿金额上，销售侵权方需要承担的赔偿金额往往低于生产侵权方。

（三）直接侵权和间接侵权

根据主体在侵权过程中是否直接实施侵权行为，可以将侵权行为分为直接侵权和间接侵权。直接侵权是主体直接实施了商标侵权行为，间接侵权是主体没有实施直接侵权行为，但为直接侵权提供实质性帮助，如引诱、教唆他人直接侵权。

《商标法》第 57 条列出的 7 种侵犯注册商标专用权的行为，前五种均为直接侵权，第 6 种为间接侵权。

《商标法》第 57 条第 6 项规定的是帮助侵权，根据《民法典》第 1169 条第 1 款规定的“教唆、帮助他人实施侵权行为的，应当与行为人承担连带责任”教唆、帮助侵权行为的责任承担方式为承担连带责任。

没有直接侵权，就不会有间接侵权。如果被引诱或帮助的行为本身不构成侵权，引诱或提供帮助者当然不能认定为构成侵权。例如，在普拉达有限公司诉北京秀水街服装市场有限公司侵害商标专用权纠纷案[1]中，市场开办者北京秀水街服装市场有限公司以自己的名义为商户开具销售票据，法院认定其行为属于为商户提供便利的帮助行为，并以间接侵权判定北京秀水街服装市场有限公司承担连带侵权责任。

（四）主动侵权和被动侵权

根据主体在侵权时的主观状态，可以将侵权行为分为主动侵权与被动侵权。主动侵权是主体侵犯了他人的商标权，被动侵权是其他主体侵犯了主体的商标权。

主动侵权的通俗说法就是“傍大牌”，常见于企业各种具体经营场景中，例如，在产品包装、广告宣传、产品标题、产品描述中使用与注册商标相同或近似的标识，申请的网站域名是他人的商标标识等。这些主动侵权行为可以通过事先的知识产权布局、盘查、培训予以发现和规避。

然而，即使一个企业做好完善的合规制度，也无法杜绝其他主体对企业

〔1〕 参见北京市高级人民法院民事判决书，(2006)高民终字第 333 号。

的侵权行为,因为再好的规则也只能约束自身而约束不了他人,只能形成防护堡垒,让其他主体侵权的成本和难度增加,减少被动侵权的发生。例如,定期做商标品牌的监测,关注商标网类似商标标识的注册情况,及时提起异议或者无效;检索各大电商平台及门户网企业产品情况,谨防假冒产品的产生,一经发现及时举报下架等。

著名的防范被动侵权风险的案例是老干妈公司的商标布局,其不仅注册了核心的"老干妈"商标,还围绕这一商标申请注册了"干妈""老幹妈""老于妈""老干爹""老姨妈"等192个商标,[1]形成了防护严密的商标"护城河",增加了仿冒者的仿冒难度和成本。

二、侵权风险识别

商标侵权对企业发展的负面影响非常大,最直观的影响就是直接拉低了企业正牌产品的销量,大部分假冒产品因为直接照抄而缺少研发或者以次充好而粗制滥造,产品成本比权利企业要低廉很多,因此直接依靠价格优势抢占市场,从而劣币驱逐良币。进一步的影响是侵权产品如果产生质量问题,直接影响商标的名誉和企业的口碑,正所谓"金杯银杯不如老百姓的口碑",口碑塑造不易,但一旦崩坏,可能覆水难收。因此,企业需要做好知识产权侵权事前防范与事后救济并重。不管是进行事前防范还是事后救济,常常需要进行侵权风险的识别,以下介绍几种侵权风险识别的方式。

(一)定期在国家知识产权局官网查询与企业商标近似的商标注册情况

商标申请之后都会在国家知识产权局官网进行公示,企业可围绕核心商标定期派专人监测,如果发现和企业商标相似的商标,及时在期限内发起商标异议或者商标无效程序,让潜在的仿冒者无路可走。

(二)定期在各大电商网站及门户网搜索商标关键词

互联网时代,大部分企业推广商品和服务借助了线上途径,要识别风

---

[1] 参见魏如飞:《财经猎豹|老干妈的"商标护城河"刷屏,网友:防御系数简直王者级》,载现代快报2020年7月2日,https://www.xdkb.net/p1/js/20200702/98614.html。

险,可在各大电商网站如淘宝、京东、拼多多等网站进行商标相关的关键词检索,及时发现潜在侵权风险。值得注意的是,新兴的小红书、抖音等平台同样具备产品推广和销售的功能,也需要根据权利商品的布局视情况加入监测清单。

（三）定期排查经销商、实体店等是否超范围、超期限经营

根据与品牌各大经销商和实体店的商标许可协议,按期排查商标实际使用情况,是否出现将商标使用在企业未生产的型号、使用在其他商品类别、使用在其他授权店铺等超越商标授权范围的情况。

三、侵权应对方法

侵犯商标专用权依法应承担相应的法律责任。通常情况下,侵权人承担民事责任。部分侵权人可导致行政处罚,严重侵害商标专用权的还可能构成刑事犯罪,侵权人可被追究刑事责任。相对应地,根据具体的案件情况,商标权利人或利害关系人面对侵权行为,应对的方式方法也是多样的,例如,在商标的注册阶段,可以对商标权的取得提出异议;可以向司法机关提起民事诉讼;既可以向市场监督管理部门要求行政处理,也可以向公安机关进行刑事报案等。

（一）商标权取得的异议

国家知识产权局商标局经过实质审查,认为符合《商标法》规定的,即予以初步审定并公告。但初步审定并公告并不等同于对商标进行核准注册,也并不意味着申请人因此而取得注册商标权。根据《商标法》第 33 条的规定,对于初步审定公告的商标,自公告之日起三个月内,在先权利人、利害关系人认为商标注册损害了自己的民事权利,存在不予注册的相对理由,可以向国家知识产权局商标局提出异议;或者任何人认为商标注册损害了公共利益,存在不予注册的绝对理由,也可以向国家知识产权局商标局提出异议。

1. 商标异议的理由

商标异议的理由,既包括存在不予注册的相对理由,也包括存在不予注册的绝对理由。前者包括《商标法》第 13 条第 2 款和第 3 款(禁止抢注驰名

商标)、第 15 条(禁止代理人、代表人和其他关系人抢注)、第 16 条第 1 款(禁止注册误导公众的地理标志)、第 30 条(禁止在相同或类似商品上注册与他人已注册商标或已初步审定的商标相同或近似的商标)、第 31 条(先申请原则)、第 32 条(禁止商标注册损害其他在先权利)规定的理由;后者包括《商标法》第 4 条(不以使用为目的的恶意商标注册)、第 10 条(禁止特定内容违法的商标注册)、第 11 条(禁止缺乏显著性的商标注册)、第 12 条(禁止特定三维标志注册)、第 19 条第 4 款(商标代理机构除对其代理服务申请商标注册外,不得申请注册其他商标)规定的内容。[1]

商标异议的理由,根据《商标法》及其实施细则,主要如下。

(1)商标内容违法或缺乏显著性

在商标异议中,被异议商标内容违法或缺乏显著性的情况主要有以下几种。

①使用特定的地名。《商标法》第 10 条第 2 款前半段规定:"县级以上行政区域的地名或者公众知晓的外国地名,不得作为商标。"这是为了防止用地名做商标可能导致的诸多不良后果。但是,地名具有其他含义,不会引起不良后果时,可以作为商标注册和使用。例如,"凤凰"是湖南省湘西土家族苗族自治州凤凰县的地名,但"凤凰"也是中国古代神话传说中的一对鸟类神兽组合;"长安"是陕西省西安市长安区的地名,但同时"长安"也有"长治久安"的含义。因此,经国家知识产权局商标局批准的、具有其他含义的(有第二含义或多种含义)的县级以上行政区域的中国地名,可以作为商标申请注册。未经国家知识产权局商标局批准的,不可以作为商标申请注册。

对于县级以下行政区划的地名,法律上没有明确规定不得作为商标,但考虑到地名属于公共资源,基于平衡公共利益和私人权利的基本考量,商标审查过程中对含地名的商标注册申请均予以严格审查。如果商标中的地名容易使公众对商品的产地产生误认,那么该地名也不能作为商标注册和使用。即使含地名的商标获得注册,他人仍享有正当使用商标中地名的权利。

②使用商品通用名称或描述商品原料等。《商标法》第 11 条第 1 款规定:"下列标志不得作为商标使用:(一)仅有本商品的通用名称、图形、型号的;(二)仅直接表示商品的质量、主要原料、功能、用途、数量及其他特点的;

---

〔1〕 参见王迁:《知识产权法教程》(第 7 版),中国人民大学出版社 2021 年版,第 577 - 588 页。

(三)其他缺乏显著特征的。”

对于文字而言,法定的商品名称或约定俗成的商品名称属于通用名称。其中,法定的商品名称是指依据法律规定或者国家标准、行业标准认定的商品名称。约定俗成的名称是指相关公众普遍认为其能够指代一类商品的名称,一般以全国范围内相关公众的一般认知为判断标准。通用标志无法起到识别商品或服务来源的作用,显著性差,通常不能注册为商标。例如,在苹果上使用“苹果”标志,这个标志无法将不同的苹果供应商提供的苹果区别开来,于是不能用“苹果”作为商标用在苹果上。

(2)在相同或类似商品上注册与他人商标相同或近似的商标

《商标法》第30条规定:“申请注册的商标,凡不符合本法有关规定或者同他人在同一种商品或者类似商品上已经注册的或者初步审定的商标相同或者近似的,由商标局驳回申请,不予公告。”

根据最高人民法院《关于审理商标民事纠纷案件适用法律若干问题的解释》的相关规定,认定商标相同或者近似,以相关公众的一般注意力为标准。所谓“相关公众”,是指与商标所标识的某类商品或者服务有关的消费者和与前述商品或者服务的营销有密切关系的其他经营者。这一原则对于被异议商标与已注册商标是否相同或近似的认定,以及所指向的商品或服务是否相同或类似的判断具有关键性意义。

①商标相同或商标近似。“商标相同”,是指被控侵权的商标与注册商标(或称引证商标)相比较,二者在视觉上基本无差别。“商标近似”,是指被控侵权的商标与注册商标(或称引证商标)相比较,其文字的字形、读音、含义或者图形的构图及颜色,或者其各要素组合后的整体结构相似,或者其立体形状、颜色组合近似,易使相关公众对商品的来源产生误认或者认为其来源与注册商标的商品有特定的联系。例如,“康师傅”与“康帅傅”,“muHI”与“moPI”,“美而美”与“美尔美”等。因为申请商标与引证商标仅在部分文字上有细微差异,一般消费者在购物时凭借商标文字往往难以区别,容易使消费者产生混淆,从而上当受骗。

②商品相同或商品类似。关于“相同商品”,在《商标注册用商品和服务国际分类表》(尼斯分类)中可被归于相同名称下的商品或服务通常构成相同商品。同时,虽然名称不同,但在功能、用途、主要原料、消费对象、销售渠道等方面相同或者基本相同,相关公众一般认为是同一种事物的商品,也属

于相同商品。[1] "类似商品",则是在功能、用途、生产部门、销售渠道、消费对象等方面相同,或者相关公众一般认为其存在特定联系、容易造成混淆的商品。《商标注册用商品和服务国际分类表》可以作为判断类似商品的参考,但不是最终依据。国家知识产权局商标局在商标异议处理过程中,对商品是否类似的判定基本以国际商品分类为标准,综合考虑商品的功能、用途、主要原料、生产部门、销售渠道、消费对象等因素。

上述两个条件在商标异议理由的陈述中缺一不可,也就是说,对被异议商标与引证商标进行比较,一是商标本身是否相同或近似,二是商品是否相同或类似,二者缺一不可。

(3)侵犯他人的其他在先权利

《商标法》第 32 条规定:"申请商标注册不得损害他人现有的在先权利……"这里的"在先权利",是指除商标申请和注册之外的合法权利,如他人已经取得的著作权、外观设计专利权、姓名权、企业名称等权利及其他合法权益。例如,英超联赛的"狮子"标志的美术造型具有独特性,是受《著作权法》保护的美术作品,他人未经许可以该造型申请注册商标,因侵害该造型权利人的在先著作权,不应予以注册。在"乔丹"商标注册争议案中,再审判决书指出:根据乔丹公司的经营状况,以及乔丹公司对其企业名称、有关商标的宣传、使用、获奖、被保护等情况,"即使乔丹公司及其'乔丹'商标在特定商品类别上具有较高知名度,相关公众能够认识到标记有'乔丹'商标的商品来源于乔丹公司,也不足以使争议商标的注册具有合法性"。最高人民法院最终认定,涉案"乔丹"商标的注册违反《商标法》有关"申请商标注册不得损害他人现有的在先权利"的规定,依法予以宣告无效。[2]

(4)不正当手段抢先注册他人已经使用并有一定影响的商标

《商标法》第 32 条规定:"申请商标注册……也不得以不正当手段抢先注册他人已经使用并有一定影响的商标。"因此,《商标法》所禁止的抢注对象只能是"他人已经使用并有一定影响的商标"。通常带有商标的商品大量投入市场,以及进行广泛的广告宣传都会使商标产生一定的影响。

---

〔1〕 参见王迁:《知识产权法教程》(第 7 版),中国人民大学出版社 2021 年版,第 563 页。
〔2〕 参见王迁:《知识产权法教程》(第 7 版),中国人民大学出版社 2021 年版,第 572 页。

2. 商标异议的救济

国家知识产权局在收到商标异议书后,会将副本送交被异议人(商标申请人),要求其在规定期限内答辩。在对双方所陈述的事实和理由进行调查、核实之后,国家知识产权局应在公告期满之日起12个月内作出是否准予注册的决定。

如果国家知识产权局认为异议成立,作出了不予注册的决定,被异议人(商标申请人)不服的,可以自收到通知之日起15日内向国家知识产权局申请复审。国家知识产权局应当自收到申请之日起12个月内作出复审决定。如果国家知识产权局作出了不予注册的复审决定,被异议人(商标申请人)仍然不服的,可以自收到通知之日起30日内向人民法院提起行政诉讼。在行政诉讼中,国家知识产权局为被告,异议人为第三人。如果被异议人(商标申请人)在法定期限内对国家知识产权局作出的决定不申请复审或者对国家知识产权局作出的复审决定不向法院起诉,上述的决定就发生法律效力。

如果国家知识产权局认为异议不成立,作出了准予注册的决定,会向商标申请人发出商标注册证,并进行公告。异议人不服的,可以向国家知识产权局请求宣告该商标无效。

(二)商标应对侵权的多样化解决纠纷的其他方式

无论多么完善的监测机制也不能杜绝商标被侵权的情况发生,因此知晓并熟稔商标被侵权后的应对步骤及方式,能够帮助企业有效应对各种侵权情形。

1. 民事侵权诉讼

民事侵权诉讼是商标权人维权及索赔的最主要的途径,目前我国司法系统已经形成了由法律、司法解释等组成的完整诉讼体系。具体实操可参考以下步骤。

首先,需要将侵权人的产品、商标、企业名称等进行全面调查,并将调查结果与被侵权商标进行对比,从而确定侵权行为是否真实存在,避免发生侵权人的权利在先,我方权利在后的尴尬情形。

其次,需要收集足够的证据来证明对方的侵权行为。这些证据包括但不限于侵权产品的照片或实物、侵权方的广告或促销材料、网站或社交媒体等与侵权行为有关内容的截图、销售侵权商品的交易记录等。确保这些证据能够清晰地标示出日期,并且能直接指向侵权行为。

最后,在收集到足够的证据后,可以向侵权方发送一封正式的警告信或律师函。在信函中明确指出侵权行为,要求侵权方立即停止侵权、销毁侵权产品并提供赔偿。这通常是解决侵权问题的第一步,有时候侵权方在收到警告信后会主动停止侵权行为,这样可将解决商标侵权问题的成本降至最低。

如果警告信没有得到响应,需起诉至法院,那么赔偿金额的多少对于企业采取纠纷解决方式具有重要参考意义。《商标法》第 63 条规定的商标侵权的损害赔偿计算方式适用顺序为:(1)按照权利人因被侵权所受到的实际损失确定;(2)实际损失难以确定的,按照侵权人因侵权所获得的利益确定;(3)实际损失或所获得的利益难以确定的,参照商标许可使用费的倍数合理确定;(4)前三种计算方式难以确定的,由人民法院根据侵权行为的情节判决给予 500 万元以下的赔偿,即法定赔偿。例如,在华润(集团)有限公司(以下简称华润集团)、华润知识产权管理有限公司等侵害商标权纠纷案[1]中,刘某于 2001 年 5 月生子并取名"华润",2002 年 5 月其注册经营成都市金牛区华润灯饰商店(以下简称华润商店),对外统一以"华润灯饰"为经营活动进行了大量宣传,如投放车身广告,在车身上使用"华润灯饰"字样,在促销海报上使用"华润灯饰"字样,开办了"华润灯饰商学院"进行企业文化推广宣传。"华润灯饰"开设了名为"华润灯饰"的微信公众号,在微信公众号首页,有关于经营主体介绍:"华润灯饰是成都家装购灯第一灯饰品牌。"公众号推送的多篇文章中,照片右下角均标有"华润灯饰"的水印,部分照片显示的实体店招牌、横幅、锦旗中标有"华润灯饰"字样。

2017 年华润集团以华润商店涉嫌侵犯其商标权为由向法院提起侵权,本案经过一审、二审及最高人民法院再审,最终认定华润商店将华润集团的字号作为自身企业名称中的字号使用,以及将与涉案商标相同或近似的文字"华润"作为企业名称中的字号使用并从事类似服务,已超出合理使用姓名的界限,构成侵害商标权。最终判决华润商店赔偿华润集团经济损失及合理费用共计 8 万元。该案中,法院在处理赔偿金额时,首先考量的是权利

---

〔1〕 参见最高人民法院民事判决书,(2021)最高法民再 338 号。

人因被侵权所受到的实际损失，其次是侵权人的获利情形，最后是有无可参照的商标使用许可费标准。以上赔偿标准均无法确认的情形下，法官综合考量涉案商标的知名度、被诉侵权行为的具体情节、侵权人的主观过错程度以及被侵权人为制止侵权而支付的合理费用等因素确定赔偿金额。[1]

2. 行政投诉

在中国，可以向市场监管部门等相应的行政机关投诉。行政机关会对投诉进行调查，并依法对侵权行为进行处罚，以下是一件关于市场监管部门处理商标侵权的案例。

洋河酒厂拥有"洋河""蓝色经典""海之蓝""天之蓝"等一系列注册商标，并在市场上享有较高的知名度和美誉度。然而，某商行未经洋河酒厂的授权，擅自销售标有"海之蓝"和"天之蓝"标识的白酒，且不能提供供货方的经营资质和进货票据等证明材料。经洋河酒厂维权人员鉴定，该商行销售的白酒系假冒洋河酒厂注册商标的商品。

洋河酒厂认为该商行的行为侵犯了其注册商标专用权，于是向当地市场监管部门进行了投诉。市场监管部门依法对该商行进行了执法检查，并查扣了涉案的假冒白酒。

经调查取证，市场监管部门认定该商行的行为违反了《商标法》的相关规定，属于销售侵犯注册商标专用权的商品的侵权行为。因此，市场监管部门依法对该商行作出了没收涉案商品、罚款等行政处罚。

虽然通过诉至法院的方式也能够解决商标侵权纠纷，而且能够获得一定数额的赔偿，但这种方式的成本也是最高的。因此，建议在行政救济无法解决问题时，再考虑将侵权行为诉至法院，请求法院判令侵权人停止侵权行为并赔偿损失。

3. 海关备案保护

1995 年 7 月国务院颁布《知识产权海关保护条例》，此后又分别于 2003 年、2010 年、2018 年进行了修改。该条例规定，海关作为知识产权边境保护的唯一实施机构，是国家的进出境监督管理机关，可以直接参与在进出境环

---

〔1〕 参见晏景、曹佳音：《商业标识侵权行为的认定及责任承担》，载中国法院网 2024 年 4 月 25 日，https://www.chinacourt.org/article/detail/2024/04/id/7914908.shtml。

节发生的侵权案件的调查、处理工作。[1]

海关对于知识产权侵权的查处有两种方式，一种是依照权利人申请查处，另一种是海关依职权查处。经海关调查后认定侵犯知识产权的，侵权产品由海关予以没收。但海关保护具有一定局限性，权利人应先向海关申请备案，且海关仅处理通过海关进出口货物的侵权行为。

例如，在广州海关查获出口侵权牙膏案[2]中，连云港某进出口有限公司以一般贸易方式向海关申报出口一批货物至 RCEP 成员国新加坡。海关总署风险防控局(黄埔)在黄埔海关提供的侵权趋势信息的基础上，对该批货物实施布控，广州海关执法人员根据布控查验时发现，集装箱中夹藏标有"COLGATE"标识牙膏 136,512 支，价值人民币 136.5 万元。权利人认为上述夹藏货物涉嫌侵犯其在海关总署备案的商标权，广州海关依法扣留上述侵权嫌疑货物，调查后作出没收侵权货物并处罚款的行政处罚决定。

又如，在深圳海关查获进口侵犯商标权服装案[3]中，广西某公司委托湖南某公司以一般贸易方式向海关申报进口货物一批，深圳海关所属深圳宝安国际机场海关运用大数据分析开展专项布控和查验，在该批进口货物中查获带有"MLB"等标识的羽绒服等货物 3539 件，价值人民币 45.56 万元。相关权利人认为，上述货物涉嫌侵犯其在海关总署备案的商标权，2022 年 9 月，海关依法扣留相关侵权嫌疑货物，调查后作出没收侵权货物并处罚款的行政处罚决定。

党的二十大报告提出，"加强知识产权法治保障，形成支持全面创新的基础制度。"创新已经成了整个社会的普遍共识，随着我国更多企业走出国门、走向世界，海关在保护商标等知识产权方面发挥着举足轻重的作用，利用好海关备案不仅打击商标侵权等违法行为，同时海关查处的事实还可作为权利人提起侵权诉讼及犯罪举报的有力证据。

4. 犯罪举报

在知识产权刑民交叉案件中，知识产权刑事违法与民事侵权在违法性

---

[1] 参见肖慧鹏：《论我国知识产权海关保护制度之完善》，载《长沙民政职业技术学院学报》2004 年第 2 期。

[2] 参见中国海关知识产权保护典型案例之二(2022 年)。

[3] 参见中国海关知识产权保护典型案例之三(2022 年)。

认定上具有一致性和重合性。[1] 根据我国《刑法》规定,涉及侵害商标类犯罪的,主要为“假冒注册商标罪”“销售假冒注册商标的商品罪”“非法制造、销售非法制造的注册商标标识罪”三个罪名。侵权人涉嫌犯罪的,可以由市场监管部门或海关等部门移送,商标权利人也可向公安机关举报,由公安机关调查。犯罪嫌疑人情节严重的,处以 3 年以下有期徒刑并处或者单处罚金;情节特别严重的,处以 3 年以上 10 年以下有期徒刑,并处罚金。[2]

例如,在马某华等八人犯假冒注册商标罪案[3]中,苹果公司注册了“AIRPODS”“AIRPODS PRO”商标,核定使用商品包括耳机等。被告人罗某洲、马某华等生产假冒苹果公司注册商标的蓝牙耳机并对外销售牟利。涉案蓝牙耳机及包装无论是否印有苹果公司注册商标,经蓝牙连接苹果手机后均弹窗显示“Airpods”或“Airpods Pro”。公安机关抓获并经法院审理后,认为罗某洲、马某华等人构成假冒注册商标罪,分别判处被告人罗某洲等人有期徒刑 2 年至 6 年及罚金。

又如,在洪某设等 58 人“迪拜港”团伙销售假冒注册商标的商品系列案[4]中,唐某在广州市白云区解放北路桂花楼皮具城经营档口销售包袋,与洪某结识并商谈后,以从他人处进货并通过快递邮寄方式向洪某建设经营的“迪拜×××公司”销售假冒“CHANEL”注册商标的包袋,销售金额达人民币 100 余万元,数额巨大。法院审理认为被告人唐某的行为已构成销售假冒注册商标的商品罪,判处唐某有期徒刑 3 年 6 个月,并处罚金人民币 52 万元。

商标侵权的刑事和民事责任承担并非非此即彼的关系,如构成刑事犯罪,除依法被追究刑事责任外,并不免除侵权人的民事赔偿责任,侵权人在被追究刑事责任后,仍要承担民事赔偿责任。另外,对于已经实施商标侵权行为的行为人,其民事侵权的违法所得数额可以累计计算,达到一定程度亦极有可能被追究刑事责任。

企业应善于灵活运用各种法律手段维护自己的商标权利,对于侵权人

---

〔1〕 参见徐家力、张军强:《对知识产权案件先刑后民模式的反思与完善》,载《中国刑事法杂志》2018 年第 4 期。

〔2〕 相关规定参见《刑法》第 213 条、第 214 条、第 215 条。

〔3〕 参见广东省深圳市中级人民法院刑事裁定书,(2022)粤 03 刑终 514 号。

〔4〕 参见上海市徐汇区人民法院刑事判决书,(2021)沪 0104 刑初 303 号。

的侵权行为既侵犯商标权人的权益又涉嫌构成犯罪的，企业可根据面临的实际需求采取“先行后民”或“先民后刑”的策略进行处理。

第四节　防范措施端

一、企业内部商标管理制度建立

（一）企业内部商标管理概念

企业内部商标管理，是指企业内部通过一系列商标工作规划、领导、组织、控制等行为，统筹协调企业内外部资源，以达成相应的商标管理工作目标，保障企业合规安全，促进企业健康发展的管理制度。

（二）企业内部商标管理的构建

1. 设立有关企业商标管理与决策的特定职能部门

建立各项对商标的设计、取得和注册，商标的使用，注册商标标识和商标许可使用等如何明确管理的制度。对商标的印制生产实行严格的责任制度，从而使注册商标的日常使用制度化、规范化。相关制度包括建立商标的设计制度、建立商标取得和注册制度、规范商标的使用制度、建立商标使用许可和受让使用制度、构建商标的保护制度。

2. 建立与完善企业商标管理档案

企业应指定专人专职或兼职管理商标档案，分门别类收集整理商标档案文件，重点保管好以下档案：商标证照的档案、商标使用的档案、商标广告的档案、商标宣传的档案、商标保护的档案。

3. 健全企业商标体系

企业的各类商标之间的关系和结构构成企业商标体系。如果企业能够主动规划和构建商标体系，将有效提升企业管理商标的能力。

以珠海格力电器股份有限公司（以下简称格力公司）为例。2024 年10 月 25 日国家知识产权局商标官网信息显示，格力公司申请商标 7834 件，覆盖《商标注册用商品及服务国际分类表》全部 45 个商品及服务类别。根据格力公司商标注册布局，可以将其商标体系解析为“核心产品商标体系 + 防御商标体系”。具体而言，格力公司在第 11 类“空气调节设备、风扇、电暖器”等电器产品上申请大量商标，形成核心产品商标体系；同时，为了保护“格力”“GREE”等企业品牌，又将这些商标进行全类别注册，形成防御商标体系。这两个体系共同构成格力公司商标系统的基本构架。

以迪士尼企业公司（以下简称迪士尼）为例。截至 2024 年 10 月 25 日，迪士尼在中国（不含港、澳、台地区）共申请注册商标 5188 件，其中商标申请数量最多的 5 个类别是第 9 类、第 16 类、第 25 类、第 28 类和第 41 类。总体上，迪士尼的商标体系由三部分组成：作品商标体系、服务商标体系和防御商标体系。

4. 配合相关行政司法机关打击假冒侵权行为

企业可通过刑事控告、行政举报、提起民事诉讼等途径，维护自身合法权益。将采用刑事、行政或民事手段解决过程中产生的资料留存入档，以备企业更好地管理商标档案。

二、商标权在对外许可中的风险防范

（一）企业的监管责任

企业根据经营需要许可第三人使用商标，并不意味企业只负责获益而不负责商标的使用。虽然商标许可人并没有直接参与到产品的生产和销售过程中，看似没有从产品的制造销售中获取利益，但实际上却通过商标使用许可间接获取了利益，其中主要体现在两个方面：第一，作为商标许可人收取商标许可使用费；第二，扩大和提升了商标的知名度。[1]

《商标法》第 43 条第 1 款规定商标许可人应当监督被许可人使用该注册商标的产品质量。但是在具体内容上却缺少相关的法律规范。最高人民法院《关于产品侵权案件的受害人能否以产品的商标所有人为被告提起民事诉讼的批复》以及（2012）民申字第 211 号裁定，为商标许可人应尽的监督义务提供了参考，最高人民法院认为任何将自己的姓名、名称、商标或者可资识别的其他标识体现在产品上，表示其为产品制造者的企业或个人，均属于《民法典》和《产品质量法》规定的“生产者”，也即商标的所有人许可他人

〔1〕 参见刘筱童、陈珍妮：《商标许可中的产品质量责任承担》，载《电子知识产权》2023 年第 5 期。

使用商标,对产品质量不合格造成的损害,商标的所有人应当与实际产品制造者和生产者一样承担损害赔偿责任。

商标能够帮助消费者识别商品或服务的来源,也即商标展示的是所属企业的形象,商标已经成为企业品牌的象征和消费者认知的载体。商标所有人为获得利益生产假冒伪劣产品,最终反噬的是商标所有人的长远发展及现实收益。

(二)风险防范贯穿许可合同全流程

1. 合同签订

商标使用许可属于《商标法》的调整范畴,商标使用许可合同属于《民法典》的调整范畴。签订完善的商标使用许可合同,是许可人与被许可人达到各自目的的共赢的基础。[1]

商标所有权人许可他人使用商标,应当签订许可,签订商标许可合同应注意下列风险。

(1)被许可人的主体资格审查。许可人应考虑被许可人的经营规模、生产能力、管理水平、员工素质、企业信用度等能否达到许可人的要求。[2]

(2)许可类型。不同许可类型赋予被许可人的权利不同。

(3)被许可人使用商标范围。许可人既可以授权被许可人在核定使用的全部的商品或服务上使用许可商标,也可以仅授权被许可人在某一个或几个核定的商品或服务上使用许可商标。

(4)许可期限不得超出注册商标的有效期限。许可期满后,被许可人剩余的商品还能否销售,该如何处理应约定明确。

(5)许可地域。许可地域范围不能超过许可商标注册的国家或地区,否则不仅不能获得当地商标相关规定的保护,还有可能侵犯其他方的权利,承担侵权责任。

(6)许可费用。选择采用固定费用或浮动费用模式由双方协商。

(7)许可期间商标增值利益的归属与损失承担。被许可人获得商标增

---

〔1〕 参见陈佳琪:《浅谈商标使用许可合同管理》,载《法制与经济》2015 年第 19 期。

〔2〕 参见夏强:《商标使用许可合同的管理要点》,载《中国安防》2013 年第 4 期。

值部分的利益并承担减损部分的损失有正当性。[1]

(8)许可人的监督。合同应明确许可使用商标的商品质量责任,许可人不干涉被许可人正常使用商标,但应监督被许可人规范使用商标,不得将商标使用在假冒伪劣产品上。

(9)违约责任。除一般违约条款外,许可人应特别需要注重当被许可人违规使用商标或被许可人将商标使用在假冒伪劣产品上时,要有明确的停止许可及惩罚约定。

2. 合同备案

商标使用许可的备案并非许可合同的备案,而系权利备案并公示被许可的使用权。[2]《商标法》第43条第3款规定了商标使用许可应进行备案。一方面,商标管理部门对注册商标进行管理;另一方面,商标使用权变更应进行公示。商标使用许可备案是由相关监管部门对许可人与被许可人签订的商标使用许可合同进行登记、备案,虽然从使用许可合同性质分析,不备案不影响合同的效力,但未经备案不得对抗善意第三人的规定则体现备案制度既是对许可人与被许可人的约束也是对两者的保护。商标专用权可以被转让和许可使用,商标专用权人对权利的处分较大影响着交易的正常进行,将商标许可使用进行公示可以防止被许可人不规范地使用商标,敦促被许可人注重商标商品质量,不随意使用商标。

此外,遵循商标备案制度也是商标权人实现商标使用的有效方式之一,可以避免注册商标因一定的时间连续不使用而被撤销的情形发生,因为商标许可他人使用也是商标的正常使用方式。

3. 许可管理

明确商标的许可类型及商标权人在授权中应承担的责任,商标权人即可有针对性地采取措施对商标对外许可进行管理。许可人可根据经营管理需要,结合被许可人的不同特征按照不同的许可类型进行授权,在精细化管理的基础上,实现商标权益最大化和风险最小化。

---

〔1〕参见顾敏康、关韬睿:《商标使用许可增值利益分配与损失分担》,载《华南师范大学学报(社会科学版)》2015年第3期。

〔2〕参见董美根:《注册商标使用许可备案对抗效力研究》,载《电子知识产权》2017年第7期。

三、商标权合规防范措施的启动边界

（一）对非驰名商标的有限保护

《商标法》第 56 条规定："注册商标的专用权，以核准注册的商标和核定使用的商品为限。"这表明在我国，依法申请注册的商标受法律保护，但是对非驰名商标的保护仅限于注册商标核定使用的商品或服务类别。商标注册人在核定使用的商品上使用核准注册的商标的权利，是其固有的商标权利，而专用权范围内的禁用权是商标专用权的核心排斥权能，但是该项权能也受限于其核准注册的商标和商品类别。

1."双相同"情形下的绝对保护

我国《商标法》第 57 条第 1 项认定"双相同"的情形属于绝对保护，即"未经商标注册人的许可，在同一种商品上使用与其注册商标相同的商标"属于侵犯注册商标专用权，也即在相同商品上使用相同商标，无须对"是否构成混淆"进行认定，即可认定构成商标侵权。

2."相同或者近似"情形下需要考虑混淆因素

在相同的商品上使用近似商标，或者在类似的商品上使用相同或近似商标的情形，需要具备混淆的可能性。最高人民法院《关于审理商标民事纠纷案件适用法律若干问题的解释》第 9 条第 2 款规定："商标法第五十七条第（二）项规定的商标近似，是指被控侵权的商标与原告的注册商标相比较，其文字的字形、读音、含义或者图形的构图及颜色，或者其各要素组合后的整体结构相似，或者其立体形状、颜色组合近似，易使相关公众对商品的来源产生误认或者认为其来源与原告注册商标的商品有特定的联系。"《商标侵权判断标准》第 19 条规定："在商标侵权判断中，在同一种商品或者同一种服务上使用近似商标，或者在类似商品或者类似服务上使用相同、近似商标的情形下，还应当对是否容易导致混淆进行判断。"上述规定之所以将混淆可能性作为判断类似商品和近似商标的考虑因素，就是为了适当地控制商标权的扩张范围，因为商标权作为一种基于法律授予的财产专属权，其范围如果能够无限制地扩张，无疑会损害公共利益。"有些国家将不导致消费者混淆，但有损于商标权人声誉的行为定为商标侵权，但目前我国商标法尚无类似规定。"[1]这也就是说，在核定的商品上使用核准的商标是注册商标专用权的根本基础，因此，在"双相同"的情形下需要在商标权的核心区域排斥他人的侵权，如果在"双相同"的情形下不能无条件地排除他人的使用行为，那么注册商标专用权在法律上也有成为一纸空文的可能性。因此，在相同商品上使用相同商标的侵权判定，没有适用混淆可能性的余地。但是在"在同一种商品或者同一种服务上使用近似商标，或者在类似商品或者类似服务上使用相同、近似商标的情形下"则需要适用混淆可能性。正如前文所言，商标权具有专用权和禁用权两类权能。专用权的范围是由《商标法》第56条进行限定的，禁用权的范围在《商标法》第57条及有关配套规定中有所规定。专用的领域必定是禁止他人使用的核心领域，而禁止他人使用的领域却超出了专用权的范围，这就是通常所说的商标权禁用权范围大于专用权范围。[2] 简单地说，在商标权核心领域的禁用权，也即"双相同"的情形下可以不考虑混淆的可能性，而在非核心领域也即"相同或者近似"的情形下的禁用权则要以混淆可能性为基础。

（二）驰名商标的跨类别保护

驰名商标，顾名思义，即被相关公众所熟知的商标。我国《驰名商标认定和保护规定》第2条第1款规定："驰名商标是在中国为相关公众所熟知的商标。"驰名商标是依照法律程序对于某个商标事实状态的一种认定，表明该商标知名度较高，已经达到在中国为相关公众所熟知的程度。

在我国，驰名商标认定主要有两个途径，一个是通过司法个案认定，另一个是通过行政途径认定。司法个案认定驰名商标，即在具体司法案件中被法院认定为驰名商标；行政认定主要是商标行政主管部门在商标审查、争议评审或者查处商标侵权中通过行政程序认定驰名商标。根据《商标法》第13条的规定，对于已经注册的驰名商标，采用绝对保护，也即不以混淆为前提，指"就不相同或者不相类似商品申请注册的商标是复制、摹仿或者翻译他人已经在中国注册的驰名商标，误导公众，致使该驰名商标注册人的利益可能受到损害的，不予注册并禁止使用"；对于未注册的驰名商标，采用相对

---

[1] 参见王迁：《知识产权法教程》，中国人民大学出版社2007年版，第502页。

[2] 参见邓燕辉：《驰名商标的跨类保护》，载《人民司法》2008年第13期。

保护，即需要以混淆为前提，指"就相同或者类似商品申请注册的商标是复制、摹仿或者翻译他人未在中国注册的驰名商标，容易导致混淆的，不予注册并禁止使用"。

根据《商标法》第 14 条第 1 款的规定，认定驰名商标通常需要考虑以下因素：相关公众对该商标的知晓程度；该商标使用的持续时间；该商标的任何宣传工作的持续时间、程度和地理范围；该商标作为驰名商标受保护的记录；该商标驰名的其他因素等。需要注意的是，即使被认定为驰名商标，生产、经营者也不得将"驰名商标"字样用于商品、商品包装或者容器上，或者用于广告宣传、展览以及其他商业活动中，否则可能受到行政处罚。

（三）商标权保护的例外

对于商标权的保护固然重要，但为了平衡公共利益，也有一些例外情况，即在某些特定情况下，使用商标并不构成侵权。

1. 描述性使用

注册商标中含有的本商品的通用名称、图形、型号，或者直接表示商品的质量、主要原料、功能、用途、重量、数量及其他特点，或者含有的地名，注册商标专用权人无权禁止他人正当使用。法律授予商标权的目的在于确保商标能够实现其区分商品/服务来源的功能，如果在相同商品上使用与商标相同的标识并不影响商标的上述功能，也不影响注册商标所有人的自身利益，那么法律也并不支持注册商标权利人禁止上述形式的使用。例如，在"雪花"商标侵权案[1]中，北京市第一中级人民法院认定雪花粉属一种面粉的通用名称且表示了产品性质，根据行业协会和中国粮食局的说明，各面粉企业均可以约定俗成将生产精度更高的面粉称为雪花粉，因此在面粉上描述性使用"雪花"不构成对"雪花"商标的侵权。因此，纯粹描述性的使用被排除在保护范围之外，因为它们并不影响上述法律所保护的利益。

另外，若因商品形状属于商品通用形状，也即该商品使用该形状符合市场的常规情况且使用人本身并无恶意，在这种情形下，法律会认定上述行为不构成侵犯商标权。

---

〔1〕 参见北京市第一中级人民法院民事判决书，(2003)一中民初字第 1004 号。

2. 指示性使用

如果商标被用来指示商品或服务的来源或生产商，而不是作为品牌标识，那么这种使用也是合法的。例如，如果一个商家在销售另一个品牌的商品时，提到了该品牌的商标，以指示商品的来源，那么这种使用是合法的。

3. 新闻报道和评论使用

在新闻报道、评论或教育活动中，合理使用商标通常是被允许的。这种使用通常是为了说明或评论某个品牌或商品，而不是为了误导消费者或侵犯商标权。

4. 在先使用

对于他人已经在同一种商品或者类似商品上先于商标注册人使用与注册商标相同或者近似并有一定影响的商标的情况，注册商标专用权人无权禁止该使用人在原使用范围内继续使用该商标，但可以要求其附加适当区别的标识。

第五节　典型行业的商标权合规

一、电商行业常见的商标合规风险

根据胡润研究院于2024年发布的《2023胡润世界500强》排名，电商平台拼多多排名飙升至第63位，大幅跃升了147位。而从拼多多2023年第三季度财报数据来看，截至2023年9月30日，拼多多的总营收为688.4亿元，同比增长94%；净利润155.4亿元，净利润率为22.6%。拼多多的营收、净利润双双高增长离不开其跨境应用Temu的推广，这预示着未来，电商行业将继续与现代技术AI、VR等相结合以蓬勃发展。

无论是传统电商巨头阿里巴巴、京东，还是新晋电商拼多多、抖音、快手，抑或在2023年新加入电商赛道的小红书、B站、百度等，在争夺电商市场份额的同时，也需要注重企业在电商领域发展中常见的合规风险，如涉及平台“二选一”的反不正当竞争风险、财税风险、数据合规风险、侵犯知识产权风险等。对此，完善的合规管理体系将会有效避免电商企业在经营管理过程中因违反法律、行政法规而应承担相应的责任。

《电子商务法》将电子商务经营者分为电子商务平台经营者，平台内经营者以及通过自建网站、其他网络服务销售商品或者提供服务的电子商务经营者。[1] 对于电子商务平台经营者而言，其在商标合规领域的权利义务边界已逐渐明晰：在现有证据无法证明电子商务平台经营者明知或应知存在侵权行为，并且电子商务平台经营者知悉涉案纠纷后，在合理期限内对被诉商品采取了禁售等必要措施，应认为其尽到了合理义务，无须与平台内经营者共同承担连带赔偿责任。由此可知，电商行业商标合规风险的高发群体更多的是第三方电商平台内的店家以及通过构建公司网站或利用其他互联网方式销售商品或者提供服务的电商经营者。

那么，电商行业常见的商标合规风险主要有哪些情形？笔者结合了近些年涉嫌侵犯商标权的案例，综合归纳总结如下。

【案例 1】未经权利人授权许可，在网店使用他人注册商标或已登记的特殊标志，构成侵权，市场监管部门可依据《商标法》或《特殊标志管理条例》对侵权行为人作出行政处罚。

2023 年 4 月，杭州市西湖区市场监管局接到线索称，杭州某服装有限公司在多个网络平台使用“某某演出服”“某某演出服租赁”等账号出租亚运会吉祥物“莲莲”“琮琮”“宸宸”的人偶服装。经查，亚运会的吉祥物均已被 2022 年第 19 届亚运会组委会作为商标在多个类别上核准注册，且进行了著作权和特殊标志登记，该服装公司由于无法提供网店展示内容涉及的相关授权证明，被处以行政处罚。[2]

同一时期，台州开出了首张针对侵犯杭州 2022 年第 19 届亚运会知识产权的行政处罚罚单。市民刘先生向市场监管局反映，自己在某平台网络旗舰店购买的一款家用抽水泵在使用过程中怀疑存在泵动力不足的质量问题。不仅如此，在该网店商品销售的网页上使用了“杭州亚运会会徽‘潮涌’”图形、“杭州亚运会 · 水处理合作伙伴”字样与企业名称，图形与文字呈竖排分布，刘先生认为该企业与杭州亚运会有关联。该市场监管局通过调查得知，涉案当事人浙江某泵业有限公司与杭州亚运会组委会没有任何合

〔1〕 参见《电子商务法》第 9 条第 1 款。

〔2〕 参见《浙江省市场监管局发布“铁拳”“亮剑 2023”第五批典型案例（知识产权保护系列）》，载百家号“中国质量新闻网”2023 年 7 月 4 日，https://baijiahao.baidu.com/s?id=1770465509253050955&wfr=spider&for=pc。

作关系，使用亚运会会徽也未经杭州亚运会组委会同意，其行为构成侵权，被责令立即停止侵权并处罚款。[1]

从上述两个案例可以发现，电子商务平台内经营者为了“蹭热度”，未经权利人许可在网店使用已经核准注册的图形商标、文字商标、图文组合商标或已经登记的特殊标识的行为构成侵权，将被市场监管部门处以行政处罚。虽然在特殊盛会筹办期间，将与特殊盛会相关的特殊标志、周边产品、热搜词汇等设为网店所搜关键词确实会为网店吸引浏览量，但在特殊盛会筹办期间，市场监管部门对与特殊盛会相关的吉祥物形象、盛会会徽等知识产权的保护力度亦会增强，因此，为了蝇头小利而被处以大额行政罚款并作为社会警示案例实属得不偿失。

【案例2】未经权利人授权许可，在网店销售假冒注册商标的商品，构成侵权，市场监管部门可依据《商标法》对侵权行为人作出行政处罚，情节严重的，可移送公安部门依据《刑法》追究刑事责任。

2022年3月至8月，林某某为牟取利益，明知是假冒注册商标的短袖T恤、短裤，仍然从他人处购进，并通过微信向被告人汪某销售，销售金额达33万余元，违法所得达7万余元。被告人汪某亦在明知被告人林某某销售的是假冒商品的情况下，仍然从林某某处购买，并通过汪某经营的“××运动”淘宝网店对外销售，销售金额达65万余元，违法所得达32万余元。经商标权人鉴别，上述物品均系假冒权利人注册商标的产品。两被告人到案后如实供述了自己的罪行，并上缴全部违法所得。两被告人因销售明知是假冒注册商标的商品，违法所得数额巨大，情节特别严重，于2023年1月被检察院依法提起公诉。法院经审理后认为，被告人汪某、林某某销售明知是假冒注册商标的商品，情节特别严重，其行为均构成销售假冒注册商标的商品罪，依法应予惩处。[2]

2023年1月，长兴县市场监管局收到举报线索，发现某网店涉嫌销售假冒“天能”“超威”等品牌蓄电池，通过买样鉴定、电子固定证据、调取平台相

[1] 参见《擅用亚运会会徽，罚！ 我市开出台州首张罚单》，载温岭市人民政府官网2023年4月11日，https://www.wl.gov.cn/art/2023/4/11/art_1602794_59021563.html。

[2] 参见《以案说法丨贪图高额利润 “知假售假”被判刑》，载南京市秦淮区人民法院官网2023年4月7日，http://www.njqhfy.gov.cn/njxxweb_publishing/www/qhfyww/ggdy_2_mb_a2023041711917.html。

关数据等，发现该店铺存在大量售假行为，上述行为违反了《商标法》第 57 条的规定，且案值较大，已涉嫌犯罪。经查，生产、销售假冒驰名商标电池的犯罪团伙通过购买原料进行二次加工的方式，将白坯电池制作成“天能”“超威”等各类假冒品牌电池，交由大量分销商通过电商平台销售至全国各地。通过该局联合公安部门的线下收网行动，共捣毁了生产加工窝点 6 处、电商工作室 3 处，抓获犯罪嫌疑人 41 名，涉案金额高达 2.2 亿元。[1]

上述两个案例表明，未经权利人授权许可，在网店销售假冒注册商标的商品，情节严重的，可依法追究刑事责任。根据最高人民法院、最高人民检察院《关于办理侵犯知识产权刑事案件具体应用法律若干问题的解释》第 1 条相关规定，销售假冒注册商标的商品，根据非法经营数额或者违法所得数额或假冒注册商标的种类不同，达到应当入刑标准的，以假冒注册商标罪判处刑罚。电子商务平台内经营者知假售假时，企业可能面临民事索赔、行政处罚，在涉嫌犯罪时，主要经营者还可能面临被判处刑罚的风险，因此，网店的合规经营亦是对主要经营者人身自由的保障。

【案例 3】自建网站提供服务的电子商务经营者，未经权利人许可将与他人注册商标相同或者近似的文字作为搜索关键词，并在搜索结果页面、网页链接标题等显著位置显示该关键词，构成侵权，市场监管部门可依据《商标法》对侵权行为人处以行政处罚。

2019 年 3 月，上海华夏邓白氏公司向上海市崇明区市场监管局投诉，反映上海章元信息公司涉嫌侵犯“邓白氏”注册商标专用权。经查，美国邓白氏公司是一家商业信息服务机构，在中国注册了包括“邓白氏”在内的多件商标，核定服务类别包括第 35 类和第 36 类中的“商业信息代理、提供市场信息、提供信用评估、提供金融信息”等，并授权华夏邓白氏公司在中国境内使用“邓白氏”注册商标开展相关业务。章元信息公司为美国邓白氏公司的前加盟服务商。章元信息公司明知“邓白氏”为他人注册商标，仍与某公司签订百度推广服务合同，自 2018 年 12 月 13 日起，在百度搜索结果中以“【官】邓百氏编码　国际认可的　全球通用企业编码系统”的描述，推广其开展的代理邓白氏编码申请服务。有 8 家企业通过百度搜索，误认为章元信息公司

〔1〕 参见《浙江省市场监管局发布“铁拳”“亮剑 2023”第五批典型案例（知识产权保护系列）》，载中国质量新闻网，https://www.cqn.com.cn/ms/content/2023-07/04/content_8955576.htm。

与美国邓白氏公司有授权许可关系,委托其办理邓白氏编码申请。至案发时,当事人累计收取上述8家企业代理服务费17.991万元。执法机关依据《商标法》第60条的规定,依法对当事人作出行政处罚决定,责令其立即停止侵权行为,并处罚款53.973万元。[1]

上述案例属于关键词搜索中显性使用的典型情形,对于自建网站提供服务的电子商务经营者而言,其为了吸引网络用户的浏览量,通常会使用设置搜索引擎关键词的推广方式增加曝光度。

一般情况下,搜索引擎的关键词设置主要分为两种情形:一是将与他人的注册商标或字号相同或近似的内容设置为引擎搜索的关键词部分。消费者通过输入相关注册商标或字号的方式搜索,可以在搜索结果中看到电子商务经营者的自建网站,但是自建网站上并未显示任何与他人的注册商标或字号相同或近似的内容,这种情形属于隐性使用,一般情况下不构成商标使用。二是上述案例中的情形,即将与他人的注册商标或字号相同或近似的内容作为引擎搜索的关键词部分,并在其自建网站内或网站标题上显示与他人的注册商标或字号相同或近似的内容。消费者通过关键词搜索后,所显示的搜索结果页面标题或搜索结果链接跳转的自建网站的显著位置由于标注了该关键词,会让消费者认为该关键词与自建网站提供的服务必然存在联系,从而使关键词搜索行为产生了识别商品或服务来源的功能,该行为属于商标的使用行为。未经权利人许可实施此类商标使用行为,构成侵权,市场监管部门可依据《商标法》对侵权行为人作出行政处罚。

综上所述,电商企业在争夺市场份额、开拓海内外市场的同时,亦不能忽视企业各领域的合规管理。建立合规管理体系将在帮助企业获得直观的经济收益的同时帮助企业防控风险,塑造企业合规形象,从而整体提升企业的海内外品牌信誉。

二、快消品行业常见的商标合规风险

东方快消品中心的大数据零售监测及网络投票结果显示,“2023年快消品十大实效创意”为瑞幸咖啡与贵州茅台联名推出酱香拿铁、高洁丝×哔哩

---

[1] 参见上海市崇明区市场监管局查处上海章元信息技术有限公司侵犯邓白氏注册商标专用权案,国家知识产权局发布第一批知识产权行政执法指导案例1号(2021年)。

哔哩"一币一捐"公益计划、东方树叶节气营销、珀莱雅母亲节策划、可口可乐携手城市地标、蜂花力推"79 元 5 斤半"高性价比套餐、广合腐乳 × 上海德兴馆共创新潮口味南乳鲜肉月饼、光明乳业与热播剧《繁花》共舞书写上海味道、魅力厨房携手国家体育总局训练局和五芳斋携手蜜雪冰城。[1] 从前述结果可以看出,2023 年快消品发展的主流赛道是和文化创意、电视剧跨界联名、植入联动,使快消品市场保持持续活力。

2024 年中国快消品行业发展的十大新趋势,分别是需求偏弱,预期谨慎;高性价比、高端化;投资品牌,多触点传播品效合一;聚焦"银发族""年轻消费者"两大核心人群;"5 个 1"[2] 成为渠道新势力;价格大体保持平稳;重视团队建设,优化价值链;紧扣"奥运年"体育营销机遇;实践环境、社会及管治(ESG)理念,书写可持续未来;品牌出海,进行全球化布局。从前述趋势不难看出,对于快消品企业而言,注重商标合规风险对于品牌价值增长、企业可持续发展具有重要意义。

对于快消品行业而言,常见的商标合规风险主要包含哪些情形?笔者综合近些年的侵权案例归纳总结如下。

【案例 1】未经权利人许可,推出"跨界联名"的创意产品,并将此作为商业噱头吸引消费者,构成侵犯,市场监管部门可依据《商标法》作出行政处罚。

2022 年,无锡市梁溪区市场监管局对辖区内一民宅一楼进行检查,店内主营咖啡及美妆服务,销售有"茅台咖啡"。店铺负责人提供了名为无锡市心甜化妆品经营部的营业执照,但无法提供该场地的食品经营许可证及茅台公司的相关授权。无锡市梁溪区市场监管局最终认定其使用"茅台"字样行为构成了《商标法》第 57 条规定的侵权行为,对其作出了没收违法所得和行政罚款的处罚。[3]

---

[1] 参见张仲超:《2024 年中国快消品行业发展十大新趋势发布》,载中国经济网 2024 年 2 月 6 日,http://bgimg.ce.cn/cysc/newmain/yc/jsxw/202402/06/t20240206_38894583.shtml。

[2] "5 个 1"是指"一大、一近、一廉、一即、一抖",其中一大指的是以开市客、麦德龙、山姆等为代表的会员店业态;"一近"指以罗森、全家等为代表的便利店,以及以联华超市社区版、奥乐齐、清美鲜食等为代表的社区超市等近场零售业态;"一廉"则是在消费降级的趋势下,以拼多多、盒马、奥莱、好特卖折扣店等为代表的零售业态;"一即"是以淘鲜达(大润发 + 淘鲜达)、美团闪购、京东到家等为代表的即时零售;"一抖"则是指抖音电商。

[3] 参见江苏省无锡市梁溪区市场监督管理局行政处罚决定书,锡梁市监处罚〔2022〕00150 号。

从上述案例可知,快消品行业为了制造商业噱头,贸然使用"搭便车"的行为进行宣传属于比较典型的商标合规风险,虽然该店铺具有食品经营许可证,在咖啡内添加的茅台也是经合法途径采购的,但是其在宣传过程中使用"茅台"字样,必须获得权利人的许可,否则,市场监管部门可依据《商标法》相关规定对行为人予以行政处罚。

【案例2】快消品行业为扩大品牌影响力推行品牌加盟时,需符合《商业特许经营管理条例》的相关规定,在未有直营店的情况下从事商业特许经营活动并收取商标许可费的行为,市场监管部门可以予以行政处罚。

2020 年 4 月 28 日,南宁市市场监管局公平交易稽查局执法人员根据投诉,依法对位于南宁市青秀区长福路9 号龙胤·凤凰城售楼部的广西南宁运萌食品有限公司(以下简称运萌公司)进行检查。经查,该公司于 2019 年 9 月 30 日获得"加州八珍"商标的使用权后,在未拥有至少两个直营店的情况下,先后与庞某玲等 40 人签订了《合作经营协议书》,并开业 40 家合作店。虽然《合作经营协议书》规避了"加盟"字样,但按约定,签约人支付运萌公司品牌使用费后便可取得使用"加州八珍"商标、商号、经营技术及销售该品牌系列商品的特许权,依照当事人提供的统一运作和业务管理流程模式开展合作店的经营。这些《合作经营协议书》应属于商业特许经营合同,运萌公司的经营行为也符合商业特许经营的特征。但运萌公司在未拥有直营店的前提下签订《合作经营协议书》,从事特许经营活动,这种行为违反了《商业特许经营管理条例》的相关规定。因此,南宁市市场监管局公平交易稽查局作出责令运萌公司改正违法从事商业特许经营活动的行为,并对运萌公司处以没收违法所得 278,996 元,并处以罚款 25 万元,罚没款合计 52 万余元上缴国库的行政处罚。[1]

除此之外,广州市市场监管局于 2024 年 1 月作出的穗市监处罚〔2024〕001 号行政处罚决定书亦是以相同的违法缘由对"塔诗汀"的品牌运营方广州金莎品牌运营有限公司作出了没收违法所得并处罚款的行政处罚。由此可知,快消品行业在加盟领域的商标许可合规风险尤为突出。

商业特许经营,是指拥有注册商标、企业标志、专利、专有技术等经营资

---

〔1〕 参见陆增安:《多家"加州八珍"被指"傍名牌" 市场监管部门介入调查》,载人民网,http://gx. people. com. cn/GB/n2/2020/0429/c179461 –33984871. html。

源的企业,以合同形式将其拥有的经营资源许可其他经营者使用,被特许人按照合同约定在统一的经营模式下开展经营,并向特许人支付特许经营费用的经营活动。[1] 根据《商业特许经营管理条例》第7条第2款的规定,特许人从事特许经营活动应当拥有至少2个直营店,并且经营时间超过1年。因此,快消品企业在使用品牌加盟模式扩大品牌影响力的同时,要注意品牌扩张模式是否属于商业特许经营模式,是否符合相关的规定,否则,贸然通过商标许可的方式收取许可费用可能会被处以行政处罚。

【案例3】快消品行业在以"跨界联名"的方式提升品牌价值的同时需加强对品牌加盟商的监管,未对品牌加盟商进行系统化培训不仅可能带来直接的违约损失,还有可能对品牌声誉带来不可逆的伤害。

2022年12月14日,沪上阿姨与手机游戏《光与夜之恋》联动官宣当天,沪上阿姨授权门店的员工言语辱骂《光与夜之恋》玩家和游戏男主成为网络热门事件,造成《光与夜之恋》官方微博当天发布声明终止与沪上阿姨的IP联动,这距离沪上阿姨宣布联动仅过去3小时,此次"翻车"成为业界反例。[2]

沪上阿姨最初为了提升品牌价值,通过加盟的方式快速扩张。2021年5月,沪上阿姨门店不到4000家。2022年8月,沪上阿姨宣布"百日千店"计划后,短短两个月,其在全国200多个城市开店超过5000家。虽然通过多点传播的方式在一定程度上增加了沪上阿姨的品牌知名度和影响力,但是沪上阿姨对品牌加盟商的监管力度远远落后于其品牌加盟店的扩张速度。因此,才会出现在与手机游戏《光与夜之恋》的联名过程中,奶茶店员工通过非官方渠道传播联名消息、私下贩卖合作赠品的情形,甚至出现在官宣联动当天加盟店员工言语辱骂玩家和游戏男主的情形,导致官宣联动3小时后被宣布联动终止的重大品牌风险事件。

由此可知,对于以品牌加盟为主要经营模式的快消品行业而言,建立自有品牌企业的知识产权合规管理体系对于控制品牌风险的发生频率以及维护自有品牌的市场形象有着至关重要的作用。有效的知识产权合规管理体

---

〔1〕 参见《商业特许经营管理条例》第3条第1款。

〔2〕 参见郭帅:《沪上阿姨跨界联名游戏"翻车"　被指员工偷跑物料、辱骂玩家》,载百家号"中国网财经"2022年12月20日,https://baijiahao.baidu.com/s?id=1752736749197516243&wfr=spider&for=pc。

系能够使企业获得竞争优势,提高商业信誉,避免因品牌风险事件而影响品牌业务的开展,失去大量通过招投标获取业务的机会。

三、文化娱乐行业常见的商标合规风险

在全球化和数字化的大背景下,文化娱乐行业经历了前所未有的发展。我国作为一个拥有丰富文化资源和庞大市场潜力的国家,文化娱乐行业的发展尤为迅速。然而,随着行业的蓬勃发展,商标合规风险也日益凸显,成为经营者需要面对和解决的重要问题。

(一)文化娱乐行业的经营主体类型

文化娱乐行业是一个多元化和跨领域的行业,涵盖了广泛的活动和服务。因此,该行业的经营主体也非常多样,包括但不限于以下几类。

1. 影视制作与发行公司

这些公司负责电影、电视剧、纪录片等视听产品的制作、发行和推广。它们可能是大型的影视制作公司,也可能是专注于特定类型或市场的小型工作室。

2. 音乐制作与发行公司

这些公司包括唱片公司、音乐制作人、音乐发行平台等,这些主体负责音乐作品的制作、发行、版权管理和推广。

3. 出版社

出版社负责图书、杂志、报纸等出版物的编辑、出版和发行。随着数字化的发展,电子书和在线出版也成为出版社的重要业务方向。

4. 游戏开发与发行公司

这些公司专注于电子游戏的开发、发行和运营,包括 PC 游戏、移动游戏、网络游戏等多种形式。

5. 表演艺术团体与剧院

这些主体包括话剧团、舞蹈团、音乐团、杂技团等,以及提供表演场地的剧院、音乐厅等。这些主体负责艺术表演的创作、排练和公演。

6. 文化艺术展览与交流机构

这些机构如美术馆、博物馆、文化中心等,负责组织艺术作品的收藏、展览和文化交流活动。

7. 娱乐场所

娱乐场所包括电影院、KTV、夜总会、游乐园等提供现场娱乐服务的场所。

8. 数字娱乐与新媒体平台

随着互联网和移动通信技术的发展,涌现了大量的数字娱乐平台,如视频网站、音乐流媒体服务、在线直播平台等。

9. 文化娱乐活动策划与运营公司

这些公司专门从事各类文化娱乐活动的策划、组织和运营,如音乐节、艺术展、漫展、体育赛事等。

10. 文化创意产品开发商

文化创意产品开发商涉及文化创意产业的设计、生产和销售,如原创设计商品、文化衍生品、手工艺品等。

11. 文化咨询与市场研究机构

这些机构提供关于文化娱乐行业的市场趋势、消费者行为、竞争分析等研究和咨询服务。它们帮助其他文化娱乐企业作出更加明智的决策,优化产品和服务。

12. 文化教育与培训机构

文化教育与培训机构包括艺术学校、音乐学院、影视表演工作坊等,这些机构提供专业的艺术教育和技能培训,为文化娱乐行业培养人才。

13. 版权管理与授权公司

版权管理与授权公司专注于文化娱乐作品的版权管理、授权交易和版权保护等服务。这些公司帮助创作者和版权所有者维护自己的知识产权,通过版权授权获得收益。

14. 文化娱乐设备供应商

文化娱乐设备供应商提供各种文化娱乐活动所需的设备和技术支持,如舞台灯光音响设备、影视拍摄设备、游戏开发工具等。

15. 线上社区与论坛

线上社区与论坛围绕特定的文化娱乐主题或兴趣,提供线上交流平台。这些社区和论坛让粉丝和爱好者可以分享观点、交流信息,同时也为文化娱乐产品的推广提供了渠道。

16. 文化娱乐领域知识产权经纪与管理公司

这些经纪与管理公司专注于文化娱乐领域的知识产权(IP)经纪和管理,包括 IP 的开发、包装、推广和商业化运作。这些公司通过对 IP 的有效管理,最大化其商业价值。

17. 影视剧场与演出票务服务企业

影视剧场与演出票务服务企业是提供影视放映、演出票务预订和销售服务的企业,包括线上票务平台和实体售票点。这些服务为观众提供便捷的购票渠道,同时也为演出方提供票务管理和销售支持。

18. 文化旅游与体验项目

这些项目通过结合文化资源和旅游业,提供文化体验活动和旅游服务,如文化主题公园、历史遗址游览、艺术工作坊等。

19. 影视剧本和文学作品代理公司

这些公司专门代理影视剧本、小说、故事等文学作品,为作品的出版发行、影视改编提供中介服务。

20. 自媒体与内容创作者

随着互联网和社交媒体的发展,越来越多的个人通过自媒体平台发布原创内容,成为文化娱乐行业的重要组成部分。这些内容创作者通过视频、博客、播客等形式,为公众提供娱乐和信息。

这些主体共同构成了复杂多样的文化娱乐行业生态,通过各自的专业领域和创新活动,不断丰富人们的文化生活,推动文化娱乐行业的发展。下文将从以上经营主体的角度出发,结合具体案例,分析文化娱乐行业常见的风险,并给出相应的应对策略。

(二)风险类型及案例分析

1. 商标被抢注的风险

文化娱乐产业比较常见的风险类型中,有一项风险是在项目刚开始就容易发生的,即商标被不法主体恶意抢注。由于在国内失去了商标专用权,项目经营者在开展项目时便会陷入困境,项目难以推进,或者需要花费巨额费用收购商标。鉴于此,文化娱乐产业在启动项目之前,就应当对商标相关的内容进行多层次、全方位的注册保护。

在如今的自媒体时代,网红个人 IP 频遭商标抢注的现象越发突出。以

“敬汉卿”为例，一个在哔哩哔哩网站拥有百万粉丝的短视频博主，被要求更改这个跟了自己22年的真名。因为“敬汉卿”三个汉字已被一个公司注册为商标，他自己不能再使用该名作为平台账号名称，此外登录自己的微信公众号也会被投诉侵权。无独有偶，手工博主“手工耿”也遭遇了类似的问题。他自己注册的“手工耿”商标全被驳回，理由是有人抢先注册了“手工耿”相关商标。除此之外还有不少其他网红面对类似的困境。[1]

与之相对，腾讯游戏《王者荣耀》的商标保护则是一次多层次、全方位注册保护的成功案例。[2]《王者荣耀》是由腾讯游戏天美工作室群开发并运营在Android、iOS平台上的MOBA类国产手游，于2015年11月26日在Android、iOS平台上正式公测，游戏曾经使用名称有“英雄战迹”“王者联盟”。作为腾讯旗下最赚钱的游戏之一，腾讯公司为《王者荣耀》申请了大量商标进行保护。查询国家知识产权局官网发现，腾讯公司早在2015年10月22日就开始申请注册“王者荣耀”商标，截至2024年2月28日，其名下检索到的“王者荣耀”相关的商标共有380件，包括“王者荣耀”“王者荣耀天天向上”“王者荣耀国风匠造”“王者荣耀星会员”“王者荣耀补给站”“王者荣耀全国大赛”“王者荣耀世冠”等，类别覆盖了全部45个类别。

在文化娱乐行业中，热门IP的商标权往往会成为抢注的目标。前述案例就是典型的例子。商标抢注不仅会给原创作品的开发者带来法律和经济上的困扰，也会对市场秩序造成混乱。项目经营者应当在启动项目之前，就应当对商标相关的内容进行多方位、全类别的注册保护，腾讯公司对《王者荣耀》游戏项目的保护就是非常典型的案例。

笔者建议，对于拥有潜在热门IP的经营者，应尽早进行商标注册，注册的商标标识包括但不限于作品名称、角色名称、名称加前缀、名称加后缀等，注册的商标类别包括但不限于自己商品服务的类别，如果条件允许，其他类别乃至商标全类别也尽可能注册，以全面保护自身权益。同时，建立监测机制，及时发现并应对抢注行为。

---

〔1〕 参见任文岱：《B站网红“敬汉卿”名字遭抢注，涉事公司恶意囤积上百商标》，载澎湃新闻2019年8月31日，https://m.thepaper.cn/baijiahao_4304164。

〔2〕 参见《Sensor Tower：9月腾讯〈王者荣耀〉全球吸金近1.9亿美元》，载环球网2022年10月25日，https://game.huanqiu.com/article/4ACGTCT1ZMn。

2. 商标未规范使用的风险

商标在商标局核准注册并不意味着可以高枕无忧，在使用的过程中是否规范，也将影响商标的有效性，如果使用不规范，就可能存在风险。商标的不规范行为可能包括：(1)企业分立、合并、转制或更名，导致商标权主体发生了变化，却未办理登记商标转让或更名等；(2)企业未发生以上变化，却擅自改变商标注册人的名义；(3)擅自将注册商标转让给他人并以他人名义进行使用；(4)擅自改变注册商标的文字、图形、颜色或其组合，在使用时仍然添加标注注册商标标记；(5)商标注册有效期满，未申请续展而继续使用，并且在使用时仍然添加标注注册商标标记；(6)在实际使用中，使用纯视觉意义的注册商标(如狐狸图形商标)混淆纯听觉的意义注册商标(如狐狸文字商标)的行为，或者使用纯听觉意义的注册商标(如狐狸文字商标)混淆纯视觉意义的注册商标(如狐狸图形商标)，并造成消费者误认；(7)超出核定使用的商品或服务范围使用其注册商标，并且在使用时仍然添加标注注册商标标记；(8)擅自改变核定使用的商品或服务项目名称；(9)将他人的注册商标作为商品名称的一部分进行使用；(10)在强制注册的商品上使用未注册商标。

下文以一个不规范使用商标的典型案例展开具体分析。

在"微视"商标案[1]中，争议焦点为该案争议商标第902500号商标在2016年8月26日至2019年8月25日(该案指定期间)内是否进行了商标法意义上的使用。商标权人高捷公司为了证明在指定期间内进行了商标法意义上的使用，向国家知识产权局提交了指定期间内的购销合同及发票等证据。对此，国家知识产权局认为，鉴于高捷公司名下有两件不同字体的"微视"商标，虽然购销合同及部分发票使用了"微视"商标，但并不能确定证据指向的商标就是该案的争议商标；另外，宣传资料上显示的是"微视图像"商标而非该案争议商标，故权利人的证据并不能形成完整的证据链，以证明商标权利人在指定期间对争议商标进行了商标性使用。高捷公司不服以上决定，向北京知识产权法院提起了行政诉讼。

经法院查明，除争议商标外，高捷公司在第9类商品上还注册有第18015753号"微视"商标，该商标于2015年9月30日申请注册，2017年2月

---

[1] 参见北京知识产权法院行政判决书，(2020)京73行初17479号。

6日获初审公告,2017年5月7日获准注册。此外,高捷公司名下还注册有数件"微视图像"等商标。对此,法院认为,虽然高捷公司在第9类商品上还注册有第18015753号"微视"商标,但是在涉案购销合同签订之时,该商标尚未获准注册;高捷公司虽然未能规范使用"微视"商标,而在部分宣传材料中使用"微视图像"商标,但是结合实际使用的商品,应当认定属于对该案争议商标的商标性使用。因此,综合原告提交的使用证据,法院认定能够证明原告在指定期间于核定使用商品上对争议商标进行了商标法意义上的使用。最终,法院判决撤销被诉行政决定。

理论上,改变注册商标标识一般需要重新提出注册申请。但是在司法实践中,为保护商标权人的正当权益,避免不必要的商标撤销和申请,人民法院对于企业出于宣传使用的便利将其注册商标做细微调整,未改变显著特征的,仍然可能认定为属于对该件注册商标的商标性使用。但是,改变商标标识而指向权利人其他注册商标,或者改变的程度超出了"未改变显著特征"限度,导致不能实现"相同识别效果",则不应认定系对该件注册商标的使用。

文化娱乐业的商标规范性使用对于保护知识产权、维护品牌形象以及促进行业健康发展具有重要意义。以下是一些有效的应对策略。

(1)制定使用指南。为确保品牌形象一致性,应制定商标使用指南,明确商标的正确使用方式,包括颜色、字体、大小、位置等。

(2)内部培训。定期对员工进行商标知识和品牌形象的培训,确保团队成员了解并遵守商标使用规范。

(3)要求合作方遵守。在与第三方合作时,要求合作方遵守商标使用指南,通过合同等文件明确双方的权利和义务。

3. 商标侵权风险

文化娱乐业的商标侵权案例在国内并不鲜见,这些案例往往涉及知名品牌和作品,引起了广泛的社会关注。在网易公司《梦幻西游》商标侵权案[1]中,网易公司是中国的一家大型互联网技术公司,旗下的《梦幻西游》是一款广受欢迎的网络游戏。网易公司发现有商家在未经许可的情况下,

---

〔1〕 参见《网易胜诉"梦幻"被侵权案　三家公司赔100万》,载人民网,http://ip.people.com.cn/n/2014/1115/c136655-26028772.html。

使用“梦幻西游”作为其产品的名称,侵犯了网易公司的商标权。网易公司随后采取法律行动,要求侵权方停止侵权并赔偿损失。法院最终判决侵权方停止侵权行为,并对网易公司进行经济赔偿。

此案例表明文化娱乐产品在成为热门 IP 后,其名称、角色等元素容易成为商标抢注的对象。经营者在未获得正式授权的情况下使用这些元素,容易构成商标侵权,损害原有权利人的利益。

针对此类情况,笔者建议经营者应加强对热门 IP 的版权和商标权的了解,确保在使用前获得合法授权。同时,权利人应对自身的知识产权进行有效注册和保护,防止被他人抢注。

4. 商标权许可合作的违约风险

在文化娱乐领域,商标权许可合作是一种常见的商业模式,它允许商标权所有者授权他人使用其商标,以扩大品牌影响力并获取许可费。然而,这种合作模式有时也会引发违约纠纷。

下面以一个超出许可范围使用商标的案例进行说明:一家游戏开发公司(甲方)拥有一款热门游戏的商标权,与一家玩具制造商(乙方)签订了商标许可合同,允许乙方在玩具产品上使用该游戏商标。合同明确约定了许可使用的地域范围仅限于中国(不含港、澳、台地区)。乙方未经甲方同意,将带有游戏商标的玩具销售到了海外市场。于是产生纠纷,甲方以超出许可范围使用商标为由,将乙方诉至法院。

在这类跨界合作中,双方需要共同使用某些商标或品牌元素,如果合作协议中对商标使用的权利、范围、期限等没有明确约定,就可能引发双方之间的权益冲突。常见违约原因有:(1)许可使用范围的争议。合作双方对商标使用的范围(如地域、产品类别等)理解不一致,导致一方超出约定范围使用商标。(2)许可费用支付违约。许可方未按时支付商标使用的许可费用,或支付金额与合同约定不符。(3)商标使用质量问题。被许可方使用商标的产品或服务质量低下,损害了商标的声誉。(4)未经授权的转许可。被许可方未经商标权所有者同意,擅自将商标许可给第三方使用。(5)商标权的变更或失效。在合作期间,商标权发生变更(如所有权转移)或因各种原因失效,影响合作协议的执行。

针对上述情况,笔者提出如下建议。

(1)明确合同条款。在签订合同之初,应尽可能详细明确商标使用的范围、许可费用的支付方式和时间、质量要求等关键条款,以减少理解偏差。

(2)设立争议解决机制。合同中应包含争议解决的条款,明确争议解决的途径(如协商、调解、仲裁或诉讼)和适用的法律。

(3)保留商标监控和干预权。商标权所有者应保留对被许可方使用商标的监控权,以及在使用质量不符合约定时采取干预措施的权利。

(4)设置合同变更和终止条款。为应对商标权变更或失效等情况,合同中应设定相应的变更和终止条款,明确各种情形下的权利和义务。

(5)及时沟通与协商。一旦发生违约或争议,双方应及时沟通,积极寻求解决方案。如果通过协商无法解决,可依据合同约定的争议解决机制进行处理。

(三)风险防范与管理策略

1.商标注册策略

(1)及时注册。经营者对于自有的品牌、角色、作品名称等,应尽早在关键市场进行商标注册,形成全面的商标保护网。

(2)分类注册。经营者应根据业务范围和发展计划,合理选择商标注册的类别,避免因类别选择不当而产生权益空缺。

2.商标监测与维权

(1)建立监测机制。经营者应利用专业的商标监测服务,定期检查市场上是否存在侵犯自身商标权的行为,并及时采取法律行动。

(2)积极维权。面对侵权行为,经营者应采取果断的法律措施,包括但不限于发出律师函、提起诉讼等,维护自身合法权益。

3.法律咨询与培训

(1)寻求专业咨询。在面对复杂的商标权问题时,经营者应寻求专业的法律咨询,获取准确的法律意见和解决方案。

(2)进行内部培训。经营者应定期对内部员工进行知识产权保护和商标法律的培训,提高全员的知识产权意识,防止因不了解相关法律而导致的侵权行为。

4.合作协议的明确约定

(1)详细约定权利义务。在与其他企业或个人进行合作时,合作协议中应详细约定双方在商标使用上的权利和义务,避免因协议含糊不清而引发纠纷。

(2)预防跨界合作风险。在进行跨界合作时,由于涉及不同行业的商标使用,更应注意明确商标的使用范围、期限和归属等,以预防可能的商标风险。

5. 商标的国际注册与保护

(1)考虑国际市场。对于有意向拓展国际市场或其产品已经进入国际市场的经营者,应考虑在关键国家和地区进行商标的国际注册,以获得全球范围内的商标保护。

(2)应对国际商标争议。在面对国际商标争议时,经营者应了解不同国家和地区的商标规定,采取适当的法律行动,维护自身在全球范围内的商标权益。

随着文化娱乐行业的快速发展,商标合规风险成为经营者必须面对的重要问题。通过上述案例分析和风险防范策略的讨论,我们可以看到,经营者在享受文化娱乐产业带来的商业机会的同时,也必须重视商标权的保护和合理使用。对此,经营者需要通过及时的商标注册、有效的商标监测与维权、明确的合作协议规定,以及对内部员工的法律培训以保护自身的商标权益。此外,在全球化的大背景下,经营者还需要关注国际商标保护,及时应对国际市场上的商标争议,以保护自身在全球范围内的商标权益。综上所述,商标合规不仅是经营者法律风险管理的重要组成部分,也是经营者品牌战略和市场竞争力的关键所在。面对日益复杂的商标法律环境,经营者应不断提高自身的知识产权保护意识和能力,以应对各种挑战,把握行业发展的机会。

第六章 专利权

专利权作为一种无形资产，对创新者来说具有极高的价值。它不仅为创新者提供了经济上的回报，更重要的是，它为创新者提供了一个法律框架，确保他们的创新成果不被他人非法利用或侵占。在专利权的保护下，创新者可以更加放心地进行研发活动，推动科技进步和产业升级，它不仅能帮助新兴企业实现“弯道超车”，快速在行业中立足，也能为大型企业建立技术壁垒，构建自己的商业“帝国”。

第一节　专利权概述

一、什么是专利权

专利权是一项由国家赋予的权利，是基于发明者或设计者提交申请获得的权利，前提是其发明创造需对社会公开，并且符合法律规定，能带来社会效益。通过正式法律程序，申请人在限定时间段内被授予独占使用权。作为知识产权的一个分支，专利权承载了特有的属性，具体说明如下。

第一，时效限制。专利权的最长有效期是法定的，一旦达到规定期限，如发明专利的 20 年或实用新型的 10 年或外观设计的 15 年，该权利将自动失效，发明创造转而成为公共领域的一部分，可自由使用。

第二，地域界限。专利权的效力通常仅限于授予该权利的国家领土内，意味着在其他国家和地区不受法律保护，除非另行申请并获得批准。

第三，非实体特性。与实体资产不同，专利权保护的是思想和创新，这些智力成果没有物理形态，无法直接触摸或控制，却构成了宝贵的无形资产。

第四，独家掌控。专利权的核心在于其排他性，确保只有专利持有者或经其授权的实体能够利用该专利进行生产、销售等活动。这一特性阻止了未经授权的使用，维护了发明者的市场独占地位。

二、专利权权利主体

（一）专利权主体

专利权的持有人，即专利权人，是在专利法规框架内享有专属权利并承担相应责任的实体。在中国，无论是个人还是组织机构，均具备申请及获取专利的资格，进而成为专利权的合法拥有者。值得注意的是，专利的实际发明者或最初提交申请的人并不自动等同于专利权的最终归属者。

（二）合作发明的专利权人

共同完成的发明创造，即合作发明，是涉及两个或多个实体（包括个人及单位）协作的智力成果。在无特别协议规定的情况下，合作发明的专利申请权默认由所有参与合作的单位和个人共享。一旦该申请成功获批,所有这些合作参与者将共同成为法律认可的专利权持有人。

(三)委托发明的专利权人

委托发明,是指一方(委托方)委托另一方(被委托方)进行研发的工作。在委托发明情境下,专利权通常归属于实际完成发明创造的个人或单位,而因被委托方在发明中提出了关键的创新点,依照法律规定享有专利申请的权利。一旦专利申请成功,被委托方将成为正式的专利权持有者。然而,这一默认规则可由双方在委托合同中通过明确条款予以变更,允许按照事先约定来决定专利申请权的归属。

(四)职务发明的专利权人

职务发明产生于执行单位指派的任务或在很大程度上借助了单位提供的资源和技术环境。职务发明情境下,专利权一般归于发明者所属的工作单位。具体而言,申请专利的权利属于单位,而且一旦专利申请获批,单位即正式成为专利的所有者。然而,如果单位与发明人或设计人之间有关于使用单位资源完成的发明的申请专利权及所有权的特定合同约定,那么这些约定将优先遵循。

(五)其他有权行使专利权的主体

专利权的主体范围涵盖了多个方面,包括但不限于专利权人遗产的继承者以及通过实施许可合同与之相关的各方。在这样的合同框架内,普通实施许可的接收者不具备独立行使专利权的权限。相比之下,独占实施许可的接收者被赋予了独立提起诉讼的权利。进一步地,排他实施许可的接收者,若遇到专利权人选择不采取法律行动的情况,也将获得自行提起诉讼的特别权利。

三、专利权权利客体

专利权的客体即专利法保护的对象,是指依法应授予专利权的发明创造。我国专利法所称的发明创造包括发明、实用新型和外观设计三种。

第一,发明。其涉及针对产品、方法及其改进所提出的新颖的技术方案,旨在推动创新。其享有较长的法律保护期限,但相应地,获取授权的标准严格且过程较为漫长。

第二,实用新型。其专注于对产品的形状、构造或二者的结合所提出的具有实用价值的新技术方案。与发明专利相比,其实现保护的门槛较低,审批流程更为快捷,不过保护期限相对较短。

第三,外观设计。其着重于产品的形状、图案、色彩及相应的创意融合,旨在提升美学体验并促进工业应用。此类型的专利权获取条件较为宽松,审查周期较短,且根据 2020 年修正的《专利法》,其保护时限已调整为 15 年,确保了对创意设计更为合理的保障期限。

四、专利权权利取得

(一)授予条件

1. 发明与实用新型

获得专利权的发明和实用新型技术,须满足三项核心要求:新颖性、创造性和实用性。

(1)新颖性。其是指这项发明或实用新型不仅未曾公开出现于现有的技术范畴内,而且直至申请日,未有其他任何组织或个人就相同内容提交过专利申请,且相关内容未记录在之后公布的专利文件之中。现有技术涵盖在申请日以前国内外已公开的技术信息。

(2)创造性。其主要是与现有技术相比较,该发明需展示出突出的独特性及显著的进展,而实用新型则需具备实质性的新特点和一定的进步。这里的"实质新特点"是指对本行业技术人员来说,该技术方案不是显而易见的;"显著进展"则是强调发明需带来积极的技术效益。

(3)实用性。其在于确保发明或实用新型可以被实际制造或应用,并能产生正面效果。具体表现为技术方案需能在工业生产中实现,能够有效解决特定技术难题,并且必须具备正面的技术或经济效益。

2. 外观设计

外观设计专利的授予条件集中于三项基本原则:新颖性、显著差异性及不侵害在先权利。

(1)新颖性。这意味着所申请的外观设计必须超出已存在的设计范畴,确保在申请日之前，既没有相同设计被公之于众，也未曾有人就相同外观设计向专利管理机构提交过申请，并且该设计未被记录在之后公之于众的任何专利文档里。“已存在设计”囊括了申请日前全球范围内公众可获取的设计信息。

(2)显著差异性。要求该外观设计相较于现有设计或现有设计特征的组合，须具备一眼可见的独特性。这一评估标准立足于一般消费者的视角。根据《专利审查指南》，是否达到足够差异，将以一般消费者的认知为基准进行评判。

(3)不侵害在先权利。确保待授权的外观设计不侵犯任何人在申请日之前已合法持有的权利，比如肖像权、版权、商标权等。值得注意的是，这一原则仅适用于申请日之前有效且至申请日仍存续的第三方权利，而对于申请日后新获得或虽早于申请日取得但在专利申请时已失效的权利，则不构成阻碍。

(二)授予程序

1. 提交申请文件

提交发明或实用新型专利申请时，必备文件包括请求书、详尽说明书、摘要、权利要求书等；而外观设计专利申请，则需提交请求书、设计的图像或照片及简要设计说明。

2. 确立申请日期

国务院专利行政部门收到申请材料的日期即申请日，邮寄提交的，以邮戳日期为准。

按照国际协议或优先权原则，申请人若在外国首次提出同类专利申请后1年内(发明或实用新型)，或6个月内(外观设计)，在中国重复申请，可享有优先权。国内首次申请后相同期限内再次申请同样主题，也可获优先权。

3. 审查与授权流程

(1)发明。国务院专利行政部门收悉发明专利申请后，初步审查合格的，通常自申请日起满18个月后公布，申请人可请求提前公布。自申请日起3年内，申请人可随时请求实质审查，无正当理由逾期不请求的则被视为撤回。通过实质审查，未发现驳回理由的，由国务院专利行政部门决定授予专利权，颁发证书并公告。

(2)实用新型与外观设计。仅接受初步审查，无驳回理由即授予相应专利权，颁发证书并公告。

4. 生效日期界定

发明、实用新型及外观设计专利权均自公告之日起生效，赋予专利权人相应权利，包括但不限于诉讼权，同时公众在此日期前的使用行为不构成侵权。

5. 撤回与修改规定

申请人可在授权前随时撤回申请，且允许在特定范围内修改申请文件：发明与实用新型限于原始说明及权利要求的范围，外观设计则限于原提交的图像或照片内容。实质审查不合格的，国务院专利行政部门将通知申请人限时陈述意见或修改，逾期无正当理由未答复的则被视为撤回申请。

6. 申请日至授权期间的特殊考量

自申请日至授权公告期间，他人在不知情下已制造、使用相同产品或方法，或已做好制造、使用的准备，且仅在原范围内继续此类活动的，不构成侵权行为。发明专利一旦授权，申请人有权要求自公布后实施其发明的单位或个人支付合理费用。

五、保护期

（一）专利保护年限概述

发明专利的保护期为 20 年，实用新型专利则为 10 年，外观设计专利保护期限设定为 15 年，所有这些期限皆从专利申请提交之日算起。

（二）发明专利保护期的延补细则

针对发明专利，若自申请日起超过 4 年，并且自请求实质审查之日起已满 3 年才获得授权，非申请人原因导致的审查延误，专利权人可向国务院专利行政部门申请延长保护期限作为补偿。值得注意的是，对于那些通过中国药品监管审批并成功上市的新药相关的发明专利，专利权人可另外请求补偿因新药审评审批过程消耗的时间。这种情况下，补偿时间上限为 5 年，并且新药上市后，累积的专利权有效期限不得超过 14 年，以此确保创新药物的研发投入得到适当保护。

六、终止与无效

(一)专利权的提前终止规定

专利权可能在其自然到期前提前结束,具体情形有如下两种:(1)未遵循规定按时缴纳年费;(2)专利持有者通过书面形式明确放弃其专利权。当出现上述情况导致专利权提前终止时,国家专利管理机构负责登记并公开这一信息。

(二)专利权无效宣告机制

1. 请求主体

任何组织或个人均有权提出专利权无效请求。

2. 请求时间点

自国务院专利行政部门公告专利授权之日起可请求专利权无效。

3. 受理机构

由国务院专利行政部门负责受理此类请求。

4. 无效请求依据

无效请求的依据包括但不限于专利内容不属于受保护对象,专利内容缺乏新颖性、创造性、实用性,或说明书与权利要求表述不充分等,具体如下。

(1)不符合定义。专利的主题不符合发明、实用新型或外观设计的法定定义(《专利法》第2条)。

(2)违反法律或公共利益。专利的主题违反国家法律、社会公德或者妨害公共利益(《专利法》第5条)。

(3)超出授权范围。专利的主题不属于法律规定的可授予专利权的范畴(《专利法》第25条)。

(4)新颖性、创造性、实用性缺失。发明或实用新型不具备新颖性、创造性或实用性;外观设计不具备新颖性、显著差异性,或与他人在先权利冲突(《专利法》第22条、第23条)。

(5)说明书公开不充分。说明书未能充分公开发明或实用新型的内容

(《专利法》第 26 条第 3 款)。

(6)权利要求书不符。权利要求书没有以说明书为依据,或权利要求不清楚、不简明,缺少解决技术问题的必要技术特征(《专利法》第 26 条第 4 款,《专利法实施细则》第 20 条第 1 款、第 21 条第 2 款)。

(7)超范围修改。专利申请内容的修改超出原始申请文件记载的范围(《专利法》第 33 条)。

(8)重复授权。专利属于重复授权的情况(《专利法》第 9 条、《专利法实施细则》第 47 条)。

5. 无效宣告的影响

若专利权被宣布无效,视同自始不存在。这一决定不对已执行的侵权判决、调解、行政处理决定,或已履行的许可合同、转让合同产生追溯影响,除非专利权人恶意行为导致他人损失,需赔偿。在此基础上,若完全或部分保留侵权赔偿金、使用费、转让费显失公平,则应予以退还。

6. 法律救济途径

对专利权无效或维持有效的决定不服的,可在接到通知后 3 个月内向法院提起诉讼。法院审理时,将通知无效宣告请求程序中的对方当事人作为第三方参与诉讼。

七、不视为侵权的情形

知识产权法遵循权益均衡的原则,专利法亦内嵌了对权利行使的限制条款,这些限制体现在"不视为侵犯专利权的行为"之中,具体包括五类情形,旨在维护一个既激励创新又促进公平竞争的环境,实现专利保护与社会公共利益之间的和谐。

(一)专利权耗尽原则

一旦专利产品或依专利方法直接产出的产品经专利权人或其授权方首次合法售出,后续对该产品的使用、承诺销售、转售或进口,不再视为侵权行为。此原则确保了商品自由流通,使专利权人的经济利益在首次销售中得以实现,避免了其权利过度干预商品市场的正常运行。重要的是,此原则仅限于合法产品,不涵盖未经授权制造的物品,并且仅限于销售、使用等权利的耗尽,而制造权依旧保留。

（二）在先使用权原则

若某实体在专利申请日前已开始制造、使用某产品或采用某方法，或已做好实施的充分准备，并且仅在原有范围内持续进行，这被视为合法的在先使用权，不受后来获得专利权的约束。这一规定保护了先期投入者的合法权益，明确了使用范围的固定性，即限于自用，不可随意扩大或授权他人使用，原则上也不包含销售行为，但基于实践需求，允许在原有范围内销售所制造的产品。

（三）临时过境交通工具的专利使用豁免原则

外国运输工具临时穿越中国领土、领水、领空时，为保证运输工具正常运作而在其装备和设施中使用相关专利，依据国际协议或互惠原则，不构成侵权。

（四）科研用途的专利豁免原则

纯粹出于科学研究和实验目的而使用专利的，不视为侵权。这一豁免强调了非商业性的科研用途，旨在促进科技进步与知识传播。

（五）药品与医疗器械的审批实验特例

为获取监管审批所需信息而制造、使用、进口专利药品或医疗器械，或专门为上述情形而制造、进口专利药品或医疗器械的，不受专利侵权指控。此规定源于美国的 Bolar *v.* Roche 案，简称 Bolar 例外，也被称为安全港（safe harbor）条款，旨在缩短药品及医疗器械上市前的审批流程与专利保护期之间的时间差，保障公众及时获取仿制药物及医疗设备，同时不损害原专利权人的核心利益。

综上所述，专利法通过这些特定情形下的权利限制，旨在达到促进技术创新、保障公众利益与尊重既有权利人之间的一种精细平衡。

第二节　资产建设端

一、关于专利申请

(一)保护方式的选择

在保护创新技术成果的路径选择上,企业面临两种主要策略:商业秘密保护与专利保护,两者各有侧重,适用于不同的情形,分述如下。

1. 商业秘密保护机制

(1)核心特点。商业秘密的优势在于无须公开信息,保护对象为那些未公开、具备商业价值且受到适当保密措施保护的经营和技术信息。

(2)自发形成与持久性。这种保护形式无须官方申请、审查等繁杂程序,一旦信息形成并得到有效保密措施的维护,即可自动生效,且保护期限不受法律限制,理论上可永久维持。

(3)全球性和自主性。商业秘密的保护跨越国界,企业可根据自身策略在全球范围内灵活运用,同时自行决定信息的使用和授权。

(4)风险与局限。尽管对难以复制的技术极为有效,但商业秘密面临被合法逆向工程破解或他人独立开发相同技术的风险,且一旦信息泄露,保护效力即告丧失。

2. 专利保护体系

(1)基本原理。与商业秘密相反,专利申请人需要向国家知识产权局提交申请,并通过严格审查,才能以公开技术换取一定期限内的专利独占权。

(2)时间与成本。专利保护具有时间限制,如发明专利有效期为 20 年,实用新型和外观设计的有效期分别为 10 年和 15 年。期间还需持续缴纳年费以维持专利权的有效性。

(3)地域性。专利权具有严格的地域性,仅在授予专利权的国家或地区内有效,跨国或地区保护需分别在目标国家或地区申请。

(4)优势场景。对于易被逆向工程解析的技术创新,专利保护提供了更坚实的法律屏障,尤其适合技术迭代迅速、创新性强的领域。

(二)专利申请时机

在知识产权保护的宏伟“棋盘”上,专利申请的精准时机犹如关键落子,直接关系到企业能否有效捍卫创新成果,构建坚固的竞争壁垒。以下是对各策略的进一步拓展和细化。

1. 初期抢占先机策略的深化应用

在创新的萌芽期便着手专利布局,不仅要求企业具备敏锐的市场洞察力,还需对技术趋势有着准确的预判。此策略特别适用于技术迭代速度较快、市场接受度高的领域,如信息技术、生物科技等。企业应充分利用快速通道、优先审查等机制,加速审查流程,抢占市场先机。同时,建立一套完善的预审机制,对技术的创新性、实用性进行严格把关,确保专利申请材料的高质量,从而提高授权概率。

2. 成熟后再行申请策略的精细化操作

待技术成果趋于成熟,企业应通过详尽的市场调研和专利性分析,精确把握申请时机。这包括评估技术的商业化潜力、专利布局的空白点以及潜在的专利规避设计,以确保申请的专利具有实际价值和市场竞争力。此外,企业可利用这段准备期,通过专利挖掘工作,围绕核心技术构建专利组合,形成更加立体的保护网。

3. 竞争对手动态考量的策略深化

在密切关注竞争对手的研发进展之余,企业还应借助专利情报分析,掌握行业技术动态和竞争对手的专利布局,以指导自身的专利策略调整。企业可适时参与标准制定,将关键技术纳入行业标准,以进一步巩固市场地位。同时,企业可利用专利预警机制,对可能出现的侵权风险进行预判,并准备好相应的应对措施,如发起专利挑战、进行交叉许可谈判等。

4. 避免过早申请的风险控制

在避免过早申请的同时,企业也要警惕过度保守带来的风险。例如,技术泄露或被他人捷足先登,可能导致企业失去宝贵的市场机会和竞争优势。因此,建立一套灵活的决策机制,结合技术成熟度、市场紧迫性、竞争对手行为等因素,动态调整申请策略,至关重要。同时,企业可利用保密协议、内部信息安全措施等手段,保护未公开的创新成果,直至确定最佳申请时机。

总之，专利申请时机的选择是一项复杂的战略决策，需要企业从技术、市场、竞争和法律等多个维度进行综合考量，以确保在保护创新成果与维护竞争优势之间找到最适宜的平衡。通过科学规划和灵活应对，企业可以最大化专利资产的价值，为可持续发展奠定坚实基础。

(三)专利申请类型的确定

对于企业的专利保护，需要了解不同的专利类型，包括发明专利、实用新型专利和外观设计专利。下面分别介绍这三种专利类型的特点和适用场景。

1. 发明专利

发明专利旨在保护那些展示出新颖性、创新性和实用性的技术方案，既涉及实体产品创新(产品发明)，也包括工艺流程创新(方法发明)。产品发明囊括了从精密机械到复合材料等的一切创新实体，而方法发明则覆盖了从生产流程到操作使用方法等的创新步骤。值得注意的是，对现有技术或产品的改进，只要能展现新的技术效果，同样属于发明专利范畴。

发明专利的主要特点有以下三点：(1)其的保护面覆盖广泛，可为技术创新提供强大的法律与市场壁垒；(2)审批过程较为漫长，需要耐心等待；(3)不仅要求深入的技术研发，还需法律专业知识的支撑，整个过程资源密集。

因此，企业申请发明专利时，需确保研发实力雄厚，并拥有专业的知识产权顾问团队；同时，应精挑细选具有高价值的创新成果进行专利布局，以巩固企业的核心竞争力。

2. 实用新型专利

实用新型专利的保护旨在捍卫那些展示新颖性与实用价值，且侧重于具体形状或构造改进的技术方案。其与发明专利相比有实质性差异，主要在于其保护强度略低，但申请流程更为快捷，成本也更为经济。

实用新型与发明专利的共同点在于，二者皆需基于具体的技术方案，而非抽象理念或纯理论描述。二者的区别在于实用新型专利的适用对象限定于具有特定形状的产品设计，排除了方法类创新(生产、试验、处理或应用方法等)，以及无固定形态的物品，如药品、化学品、建筑材料等。

实用新型专利的创新门槛设定较低，侧重于实用性改进，因此常被视作

“小发明”或“小革新”。产品形状涉及外在空间形态的明确性，而构造则是指产品内部组件与结构的有序组合，强调实体结构特征，排除分子、原子等微观结构层面。

实用新型专利的主要特征为以下四点：(1)审批流程更为迅速；(2)申请费用相对低廉；(3)保护对象限定为有形产品，排除方法发明；(4)相对发明专利，保护强度和范围较小，适合技术创新程度稍逊的成果。

综上所述，对于那些技术创新成果未达发明专利标准的企业，申请实用新型专利不失为一个成本效益更高、周期更短的保护途径。

3. 外观设计

外观设计旨在保护产品外观的美学创意，涵盖形状、图案、色彩及其组合，为产品增添独特的市场吸引力和经济价值。这种专利类型允许单独对形状或图案进行保护，但色彩保护通常需与形状或图案结合，共同构成具有审美价值的设计方案。

外观设计与实用新型专利的区分在于，后者关注产品的结构或功能改进，而前者专注于提升产品的视觉美感，体现艺术与装饰性的一面。无论是二维图案还是三维造型，抑或两者的融合，外观设计专利的焦点始终围绕产品的外在表现，且须与产品本身相结合，具备工业生产的可行性，即能够大规模复制并服务于商业制造。

外观设计专利的申请优势体现在以下三点：(1)审批速度快，缩短了从申请到授权的时间；(2)成本效益高，相对发明专利和实用新型，其申请费用更为经济；(3)保护针对性强，专一于产品的外观设计，虽保护范围较窄，但对于提升特定类型商品的市场竞争力尤为关键，尤其是那些价格敏感、审美需求高的商品，如日用百货、美容产品、服饰、玩具等。

企业在规划外观设计专利策略时，应当注重对那些能通过独特外观设计显著提升顾客感知价值的商品进行保护，利用专利权的独占性，构建差异化竞争优势，进而增强品牌形象和市场占有率。

(四)专利申请地域的确定

专利保护具有地域性特征，意味着专利权仅在授予该专利的国家或地区内有效。企业若欲在全球范围内获得专利保护，必须向各自的目标国家或地区的专利管理部门提出申请。

1. 三地策略

(1)本土基础布局

企业通常首选其注册或运营所在地提交专利申请,以确保在生产源头获得法律保护。2008 年修正的《专利法》虽然不再强制要求先在国内申请,但在向国外申请前需完成保密审查程序,该项规定持续至 2020 年修正的《专利法》。本土专利权的持有,对防止本土竞争对手侵权至关重要,尤其在产品生产与研发基地所在国家或地区,更是保护策略的关键一环。

(2)市场防御布局

在产品销售目的地申请专利,能有效利用专利权的排他性,阻止他人在当地销售专利产品,维护市场利益。此外,考虑到全球市场的多样性,在主要竞争对手的所在地提交专利申请,可作为一种防御策略,限制对手的专利布局,为自身的市场扩张扫清障碍。

(3)全球视野布局

对于跨国经营的企业,应依据其全球战略,考虑在关键市场、潜在市场以及竞争对手活跃的区域申请专利。例如,美国凭借庞大的市场规模、高效的审查机制和严格的保护措施,成为中国企业申请专利的热门选择;欧洲专利局提供的欧洲专利,通过一次申请即可在多个成员国获得保护,简化了跨国专利布局的复杂度;英国、德国的专利因其国际影响力,对中国企业而言具有特殊价值;日本作为重要贸易伙伴,同样是专利申请的重点考虑对象。

2. 利用《专利合作条约》策略

面对多国申请的复杂性,依据《专利合作条约》提出专利申请的途径为企业全球专利布局提供了一条便捷通道。依据《专利合作条约》,企业只需提交一份国际申请,即可在所有《专利合作条约》成员国保留优先权,这不仅简化了初期申请程序,还为企业赢得了更多时间来进行市场调研、评估专利潜力,并基于国际检索和初步审查报告作出更为精准的决策,最终根据实际情况选择进入哪些国家进行国家阶段的申请,有效节省成本与资源。

综上所述,企业应根据自身的市场战略,结合生产、销售、竞争格局及未来发展规划,灵活运用各种申请策略,科学规划全球专利布局,以最大化专利资产的价值,并为企业的国际化进程提供强有力的支撑。

（五）专利申请的其他注意事项

1. 专利价值评估

企业在启动专利申请流程之初，需仔细审视专利的商业潜力，通过专利分析与市场调研相结合，明确该专利对公司的市场价值及需求度。这一步骤对于确定专利类型、划定保护范围、估算成本效益至关重要，确保专利策略与企业整体商业目标相吻合。

2. 界定保护边界

在筹备专利申请的过程中，企业应精确定位其知识产权的保护边界。一方面，要确保专利主张不过分宽泛，以免难以获得批准；另一方面，也不能过于狭窄，以至于保护力度不足。在此基础上，保护策略应紧密围绕企业核心业务与关键技术展开，同时避开现有专利的界限，确保创新成果的独立性和新颖性。

3. 深入专利文献调研

为避免专利重叠与冲突，企业应开展全面的专利文献检索，包括搜寻相关专利数据库和出版物，确认拟申请的发明或实用新型是否已被申请。这一前期工作有助于识别潜在的知识产权障碍，避免研发投入浪费，并为技术创新的独创性提供证据支持。

4. 依托专业机构助力

鉴于专利申请的专业性和复杂性，若企业内部缺乏专业资源，可寻求外部专业知识产权服务机构的支持。这类机构能提供从策略规划到法律文件准备的全方位服务，有助于规避申请过程中的常见陷阱，提高申请成功率，使企业的知识产权布局更加稳健有效。

5. 优选代理伙伴

挑选一家合适的专利代理机构是保护企业知识产权资产的关键一步。选择时，应综合考虑机构的专业资质、成功案例量、行业口碑及在线评价，通过访问其官方网站和其他公开信息渠道，进行综合评估，以确保所选机构不仅专业可靠，还能深刻理解并有效推进企业的专利保护战略。

二、专利许可

（一）专利许可的概念

专利许可，又称为专利实施许可，是一种法律行为，涉及专利权人或其授权代表同意另一方在特定时间段、地理区域内，按照约定方式使用其拥有的专利技术，并据此收取报酬。在此过程中，专利的所有者扮演许可方角色，而被授权使用该专利的一方称为被许可方，双方需通过签订专利实施许可合同来确立权利义务关系。重要的是，这种许可并不涉及专利所有权的转移，意味着被许可方无权授权合同之外的任何第三方使用该专利技术。

对此，《专利法》第 12 条规定："任何单位或者个人实施他人专利的，应当与专利权人订立实施许可合同，向专利权人支付专利使用费。被许可人无权允许合同规定以外的任何单位或者个人实施该专利。"

（二）专利许可的类型

1. 普通许可

专利持有者在特定时空条件下赋予一方使用其专利的权利，同时保留自我使用权，并保留在相同条件下向其他第三方再次授权的自由。

2. 独家许可

在约定时间和地域内，专利权人赋予某一方使用专利权的同时，承诺不再向其他任何第三方许可该专利的使用权，但保留自身使用权利。

3. 独占许可

在约定时间和地域内，专利权人赋予被许可方独占使用权，期间既不允许专利权人再向任何第三方许可该专利的使用权，也不允许专利权人自己使用该专利。

4. 充分许可

专利权人在授权使用专利的同时，允许被许可方进一步将该专利的使用权转授给第三方。

5. 交叉许可

两个专利持有人相互授予对方在其专利上的使用权，或允许对方将专利许可给任何人使用，这样做促进了技术共享。

6. 专利开放许可

专利权人在获得专利权后，自愿向国家专利行政部门提出开放许可的声明。这种声明会被官方公告，意味着在指定的开放许可期间，任何感兴趣的个人或企业，无须与专利权人进行单独谈判，就可以按照已经公布的标准和条件来实施该专利技术。这样做简化了许可过程，提高了专利技术的可获取性和利用率。

(三)专利开放许可的特点及优势

专利开放许可的主要特点包括以下五点：(1)自愿性。专利权人自主决定是否将其专利开放许可。(2)透明性。许可条件，包括许可使用费等，需要明确并在专利行政部门公开，便于公众查询。(3)非排他性。与普通许可相似，开放许可不赋予被许可方独占权，专利权人可以继续使用该专利，同时也可以向多个被许可方发放许可。(4)便捷性。简化了传统专利许可中的谈判过程，降低了交易成本。(5)标准化。许可条件通常事先设定，减少了定制化许可协议的需要。

专利开放许可制度旨在促进专利技术的传播和应用，加速技术创新成果的市场化，尤其对于促进科研成果转化、支持小微企业和初创企业获取关键技术，以及推动某些领域的技术普及等方面具有重要作用。

(四)专利许可的意义

1. 对专利权人(许可方)的益处

(1)盈利获取。专利权人能够通过专利许可获得特许权使用费，实现经济效益。

(2)风险分散。通过许可他人实施专利技术，专利权人能有效分散大规模生产和市场推广中的各类风险，同时免除了因实施过程中可能产生的责任问题。

(3)产权持续。专利许可协议规定的期限结束后，专利权将完全回归专利持有者，确保其长期的知识产权控制和利用灵活性。

2. 对被许可方的好处

(1)技术获取与盈利增长。被许可方得以合法利用专利技术，将其转化为自身的生产力，促进产品或服务的增值，实现持续的利润增长。

（2）全球市场扩展。通过国际授权合作，被许可方可将产品推向全球市场，利用国际供应链的力量扩大生产规模和市场覆盖率，显著提升品牌及产品的国际知名度和影响力。

（五）关于专利许可的注意要点

1. 被许可方应注意的关键要素

（1）确保专利授权的牢固性

在采纳专利授权时，特别是当该专利对被许可方的业务运作及长期发展至关重要时，授权的稳固性成了决定业务连续性和成长潜力的核心考量。这意味着，审查过程中会频繁聚焦于专利授权的可靠性。这一可靠性在很大程度上依托于专利授权协议的严谨性——协议需明晰、全面，并公平对待被许可方，避免包含不利条款。关键条款的审查不可或缺，包括授权时限、授权模式、应用范围、费用结构及其支付机制等，以维护双方权益的均衡。

（2）评估专利授权的业务影响力

专利在被许可方业务中的实际效用同样是评估中的关键一环。该专利的应用深度和广度，例如，它如何促进研发与生产、对被许可方的运营绩效和财务成果的具体贡献，以及基于该专利生产销售的产品规模及其在特定时间段内对公司收入和净利润占比，均需详加考察。若专利的内在价值未能显现出明显的正面效应，那么在争取授权许可时，应予以高度警觉，以免投资回报不成比例。

2. 专利许可人应关注的关键条款

（1）专利细节的明确

在专利许可合同中，务必详尽无遗地载明授权专利的每一个关键细节，涵盖发明的正式名称、专利的原始申请人及当前权属人、专利的申请与授权日期、独一无二的专利编号，以及该专利的有效期限。对于涉及专利组合的授权，须逐一列举组合中每项专利的详细资料，确保透明度与精确性。

（2）许可模式的明确

合同中应明确阐述许可的类型，无论是普通许可、排他许可还是独占许可，每种类型都需有清晰的界定，以免产生歧义。默认情况下，若合同未特别说明许可权限，则被许可方不具备转授权的权利，这是确保专利使用权有序管理的基础。

(3)精确的期限与地域框架

关于许可的有效期限,可以灵活设定为专利剩余有效期的全部或任意一段时期,而地域范围则需具体到国家、地区甚至特定的市场区域。值得注意的是,尽管许可方有权界定使用范围,但这些限制不得无理干涉消费者的购买自由或阻碍经销商的正常销售活动,这遵循了专利权利用尽原则,即专利产品一经合法售出,专利权人便丧失了对该产品进一步控制的权利。

(4)许可费用的周密规划

在费用安排上,需详细说明许可费率、总费用额度、具体的支付方式(如一次性付款、按销售额提成,或是入门费加上提成等),以及税费的承担主体。若合同中未明确税费负担,则普遍假设税费已包含在许可费用之中,避免后期产生不必要的争议。

(5)技术的归属与共享机制的改进

合同应预见并规划技术改进的场景,明确在被许可方使用专利技术过程中产生的任何改进成果的归属权,以及双方如何共同或分别从这些创新中获益。建立公平合理的分享机制,激励双方积极投入技术创新,共同推动技术进步。

(6)专利有效性争议与侵权问题的应对

合同中应预先设定条款,以应对专利被宣告无效的情形,包括合同如何处置、已支付费用的返还方案,以及由此造成的经济损失如何补偿等。同时,合同中应明确划分专利侵权责任,确立双方协同应对第三方侵权的策略,确保双方权益得到妥善保护。

(7)其他需谨慎处理的附加条款

①搭售条款的谨慎设计。避免合同中包含迫使被许可方接受非必要关联产品、技术或不合理费用的条款,确保许可协议的公正性。

②不竞争条款的合理设定。若合同中包含限制被许可方接触或采用竞争性技术的条款,应审慎平衡,确保不构成不正当竞争。

③反控条款的明确。设立条款防止被许可方对授权专利的有效性提出挑战,维护合同的稳定性和专利权的权威性。

④采购渠道的合理开放。确保合同条款不会无理由地限制被许可方对非专利相关物资、设备及原材料的自由采购,保障其正常运营不受不必要限制。

⑤技术改良与回授义务的平衡。在鼓励技术发展的前提下，对被许可方改进技术的权利给予适度自由，同时合理设定回授义务，确保技术交流与合作的健康循环，维护双方的长期利益。

第三节　侵权风险端

一、场景一：研发方向失误或专利布局错误，如何减少损失？

随着国内企业对知识产权的日益重视，中国专利每年的总授权量持续处于大幅度递增状态，但其中很大一部分是在成熟技术领域基础上的进一步改良，专利技术与现行公知技术差异较小。但由于行业更新换代快、研发周期短、市场变化迅速等特点，企业又必须紧跟市场需要，并快速作出反应，不断推出新的产品占领市场。因此，如何在研发过程中避免陷入已有专利的保护范围，以及如何在实施过程中避免依赖他人已有专利技术，是企业规避专利侵权风险的一项关键任务。

（一）结合企业实际情况，制定专利侵权风险管理条款

2023 年 8 月 6 日，《企业知识产权合规管理体系要求》发布，其由国家知识产权局负责组织起草，且由全国知识管理标准化技术委员会进行归口管理，并于 2024 年 1 月 1 日施行。这一体系为企业构建完备的知识产权管理体系、规避知识产权风险以及实现知识产权价值提供了一个参照准则。

企业可结合自身实际情况，参照《企业知识产权合规管理体系要求》的内容，在企业研发管理制度中制定明确的专利侵权风险管理条款，其中应涵盖职责分配、具体管理措施以及责任承担。此外，企业还需定期进行内部管理评审和接受第三方监督审核，以便根据评审结果调整和完善研发项目管理制度中关于专利侵权风险的管理条款，从而从管理制度层面降低企业专利侵权风险。

（二）在研发管理流程的关键节点，设定专利侵权风险评估要求

在研发项目管理的流程控制系统如产品生命周期管理（product lifecycle

management)软件中,应在关键节点处设置专门的控制措施。这些节点包括技术方案确认、产品模具制造、批量生产以及产品上市等阶段。在这些节点,必须提交由专业部门提供的专利侵权风险评估报告等相关文件,并且只有在相关专业人员审核通过这些文件后,项目才能进入下一流程,以便及时识别和管理在研发过程中的专利侵权风险。

(三)提高相关人员对于专利侵权知识的认知水平和专利文献检索能力

企业知识产权管理人员和研发人员应对专利侵权知识具有足够的认知,应设置专门的专利技术监控人员,及时更新检索策略,跟进相关技术的最新专利授权情况,相关责任人应根据最新的授权专利对所研发产品的专利侵权风险进行评估。

同时,研发项目的负责人和相关责任人的绩效评价应包括对专利侵权风险管理的考核。设定明确的责任,采取正向和负向的激励措施,以及实施月度、季度和年度的绩效评估,使团队成员积极参与到专利侵权风险的防范中,提高团队对知识产权保护的重视,并推动企业研发活动的健康发展。

(四)合理布局专利,保护企业的知识产权和创新活动

在企业对现有技术充分认识的基础上,在技术研发或产品开发的过程中,对技术成果进行深入分析,从技术、经济和法律的角度进行评估和筛选。这一过程包括对技术成果的剖析、整理、拆分,以识别那些具有创新性和可申请专利的技术点和方案。通过布局专利申请,将这些技术创新转化为企业的无形资产,从而增强企业的市场竞争力和知识产权保护力度。这是企业知识产权战略的重要组成部分,对于维护企业的长期利益至关重要。

综上所述,企业在研发过程中,通过建立完善的研发制度、实施严格的流程管理,并积极促进人员对现有技术的认知,可以有效避免其研发项目侵犯现有专利权和避免在实施阶段依赖于他人的专利技术的法律风险。通过这些措施,以及通过合理的专利布局,企业不仅能够确保其研发成果获得法律保护,还能维护自身的合法权益,这是企业维护自身竞争优势和法律权益的关键策略。

二、场景二：新产品面市前，如何评估专利侵权风险？

在当今快速发展的市场环境中，创新是企业持续成长的动力。然而，随着新产品的开发，专利侵权风险的管理变得尤为重要。专利侵权不仅可能导致经济损失，还可能对企业的声誉和市场地位造成不利影响。因此，在新产品上市前进行专利侵权风险评估是至关重要的。

（一）技术方案分析

评估开始于对新产品技术方案的深入分析。这一步骤要求企业清晰地了解产品的技术特点及其在技术领域中的定位。通过这种分析，企业可以确定可能涉及的专利类别，为后续的专利检索和风险评估打下基础。

（二）专利检索

专利检索是评估过程中的关键环节。企业需要利用各种专利数据库，如我国国家知识产权局、欧洲专利局、美国专利商标局等进行全面的专利检索。这一步骤旨在找出所有可能与产品技术相关的专利，包括已授权和申请中的专利。

（三）风险识别

通过对检索到的专利进行分析，企业可以识别出可能构成侵权风险的专利。这一步骤涉及对专利文件的详细审查，包括专利说明书和权利要求。企业需要评估这些专利是否与新产品的技术方案相重叠，从而确定潜在的侵权风险。

（四）不侵权分析

自由实施分析是确定产品是否有侵犯现有专利权的风险的过程。自由实施分析通常由具备专业能力的专利律师或专利代理人执行，具体评估相关专利的权利保护范围，并提供关于产品是否有侵权风险的专业意见。

（五）专利权利要求比对

将产品的技术特征与相关专利的权利要求进行比对是评估是否存在侵

权可能性的重要步骤。这一步骤要求高度的专业知识和经验，以确保评估的准确性。

（六）专利稳定性评估

评估相关专利的法律状态和稳定性，以确定其对产品上市的潜在影响。这包括专利的有效性、专利权人是否有维持专利权的意愿和能力，以及专利是否存在被宣告无效的风险。

（七）专利权人分析

有条件的，还可以研究相关专利权人的背景和历史，评估他们发起侵权诉讼的可能性。这一步骤可以帮助企业了解专利权人的行为模式，预测他们对潜在侵权行为的反应。

（八）风险管理策略

根据评估结果，企业需要制定相应的风险管理策略。这些策略可能包括避让设计、许可谈判或准备应对潜在的侵权诉讼。在某些情况下，企业还可能选择重新设计产品，以避免侵权风险。

综上所述，新产品上市前的专利侵权风险评估是一个系统的过程，需要企业投入相应的资源和注意力。通过这一过程，企业不仅可以避免潜在的法律风险，还可以加强其知识产权的保护。随着市场竞争的加剧，专利侵权风险评估将成为企业创新管理的一个不可或缺的部分。

三、场景三：出口海外，我国出口企业如何提前规避专利诉讼风险？

随着企业越来越多地参与国际市场，了解和管理海外专利侵权风险变得至关重要。专利侵权可能导致企业面临诉讼、赔偿金、市场禁入等后果，严重时甚至可能导致企业退出市场。因此，企业必须采取积极措施来避免这些风险。

（一）专利检索和分析

专利检索是识别潜在侵权风险的第一步。通过这一过程，企业可以发现可能与其产品或服务相关的现有专利，并据此制定相应的市场进入策略。

一旦检索到相关专利,企业需要分析这些专利的权利要求,并将其与自己的产品或服务进行比对。这一步骤至关重要,因为它可以帮助企业确定是否需要调整其产品设计,以规避潜在的侵权问题。

同时应当注意的是,由于知识产权的保护具有地域性,企业的相应产品在本国虽已申请专利保护,但在目标市场所在国或地区,若相同技术方案已被他人申请专利保护,依然会存在专利侵权风险。企业应评估这些当地专利与自己产品或服务之间的差异,并应寻求专业机构确定是否存在侵权风险。

(二)建立专利监控机制

通过监控专利信息,企业可以及时发现新的专利申请和授权情况,以及任何可能影响其业务的专利争议或诉讼。企业应建立专利监控机制,定期监测目标国家或地区的专利动态。这可以帮助企业及时掌握专利趋势和竞争态势,从而更好地管理侵权风险。

(三)确保产品或服务合规

企业可以采取避让设计、技术许可或与专利持有者合作等多种策略来确保合规性。在开展国际业务时,企业应确保其产品或服务不侵犯他人专利权。这可能需要企业对产品或服务进行调整,以确保其不会触犯现有的专利权利。

(四)寻求专业法律意见

面对海外专利侵权风险,企业应寻求专业法律意见。专业的法律顾问可以帮助企业确定其权利和义务,并提供降低风险的策略。法律顾问不仅可以提供关于特定市场的专利法律建议,还可以帮助企业制定应对潜在诉讼的策略。

综上所述,海外专利侵权风险是企业在国际业务中必须面对的挑战。通过专利检索和分析、谨慎的市场研究、专利监控机制的建立、产品或服务合规的保障,以及寻求的专业法律意见,企业可以有效地管理这些风险。

四、场景四：如何规避专利侵权对企业上市或上市后造成的负面影响？

在企业上市过程中发起专利侵权诉讼，可能对企业上市计划在持续经营能力、技术优势、形象和声誉等方面产生负面影响。该类诉讼的特点是，起诉方一般为竞争对手，起诉时间往往在企业上市关键节点，赔偿金额一般较大。对此，企业应积极应对，建立全面的风险管理系统，确保专利侵权问题不成为上市的障碍。

（一）积极应对证券监管部门的问询

在上市过程中，证券监管部门会就专利侵权问题进行问询，企业应积极对以下方面进行回复和说明。

第一，产品不存在侵权事实的说明。详细描述产品与涉案专利之间的差异，证明不存在侵权行为。

第二，专利创新程度和稳定性的说明。强调自身专利的创新性和稳定性，以减轻投资者的担忧。

第三，被诉侵权产品的定位。清晰界定被诉产品在企业产品线中的地位，避免误导。

第四，损害赔偿金额畸高的说明。解释赔偿金额的合理性，避免给投资者留下负面印象。

此外，实际控制人可以出具承诺函，承诺承担本次诉讼带来的全部损失，以增强投资者信心。

（二）针对涉案专利提起无效宣告请求

企业应及时针对涉案专利提起无效宣告请求。一旦专利被宣告无效，原告起诉的权利基础不复存在，有助于降低诉讼风险。

（三）建立全面的专利侵权风险管理系统

专利侵权问题对企业上市计划造成的负面影响需要引起重视。企业应积极应对，建立全面的风险管理系统，以确保专利侵权问题不成为上市的绊脚石，具体可采取以下措施。

1. 定期的专利审查

企业应定期评估自身专利是否存在侵权风险,及时采取措施。

2. 市场和法律环境监控

密切关注市场动态和法律法规变化,预防潜在风险。

3. 员工的知识产权教育和培训

提高员工对知识产权的认知,减少侵权风险。

4. 企业经营合同中设定知识产权条款

在合同中设定专门的知识产权条款,明确双方的权益和责任,将风险转移,避免对企业经营产生重大不利影响。

五、场景五:如何预防和应对境外电商平台专利侵权投诉导致的商品下架?

随着全球化的推进,跨境电商已成为企业拓展海外市场的重要渠道。然而,知识产权风险是跨境电商必须面对的一大挑战。

(一)风险预防

为了预防专利侵权投诉导致商品下架,可以采取以下措施。

1. 加强专利监测

定期检索与自身产品相关的专利信息,及时了解潜在的侵权风险。

2. 建立专利预警机制

设置专门的部门或人员负责监控市场动态,及时发现可能的专利侵权行为,并采取相应措施。

3. 提高产品研发和创新能力

通过不断地研发和创新,开发出具有自主知识产权的产品,降低侵权风险。

4. 加强供应链管理

对供应商的产品进行严格的审查,确保其不侵犯他人的专利权。

5. 了解平台规则

熟悉境外电商平台的政策和规则,遵守平台的规定,避免因违反规则而导致商品下架。

6. 保留相关证据

在产品研发、生产和销售过程中，保留与专利相关的证据，如设计图纸、研发记录等，以备不时之需。

7. 进行专利布局

根据自身的产品和技术，合理进行专利布局，形成有效的专利保护网络。

8. 加强与专利权人的沟通

与专利权人保持良好的沟通，了解其专利情况，避免无意侵权。

9. 购买专利保险

考虑购买专利保险，以降低因专利侵权而导致的经济损失。

10. 定期培训和教育

对员工进行专利知识培训，提高员工的专利意识，避免在工作中出现侵权行为。

通过以上措施的实施，可以有效降低专利侵权投诉的风险，减少商品下架的可能性，保护企业的合法权益。同时，企业应密切关注市场动态和法律环境的变化，及时调整预防措施，以应对可能出现的新情况。

（二）积极应对

电子商户对于收到的相关律师函或专利权人准备提起的侵权诉讼，应予以高度重视，不可置之不理。具体可以采取以下应对措施。

1. 进行侵权分析

委托专业的专利律师对被投诉的产品与对方的专利进行对比分析，以确定是否存在侵权行为。

2. 根据分析结果采取相应措施

如果分析结果显示不侵权，可以将律师出具的不侵权分析函发给专利权人，请他们撤销投诉。如果对方不回复或不撤销投诉，可以直接把律师函发给境外电商平台请求协助。

如果分析结果显示存在潜在侵权，可以和专利权人就专利许可进行沟通，或者进行专利无效检索及分析，了解对方专利被无效的可能性。如果检索到的对比文件表明对方专利被无效性的可能性很大，可以出具无效分析并发给专利权人，与专利权人协商撤销投诉，或者给予客户许可。

如果协商无果，可以走无效程序，请求撤销对方专利。美国有多种无效程序，费用、操作、流程及时间均不相同，电子商户可视情况选择。

3. 与平台沟通

及时与境外电商平台联系，了解下架的具体原因和处理流程，并提供相关证据和解释，争取平台的支持和帮助。

4. 检查自身产品

对自身产品进行全面检查，确保没有侵犯他人的专利。如果发现存在侵权问题，及时进行整改。

5. 寻求法律帮助

如果情况较为复杂或涉及较大的经济利益，可以考虑寻求专业的法律帮助，咨询律师的意见和建议。

6. 加强知识产权合规管理

建立和完善知识产权管理制度，加强对产品的研发、设计、生产和销售等环节的管理，避免侵权行为的发生。

7. 关注平台政策变化

及时关注境外电商平台的政策变化，以便在遇到类似问题时能够及时应对。

总体来说，跨境电商的知识产权风险是一个复杂的问题，需要电子商户积极应对。电子商户应增强知识产权保护意识，积极应诉，及时止损。只有这样，才能有效地应对跨境电商的知识产权风险，推动跨境电商的健康发展。

六、场景六：公司收到专利侵权律师函或起诉状，如何制订专利攻防策略？

每个专利纠纷案件都是独特的，具体的策略应根据具体情况进行制订。对此，可与专业律师密切合作，并充分利用他们的专业知识和经验，这将有助于制订相对合适的专利攻防策略，保护公司的利益。以下是一些可供参考的常用建议，以供用来制订专利攻防策略。

（一）保持冷静并评估情况

1. 冷静地分析收到的文件和指控

在处理侵权指控时，保持冷静和理性是至关重要的，应仔细阅读收到的文件,包括律师函、起诉状和任何附件。确保理解其中的指控、要求和法律依据。

2. 确定指控的具体内容和涉及的专利

找出被指控侵权的具体专利是专利侵权判定的首要事务。应了解专利的授权国家、名称、专利号和相关权利要求,研究指控中提出的侵权理由,并了解对方认为企业的产品或行为如何侵犯了他们的专利。

3. 评估侵权指控的合理性和潜在影响

根据企业对专利和自身产品或行为的了解,评估侵权指控的合理性,考虑专利的范围、企业的产品与专利的相似性以及可能的抗辩理由,考虑侵权指控对企业的业务、声誉和财务状况可能产生的影响。这可以帮助企业确定应对措施的紧急性和重要性。

(二)不轻易承认侵权

在未进行充分调查和评估之前,不要轻易承认侵权行为,而应仔细研究涉案专利和自身产品或技术,寻找可能的抗辩理由。

(三)探究权利人可能的指控意图

专利纠纷中,权利人可能的指控意图包括:制止侵权、获得赔偿、确立专利权、打击竞争对手、寻求合作、维护声誉、防止技术扩散、获得优势、应对挑战、满足期望等。

1. 探究权利人指控意图的意义

(1)制订应对策略。了解权利人的真正目的,有助于企业制订有针对性的应对策略。

(2)寻求和解机会。如果双方的目标存在一致性,可以尝试通过和解解决纠纷,节省时间和成本。

(3)预测指控走向。分析权利人的意图,有助于企业预测指控的发展趋势,做好相应准备。

(4)评估风险与成本。明确权利人的诉求,便于企业评估可能面临的风险和所需承担的成本。

(5)发现商业机会。有时,权利人的指控可能揭示出潜在的商业机会,企业可以据此调整经营策略。

2. 探究分析方法

（1）背景调查。了解权利人的业务范围、市场地位、竞争情况等，分析其指控的动机。

（2）指控历史分析。研究权利人之前的类似情形，包括结果、策略等，寻找规律和线索。

（3）诉求分析。仔细审查权利人的请求，包括赔偿金额、禁令等，推断其主要目标。

（4）行业动态研究。关注相关行业的发展趋势、市场情况，判断权利人的指控是否与行业因素有关。

（5）沟通与协商。尝试与权利人直接沟通，了解其具体诉求和期望，寻求和解或其他解决方案。

（6）专业意见咨询。请教知识产权律师或专家，获取关于权利人指控意图的专业分析和建议。

（7）市场反应观察。注意市场对指控的反应，如股价波动、客户态度等，以了解指控对权利人的影响。

（8）证据与事实分析。研究权利人提供的证据和事实，评估其合理性和可信度，判断其指控意图。

（9）法律策略分析。分析权利人的法律策略，如其进行起诉时选择的法院、诉讼理由等，推测其诉讼目的。

（10）综合分析。综合考虑以上各种因素，结合具体情况进行全面分析，深入探究权利人的指控意图。

通过以上方法，可以更准确地理解原告的指控意图，为企业制定合理的应对策略提供依据。同时，在探究过程中，企业应保持客观、理性的态度，充分评估自身的情况和风险，采取适当的措施保护自己的合法权益。

（四）制订应对策略

（1）将情况告知公司内部的相关团队，如研发、法律、市场和销售等，以提供更多的背景信息和支持，共同制订应对策略。

（2）收集与侵权指控相关的证据，包括产品设计文档、研发记录、销售数据、客户反馈等。这些证据可以帮助支持己方的立场或在需要时作为抗辩或和解谈判的依据辩护。

(3)咨询熟悉专利领域的知识产权律师,以利用其丰富的经验和专业知识,分析案件的优势和弱点,并制订相应的策略。

(4)在某些情况下,与对方进行和解谈判可能是一个可行的选择。可以尝试与对方达成和解协议,以避免冗长的诉讼。如果对方的专利具有一定的价值,可以考虑与对方进行合作或获得许可。这可以避免侵权纠纷,并可能带来商业机会。

(5)如果和解谈判不成功,可能需要根据案件情况和自身专利情况制订诉讼策略,包括起诉或反诉对方。

(五)提起专利无效宣告请求

如果认为对方的专利存在问题,可以考虑请求专利无效宣告。

收集相关证据,如在涉案专利申请前已公开的期刊、报纸和专利文献等,以证明该专利不符合专利法的要求,如缺乏新颖性、创造性等。一旦涉案专利被宣告全部无效或者涉案部分的权利要求被宣告无效,则对方将不存在主张侵权诉讼的权利基础,案件也就自然终结。

(六)加强知识产权合规管理

加强知识产权合规管理,具体可包括审查公司的知识产权管理制度,确保在产品研发和生产过程中遵守专利法律法规,加强对专利的监测和保护,及时发现潜在的侵权风险等。只有企业内部知识产权实现合规管理,才能在发生纠纷时高效及时地制订应对策略。具体可参照以下步骤实施。

1. 审查知识产权管理制度

(1)组建一个跨部门的团队,包括知识产权专家、研发人员、法律顾问等,对公司现有的知识产权管理制度进行全面审查。

(2)评估制度的完整性和有效性,确保其涵盖了专利的申请、维护、保护和运用等各个方面。

(3)检查制度是否符合法律法规的要求,并与公司的战略和业务目标相一致。

2. 确保遵守专利法律法规

(1)提供培训和教育,确保员工了解专利法律法规和公司的知识产权政策。

(2)建立专利申请和管理的流程,确保在产品研发过程中及时申请专利,保护创新成果。

(3)定期审查和更新自身专利组合信息,确保专利的有效性和维护费用的及时缴纳。

3. 监测和保护专利

(1)建立专利监测系统,定期搜索与公司技术相关的专利信息,及时发现潜在的侵权风险。

(2)与专业的知识产权监测机构合作,利用其专业工具和数据库进行监测。

(3)对监测到的潜在侵权行为进行评估和分析,采取相应的措施,如发警告信、寻求法律救济等。

4. 建立风险评估和预警机制

(1)制定风险评估标准,对潜在的侵权风险进行评估和分类。

(2)建立预警机制,及时向相关部门和人员发出警报,以便采取措施降低风险。

(3)定期进行风险评估和预警演练,提高应对能力。

5. 加强合作与交流

(1)与行业内的其他公司、科研机构和知识产权组织建立合作关系,分享信息和经验,共同应对知识产权挑战。

(2)参加知识产权研讨会和培训活动,了解最新的法律法规政策和趋势,提升管理水平。

6. 定期审计和改进

(1)定期对知识产权管理情况进行审计,对知识产权财产进行盘点,检查制度的执行情况和目标的达成情况。

(2)根据审计结果,制订改进计划,不断完善知识产权管理制度。

(3)持续跟踪和评估改进措施的效果,确保知识产权管理的持续有效性。

实施以上步骤,可以加强公司的知识产权管理,提高对专利的监测和保护能力,及时发现和应对潜在的侵权风险,保护公司的创新成果和竞争优势,以及在发生纠纷时能够高效及时地制订应对策略。同时,遵守专利法律法规,可以树立良好的企业形象,促进公司的可持续发展。

总体而言,专利侵权纠纷会牵扯到复杂的经济层面、技术层面以及法律层面的问题。在应对被诉侵权时,必须进行大量的调查研究和取证剖析,同时要与一定的谈判及诉讼技能相结合,并且还应当强化企业自身的知识产权合规管理,这样才能够更有力地保障自身的权益。

七、专利权合规的内部管理风险及外部环境风险

(一)企业专利权合规的内部管理风险

企业在专利权方面可能会遇到多种内部管理风险,这些风险可能影响企业的竞争力和市场地位。以下是企业在管理专利权时常见的内部管理风险。

1. 专利战略布局缺失

对于专利战略布局,很多企业认为这是极少数大企业、大公司才会考虑的问题,自己企业的规模、营收、利润还达不到行业前列的标准,可以不用考虑专利战略布局问题,其实这是对专利战略布局非常错误的认知。专利战略布局是指企业综合产业、市场和法律等因素,对专利进行有机结合,涵盖企业利害相关的时间、地域、技术和产品等维度,构建严密高效的专利保护网,最终形成对企业有利格局的专利战略组合。专利战略对于任何依赖知识产权以维护竞争优势的企业都至关重要。如果一家公司没有实施明确的专利战略,可能会面临以下风险。

(1)创新保护不足。没有专利保护的创新可以被竞争对手自由复制,这可能导致企业失去其在市场上的竞争优势。

(2)市场份额流失。如果竞争对手可以合法地复制和销售相似的产品或服务,企业可能会失去市场份额和收入。

(3)研发投资回报率降低。企业在研究与开发上的投资可能无法获得充分回报,因为缺乏专利保护可能导致创新被竞争对手利用。

(4)对外谈判能力下降。在与合作伙伴、供应商或潜在买家进行对外谈判时,专利战略组合通常会增加企业的谈判实力,缺少专利战略组合可能削弱谈判立场、谈判力度。

(5)无法阻止他人侵权。没有专利战略,企业将无法通过法律途径全面阻止其他企业侵犯其创新成果。

(6)对投资者吸引力降低。投资者经常寻找具有稳固知识产权保护的

企业进行投资,缺乏专利战略可能使企业对投资者的吸引力下降。

(7)潜在的专利纠纷。没有清晰的专利战略布局可能导致意外侵犯他人的专利,从而面临法律纠纷和赔偿金的风险。

(8)企业行业地位和影响力减弱。专利数量和质量常被视为企业创新能力的指标,专利战略布局缺失可能影响企业在行业内的声誉和影响力。

为了规避上述风险,企业可以依据自身情况尽早规划专利战略布局,专利战略布局需要注意以下事项:

(1)结合企业长远发展规划:专利布局应结合企业的长远发展规划,确保专利布局能够支持企业的未来发展和技术创新。

(2)关注市场竞争态势:要密切关注市场竞争态势,了解竞争对手的专利布局和技术优势,以便及时调整自己的专利布局策略。

(3)合理利用专利法规则:要充分利用专利法的相关规则和国际条约,合理配置资源,确保专利申请和维护的成本效益最大化。

(4)强化知识产权意识:在研发过程中要强化知识产权意识,建立完善的内部沟通机制和保密制度,确保科研人员了解专利申请的重要性及时间节点。

2. 重复研发风险

企业在进行研发活动时经常会遇到未经有效检索而重复研发其他企业、个人已经拥有专利权的产品或技术的风险,这种情况可能会导致以下后果。

(1)法律诉讼。如果企业研发的产品或技术侵犯了他人的专利权,可能会面临专利侵权的法律诉讼。这不仅会导致企业支付高额的赔偿费用,承担法律费用和其他相关开支,还可能需要禁售并撤回已经上市的产品,丢失相应的经营市场。

(2)经济损失。为重复研发已有专利的产品或技术所投入的研发成本、材料费用、人力资源费用等可能会变成无法收回的损失。

(3)损害声誉。专利侵权诉讼或指控可能会影响企业的声誉,尤其是当媒体报道或公众关注时,可能会对企业的品牌形象造成难以估量的负面影响。

(4)研发资源浪费。企业研发部门的时间和精力可能会因为重复研发而浪费,在这个过程中,可能错过了开发其他创新产品的机会。

(5)市场机会损失。专利侵权问题而导致的产品下架或销售禁令,可能使企业会失去重要的市场机会,这对于企业的长远发展是不利的。

(6)战略方向受限。企业未来的研发和商业战略可能会因为专利侵权问题而受到限制,影响企业的可持续发展。

为了避免这些风险,企业在研发新产品或技术前应进行详尽的专利搜索和分析,保证研发活动不会侵犯现有的专利权及其他在先权利,并在必要时寻求专利律师的专业建议。此外,企业还可以考虑采用许可、合作研发、购买专利等方式,合法使用他人的专利技术及在先权利,以支持自身的研发和商业布局。

3. 企业员工知识产权保护意识薄弱

(1)企业员工对知识产权保护意识薄弱可能会给企业内部的专利权保护管理带来一系列的风险和不利影响。

①泄露商业机密。员工可能因为不了解或忽视知识产权的保护,无意中泄露了企业的研发方向及路线,给竞争对手带来机会,对企业的专利战略布局造成极大的影响。

②专利申请受阻。如果企业研发员工在研发过程中不注意记录或保护创新成果,可能会导致企业在后续的专利申请过程中面临证据不足的问题,从而给企业获得专利权保护造成阻碍。

③侵犯他人在先权益。员工可能因为对知识产权的无知,在研发过程中使用了未经授权的软件、图像、文本、字体等,从而让企业面临侵权的风险。

④增加法律争端的风险。员工个人的对外侵权行为可能会招致他人的法律诉讼,也会给企业带来经济损失和声誉损害等不良影响。

⑤影响企业文化。员工对知识产权保护意识薄弱可能会影响整个企业对知识产权、专利权保护重要性的认识,造成企业文化中缺乏对创新的尊重及重视。

⑥阻碍合作机会。合作伙伴或投资者可能会因为企业内部知识产权保护不力而犹豫是否与企业合作或投资。

(2)为了增强员工的知识产权保护意识,避免因员工的保护意识薄弱而给企业带来风险及损失,企业可以采取以下措施。

①培训与教育。定期对员工进行知识产权相关的培训,包括对专利、商

标、版权和商业秘密的基本知识以及企业内部的知识产权保护政策等的培训。

②制定规章制度。建立并实施一套完善的知识产权保护制度，明确员工在日常工作中的权利和义务。

③加强监管。对涉及知识产权的工作流程实行监督和审查，确保员工遵守相关法律法规和企业政策。

④鼓励报告。建立机制鼓励员工报告可能存在的知识产权问题，及时处理侵权行为。

⑤奖励创新。通过奖励机制激励员工保护和创造知识产权，培养员工的自我保护意识。

通过上述这些措施，企业可以有效地增强员工的知识产权保护意识，防范相关风险，促进企业的平稳健康有序发展。

4.企业的保密措施不当导致产品和技术被抄袭、被模仿

企业保密措施不当导致产品和技术被抄袭、被模仿，这种情况对企业来说是非常严重的问题，它不仅会损害企业的市场竞争力，还可能会对企业的品牌和声誉造成长期的负面影响。因此，企业应当采取一系列措施来加强保密工作，确保核心产品和技术的安全。以下是企业可以采纳的一些保密措施。

(1)制定严格的保密政策。企业应该有一套全面完善的保密政策，并确保所有员工都清楚地了解并承诺遵守这些政策，确保保密政策落到实处，得以全面执行。

(2)员工培训。定期对员工进行保密知识的培训，让员工明白保护企业知识产权的重要性，以及违法泄露信息需要承担的后果。

(3)控制信息访问。限制对敏感信息的访问，确保只有授权的员工才能接触到关键的技术和产品信息。

(4)文档和数据管理。对所有敏感的文档和数据进行加密处理，并在传输过程中使用安全的通信渠道。

(5)签订保密协议。企业应当与员工、合作伙伴、供应商等签订保密协议，明确泄露机密信息的法律后果。

(6)物理安全措施。企业需要加强办公区域的物理安全措施，例如，安装监控摄像头、设置门禁系统、进行物理分隔隔离以及确保敏感区域的

安全。

（7）网络安全措施。企业应当部署强大的网络安全系统，包括防火墙、入侵检测系统和病毒防护软件等，以防止黑客攻击和数据泄露。

（8）法律途径。在发现被抄袭或模仿时，及时采取法律行动，包括但不限于发出警告信、提起诉讼等，以维护企业权益。

（9）监控市场。持续监控市场动态，包括同行的产品和技术动向，以便发现潜在的侵权行为。

（10）创新和更新。持续进行产品和技术的创新与更新，保持企业的市场竞争优势，即使出现被抄袭的情况，也能快速迭代，保持领先地位。

企业应该认识到保密工作的重要性，并将其作为日常管理的重要部分。通过制定和执行有效的保密措施，企业可以最大限度地降低被抄袭和被模仿的风险。

5. 企业内部缺乏专利管理系统及人员

企业内部缺乏有效的专利管理系统及人员，导致专利管理混乱，从而可能导致一系列风险和问题，具体包括以下几个方面。

（1）专利保护失败。如果专利申请或维护过程管理不善，可能导致专利权无法获得或维持，从而失去对创新成果的法律保护。

（2）财务损失。专利管理混乱可能导致不必要的额外费用，如因错过重要期限而支付专利滞纳金，或因专利无效而导致市场竞争优势丧失。

（3）法律纠纷。专利权的归属和使用权不明确可能导致专利侵权诉讼或内部纠纷，增加企业的法律风险和经济负担。

（4）知识产权的价值评估错误。如果企业不能准确评估其专利组合的价值，可能在商业决策中出现重大失误，如在并购、投资或融资活动中估值不准确。

（5）创新动力减弱。如果企业对专利管理不重视，可能导致研发人员对创新缺乏积极性，进而影响企业的长期竞争力。

（6）知识产权被侵犯。专利管理不善可能导致企业未能及时发现并应对外部侵权行为，从而损失潜在的收入或市场份额。

（7）商业机会丧失。专利可以作为重要的商业资产进行许可或转让，管理不善可能导致这些商业机会丧失。

（8）市场机会丧失。企业可能因未能有效利用专利战略而失去在市场上获得竞争优势的机会,如未能有效阻止竞争对手进入市场。

(9)影响公司形象和声誉。专利管理混乱可能导致企业在同行业中的形象受损,进而影响客户和合作伙伴的信任度。

为了避免这些风险,企业应该建立和维护一个有效的专利管理系统并配置相关人员,包括制定明确的专利战略、维护专利数据库、定期审查专利组合、确保专利维护的合规性、进行专利风险评估和监控市场上的相关专利活动。通过这些措施,企业可以最大限度地发挥其知识产权的商业价值,同时减少潜在的风险。

6. 知识产权权利权属纠纷

(1)知识产权权属纠纷的情形

①权益分配不明确。在合作研发或多方参与的项目中,若未事先明确约定各方的知识产权权益分配,可能导致权属不明。

②记录保存不全。研发过程中的文档、设计图纸、实验记录等未能妥善保存,导致无法证明知识产权的创造过程和归属。

③员工作品归属问题。企业未与员工签订明确的知识产权转让或许可协议,使得员工创作的作品权属不明。

④侵犯他人知识产权。未经充分调研,擅自使用他人知识产权,可能涉嫌侵权,导致权属纠纷。

⑤法律规定不明确。在某些司法辖区,关于知识产权的法律规定可能不够明确,使得在实践中权属界定困难。

(2)知识产权权利归属纠纷给企业带来的风险或损失

①法律诉讼。权属不明可能导致各方面诉讼,增加法律成本和不确定性。

②商业合作困难。潜在合作伙伴可能由于权属不明而犹豫是否参与合作交易。

③融资障碍。投资者在进行投资决策时会考虑知识产权的明晰度,权属不明可能导致融资难度增加。

④商业价值下降。知识产权的商业价值很大程度上取决于其权属的明确性,权属不明可能减少其作为资产的价值。

⑤创新积极性受挫。创新者可能因为权属问题而得不到应有的回报,从而影响其创新动力。

(3)企业可以采取的预防措施

①明确合同。签订明确的合同和协议,明确知识产权的归属和使用规则。

②保持记录。妥善保存研发过程中的所有记录,包括设计文件、实验数据和会议纪要等,确保可追溯性。

③员工培训与协议。对员工进行知识产权培训,并与其签订明确知识产权归属的协议。

④尽职调查。在使用或购买知识产权前进行充分的尽职调查,确保权属明晰。

⑤法律咨询。在知识产权的申请、维护和商业化过程中,寻求专业的法律支持。

通过以上预防措施,企业和个人可以有效防止知识产权权属不明的情形发生,保护创新成果并最大化其商业价值。

(二)企业专利权合规的外部环境风险

企业专利权合规除了要应对自身的内部管理风险,还会经常面临外部环境风险,下文将对主要风险类型及应对策略展开说明。

1. 法律与政策风险

企业专利合规的法律与政策风险主要有法律变更风险以及政策调整风险两种,以下针对这两种情形进行详细分析。

(1)法律变更风险

专利权作为法律赋予的一种无形财产权,其权利的来源与基础为相关的法律法规,每一次相关法律法规的修改都会给专利权合规工作带来一定的挑战与风险。以我国为例,《专利法》自 1984 年颁布以来,经历了 1992 年、2000 年、2008 年、2020 年四次修正,每一次修正都会对整个专利权保护体系的运转产生重要影响。而作为专利权第一持有人的企业而言,更是要根据法律的变更来调整甚至重新搭建自己的专利权合规制度。此外,《专利法实施细则》也在 2023 年 12 月 11 日迎来了第三次修订;《专利审查指南》于 2023 年 12 月 21 日修改等。相关法律法规的快速更新修改都会一定程度地使企业及时调整自己的专利权合规情况,以应对法律赋予的义务需求。

(2)政策调整风险

政府政策的变更调整会对企业专利权合规产生以下影响。

①合规要求变化。政策的更新可能会对专利的申请流程、审查标准、费用、维持年限等方面带来变化。企业需要及时了解和适应这些变化,确保自身的专利申请和管理符合最新的政策要求。

②专利保护范围调整。政策的调整可能会改变特定技术领域的专利保护范围,如扩大或缩小可专利性的范围,这将直接影响企业的专利布局和技术商业化策略。

③专利执行和维权强度变化。相关政策可能会增强或削弱专利的执行力度,如增加对专利侵权的惩罚力度或者提供更多的解决专利纠纷的途径,这会影响企业专利的价值和维权策略。

④市场准入和贸易政策影响。政策变动可能会影响企业产品的市场准入条件,尤其是跨国经营的企业,需要关注目标市场国家的专利相关政策,以免受到贸易壁垒的影响。

⑤专利激励政策变更。政府可能提供各种专利激励政策如税收减免、补贴等,政策的变更可能会影响企业的研发投入和专利申请决策。

(3)企业应对策略

①持续监控。企业应建立法律与政策监控机制,及时获取专利法律法规及政策的最新信息。

②快速适应。法律与政策一旦变更,企业应迅速调整合规策略,做好内部管理和外部申请的适应性调整。

③法律咨询。遇到复杂的法律与政策变更,企业应寻求外部专业法律顾问的帮助,确保合规管理的正确性。

④风险管理。对可能受到法律与政策变更影响的专利组合进行风险评估,及时制定应对措施,减少企业的风险。

⑤内部培训。组织内部培训,提升员工对新法律与政策的理解和应用能力,确保整个组织的快速响应。

2. 外部市场经营风险

企业专利合规的外部市场经营风险主要有竞争对手的专利布局以及专利侵权风险两种,以下针对这两种情形进行详细分析。

(1)竞争对手的专利布局

竞争对手的专利布局对企业专利合规有着显著影响。这是因为专利布局会影响市场上的技术使用权,从而决定企业能够自由运营的空间。竞争对手的专利布局可能对企业合规产生以下风险及影响。

①专利壁垒。竞争对手可能通过专利申请建立壁垒,保护其创新并限制企业的商业活动,从而压缩企业的经营空间。

②专利侵权风险。如果企业未能充分了解竞争对手的专利权范围,可能会在无意中侵犯对方的专利,导致法律诉讼和赔偿责任。

③市场进入障碍。竞争对手的专利布局可能会导致某些市场或技术领域存在较高的进入门槛。

④研发方向限制。如果竞争对手在关键技术领域拥有强大的专利组合,可能会限制企业的研发方向和产品开发。

对于竞争对手的专利布局,企业可以采用以下应对措施。

①专利情报分析。定期进行专利情报分析,了解行业趋势和竞争对手的专利策略,以预测潜在的市场变动和风险。

②自由运营分析。在产品或技术投入市场前,进行产品分析,确保不侵犯现有专利权。

③专利布局优化。制定自身的专利策略,对核心技术和产品进行专利申请,构建专利防御和进攻的组合。

④交叉许可和合作。与拥有互补专利的企业进行交叉许可或合作,以获取必要的技术使用权。

⑤专利挑战和无效宣告。对限制企业运营的竞争对手专利,通过合法途径提出异议或申请无效,以清除商业活动中的障碍。

⑥设计绕行。针对竞争对手的专利,通过设计变更或创新,绕开其专利保护的核心内容,避免侵权。

⑦持续监控和合规审查。持续监控竞争对手的专利活动,定期对企业的产品和技术进行合规审查。

⑧知识产权培训。对研发和管理团队进行知识产权法律和合规培训,提高团队的专利意识和风险防范能力。

(2)专利侵权风险

专利侵权风险对于企业的专利权合规有重要影响。若企业在产品研发、生产或销售过程中侵犯了他人的专利权，可能会面临诉讼、高额赔偿、销售禁令等法律后果，严重时甚至可能影响企业的声誉和市场地位。因此，妥善处理专利侵权风险对于确保企业合规经营至关重要。

对企业来说，专利侵权风险管理是一个持续的过程，需要结合企业的业务模式和市场情况，定期进行专利审查和风险评估。通过有效的专利权合规管理，企业能够降低专利侵权的风险，保障企业的合法权益。

3. 产品技术风险

企业专利合规的外部市场经营风险主要体现为技术更新迭代以及产品技术标准变化两种情况，以下针对这两种情形进行详细分析。

（1）技术更新迭代

产品技术的更新迭代对企业专利权合规有显著影响，这主要体现在以下几个方面。

①专利保护的更新。技术迭代可能产生新的专利特征，企业需要对这些新特征进行专利申请，以保持其市场竞争力和防御能力。

②专利侵权风险的重新评估。每次产品更新都需要重新评估专利侵权风险，确保新产品不侵犯他人的专利权，避免潜在的法律风险和经济损失。

③专利布局的调整。技术更新可能会改变企业的专利布局和策略，需要根据新的产品线和技术方向调整专利布局，以更好地保护创新成果。

④专利价值的重估。随着技术的发展，旧专利的价值可能降低，而新申请的专利可能更具价值。企业应定期评估专利组合的价值，及时剔除不再有用的专利，集中资源保护核心技术。

⑤知识产权管理的挑战。频繁的技术更新迭代要求企业加强知识产权管理，以应对不断变化的专利环境和维持合规状态。

⑥商业策略的影响。技术更新可能导致企业需要与其他专利持有者进行新的商业谈判，如交叉许可、专利购买或合作研发等。

⑦研发团队的合规意识。技术迭代过程中，研发团队需保持高度的专利意识，确保在设计新产品时不侵犯他人的专利权。

为了保障企业在技术更新迭代中的专利权合规，企业应采取以下措施。

①定期进行专利审查。持续监控相关技术领域的专利动态，对企业现有专利和在研项目进行定期审查。

②加强知识产权培训。确保研发人员对专利法有充分的了解，避免在

新产品设计中无意中侵犯他人专利。

③强化知识产权管理体系。建立和完善企业的知识产权管理体系，高效管理专利申请、评估和维护。

④策略性专利申请和布局。针对技术发展趋势和企业业务策略，进行有针对性的专利申请和布局。

通过以上措施，企业可以确保在技术不断更新迭代的同时，持续维护合规的知识产权环境，保护创新成果并充分利用自己的知识产权资源。

（2）产品技术标准变化

当产品技术标准变化时，对本领域企业专利权合规的影响是多方面的，具体包括以下几个方面。

①专利适应性。现有专利可能需要调整或重新评估以符合新的技术标准。企业可能需要进行附加的专利申请来覆盖技术标准的新领域。

②合规风险。如果企业的产品或技术不符合新的标准，可能会面临专利合规性问题，包括专利实施的合法性和专利保护的有效性。

③专利策略调整。企业可能需要修改其专利策略，以确保其知识产权与新的技术标准保持一致。这可能包括逐步淘汰不符合新标准的专利，或者增强与新标准相关的专利组合。

④专利许可需求。如果新标准涉及其他公司的专利，企业可能需要获得这些专利的许可。同样，企业也可以通过许可自己的专利来获得收益，特别是当这些专利成为行业标准的一部分时。

⑤研发方向调整。技术标准的变化可能导致企业需要重新调整研发方向以适应新的市场需求，从而可能涉及新的专利申请和研发投资。

⑥参与专利池和关注标准必要专利。企业可能需要参与专利池或关注标准必要专利，特别是在电信、无线通信和其他高科技领域，这些专利与行业标准密切相关。

企业应该采取以下措施来应对技术标准变化对专利合规性的影响。

①跟踪技术标准动态。密切关注技术标准的发展，预测并准备应对可能的变化。

②评估专利组。定期评估现有专利组合，确保其与新的技术标准保持一致。

③专利布局优化。针对变化的技术标准，策略性地进行专利申请和布

局,保护企业的创新成果。

④专利许可和协商。与其他专利持有者进行有效的许可和协商,以确保符合新的技术标准并避免潜在的专利争议。

4. 国际环境风险

对于有国际市场需求的企业而言,国际环境风险是企业专利合规的重要因素。国际环境风险对企业专利权合规的影响具体表现在以下方面。

(1)规定和监管变化。因为专利权的地域性原则,不同国家和地区的知识产权规定、专利规定以及相关的监管规定可能会有明显区别且会随时变化,这些区别及变化可能会影响企业在国际市场上的专利合规性。

(2)专利保护范围差异。由于国际体系和保护标准不同,同一专利在不同国家和地区的保护范围和有效性可能会有显著差异,企业需要确保在每个市场中都符合当地的合规要求。

(3)跨境执法问题。国际环境中执行专利权可能会遇到困难,因为不同国家和地区的司法管辖和执法力度不同,这可能会影响企业追究侵权行为和保护自身专利权的能力。

(4)国际贸易协议和条约。国际贸易协议、知识产权相关的多边条约,如《与贸易有关的知识产权协定》,对专利权的保护和执行有重要影响,企业需要密切关注这些协议和条约的变化,以确保合规。

(5)市场准入问题。某些国家和地区可能会设立市场准入壁垒,如强制技术转让或要求在当地进行一定比例的研发活动,这可能会影响企业的专利策略和知识产权的管理。

(6)专利侵权风险。在国际市场上,专利侵权的风险可能会增加,尤其是在那些知识产权保护不够强的国家和地区。

(7)汇率和经济稳定性。国际经济环境的不稳定性,如汇率波动和经济危机,可能会影响企业在海外的专利维护成本和专利诉讼费用。

为了应对国际环境风险对企业专利权合规的影响,企业可以采取以下措施。

(1)加强国际知识产权法律研究。了解和研究目标市场的专利相关规定和监管环境,包括专利申请、审查、授权和维权流程。

(2)制定全球知识产权战略。根据不同国家和地区的法律环境和市场条件,制定差异化的知识产权保护和管理战略。

(3)与专业机构合作。寻求不同国家和地区的专业知识产权律师和顾问的帮助,以确保在国际市场上的合规性和专利保护。

(4)及时更新合规政策。随时关注国际贸易政策、法律法规的变化,并及时更新企业的专利合规政策和策略。

(5)风险管理和应对。对潜在的国际环境风险进行评估,并制定应对措施,如专利保险和国际诉讼准备。

第四节 防范措施端

在企业发展的不同阶段及企业内部管理的各项流程中,企业面临不同的专利权法律风险。为了加强企业对于专利权风险的管控,应在企业内部构建一个完整有效的专利权风险防范体系,并在防范体系的架构下针对不同的专利权风险实施具体的防范措施,进而实现企业内部的风险管控及专利权合规管理。

一、专利权风险防范体系的组成

专利在企业发展过程中起着重要的作用,一方面它能给企业带来巨大的市场利益和经济利益,另一方面它也可能给企业带来风险。企业应该了解并掌握企业不同的发展阶段及各个经营管理环节的具体法律风险,在了解可能产生的具体风险的前提下才能搭建相应的风险防范体系,并制定有效的具体风险防范措施。

(一)制定可有效实施的专利管理制度

1. 明确专利管理的执行机构或负责人

不同规模的企业专利管理的执行机构有一定的差异,例如,初创型企业的内部尚未设定具体的知识产权或法务负责人,专利相关的管理执行人可能是总经理和技术人员;中小型企业的发展尚未达到一定的规模,企业内部的专利管理一般由法务和技术协作完成;大型企业一般会有专门的知识产权管理人的岗位,或者在法务部门有专门的知识产权法律事务负责人,同时协调研发和技术部门共同进行管理。在专利管理工作中,必要时可聘请外部的中介服务机构的专业人员协助企业开展专利工作,如知识产权代理公司、律师事务所等,并对该方面工作实施管理。由此可见,无论哪种规模的企业,都必须明确专利管理的执行机构或负责人,以便明确各自对企业专利相关的事务的职责,协助处理和协调与专利相关的事务。

2. 明确专利管理事务

企业所有与专利有关的事务方面的工作,包括专利申请、维持、放弃,职务与非职务发明专利的审查、评价、评估、资产运营,专利权转让、许可使用,以专利权作价出资,专利权质押融资,制定和落实企业技术活动中形成的与专利申请相关的技术档案的管理及对技术人员业务活动的规范,制定和落实涉及专利技术开发权益的流动人员相关活动的规范,落实专利权保护,专利侵权监视、专利诉讼,保护、收集、研究与企业有关的专利权信息,为企业技术创新、经营管理等相关活动提出对策,落实有关专利的宣传、教育和培训工作,提出修改专利管理制度的意见、建议并提交决策层等。在企业建立专利管理制度的时候,明确哪些事务属于企业的专利管理事项至关重要,从专利的挖掘到申请、维持、使用、评估各个环节,都涉及不同的具体事务,对此,应当尽可能地在专利管理制度中予以明确。

(二)建立专利行业分析及预警机制

专利对于科技型企业来说是企业发展的重要资产,企业发展过程中对于行业的分析、研究至关重要,除了关注自身的产品研发,还应当对同行、竞争对手的相关动态尤其是专利申请动态进行关注。为了实现企业抓住行业发展的潮流,顺应时代的发展,企业内部应当建立专利行业分析的制度,及时对行业的新动向、热点问题进行了解分析,以便企业在接下来的发展过程中作出重要的方向性的选择,抓住机遇,助力企业进一步发展与腾飞。

所谓的专利预警机制,是指企业对可能与第三方发生的专利争议进行事前的风险排查,在发现风险可能出现时提前向企业发出警告,以便企业面对风险可以进行尽早应对,维护企业利益,最大限度减少由此可能给企业造成的损失。

专利预警包括项目研发前的预警、专利申报前的预警、新产品销售前的预警以及日常的行业专利监视。专利预警的流程主要有收集专利信息即检索相关专利、筛选所需专利、对可疑专利进行技术法律分析、对障碍专利进行规避设计。在做专利预警分析的同时对于行业内竞争对手、头部企业的专利动态应当定期开展监控,例如,每月/每季度进行一次监测分析,了解行业发展动态,预报专利警情。

(三)建立严格的业务合同审查机制

企业经营过程中,企业与研发人员之间关于职务发明专利的相关约定,应当单独签署一份合同或者在劳动合同中作出相应条款的设置,明确职务发明专利归企业所有。企业与第三方合作过程中,对外签署业务合作合同如采购合同、委托开发合同、技术研发合作合同、专利技术许可合同等时,应进行严格审查,尤其是涉及合同中的知识产权条款,应当进行法律风险分析,对委托开发或合作开发的技术成果进行必要的事前权属约定。而在一些类似受托加工合同、定牌生产合作合同等类型合同中,应当严格约定委托人的知识产权责任,减轻甚至免除自身的知识产权责任。

(四)建立侵权风险排查及证据收集机制

侵权风险排查包括两个层面,一是企业自身是否有侵犯他人专利权的情形,二是他人是否有存在侵犯企业专利权的行为。在企业专利管理过程中,这两个方面都应该严格注意并进行风险防范。

首先,企业自身生产、销售的产品是否有侵犯他人专利权的风险,直接关系到产品是否能在市场持续销售,故在产品上市前应当进行风险排查,在可能的情况下尽量做到不侵犯他人专利权。如果被他人指控专利侵权,应当尽早进行案情分析,如原告情况、被控侵权产品是否侵权、在短时间内进行规避设计的可能性、涉案专利的稳定性、是否获得许可等。在充分地进行了综合侵权风险评估后,再根据评估结果确认下一步行动,选择主动和解抑或积极应诉,在此过程中同时应当注意收集和保存证据,运用抗辩技巧,降低可能的赔偿数额。如果认为专利具有无效可能性,也应积极提起专利无效请求。对于已经被他人起诉专利侵权的案件,应当重点关注,集中精力进行应对,找寻最合适的有利于企业发展的解决方案。

其次,排查企业所持有的专利权是否有被他人侵权的风险。对于市场上的同类型或同种产品,需要进行市场监控和排查,如发现有疑似侵权产品,应当及时进行内部评估或者委托外部合作方进行专业的分析。由于侵权产品的存在可能直接影响企业的产品市场占有率,企业应当做到高度重视,积极地开展相应的维权工作,肃清市场,打击竞争对手,稳固自身专利技术在行业的市场地位。

(五)加强企业员工专利法律意识

企业的专利管理,除了责任到人,企业内部全体员工的专利法律意识得到加强,对于企业最终实现整体的专利风险防控具有重要的作用。尤其应当进一步强化企业管理者的专利法律意识,可通过宣讲、培训等方式实现,完善与管理知识产权专业人才的相关制度,从而提高企业整体风险防控的能力和意识。

二、专利权风险防范体系的运行

由于企业所处的行业、市场、业务模式和企业文化各有差异,没有一种模型可以适用于所有情境。许多国家、企业和非政府组织根据自己的情况进行调整。一个企业实现规范经营的系统化过程,大致可以划分为六个阶段:(1)进行调查研究以及识别潜在的合规风险;(2)以风险为导向,完善合规体系;(3)进行管理协调,强化合规职责;(4)确保合规体系运行并完善合规机制;(5)效果评审,推进持续合规;(6)坚持不懈,营造合规文化。

合规体系的建立和改进包括两个阶段,涵盖评估、发展、实施和维护等模块。合规管理的具体做法需要在实践中检验,也需要随着企业需求和环境的变化而不断调整完善。

(一)明确专利风险防范体系的愿景和目标

研判与企业实际情况和生存发展需求相符的风险环境,明确企业在专利管理方面的愿景和期望。制定明确的专利风险防范目标,包括降低侵权风险、保护知识产权、明确各级管理人员和员工在专利风险防范中的权限和决策程序。

(二)专利风险识别与动态维护

专利风险防范方案涵盖专利风险的评估范围、工作机构及其分工、专利风险识别评估的方法、需要完成的任务及其时间要求等四个方面的内容。

依据专利风险形势评审结果，撰写专利风险识别方案，并提交负责人审批。

在识别风险时需要考虑以下内容：企业的业务活动种类有哪些，识别风险的方法和分析手段是否与企业的运营模式相吻合，内部审计与风控等专业领域是否参与了专利风险的识别、分析和评估流程并发挥作用，风险排序是否清晰且完整，风险是否有记录。

分析评估专利风险的工作流程如下所述。

（1）风险识别评估主体可以通过设立专门的专利风险专员来实现，也可以由合规官牵头，结合业务建立一个专利风险管理小组共同实施，并向公司的合规办或领导负责人汇报。专利风险专员或合规官可以与业务部门主管合作，依据本企业制定和维护的专利风险点识别清单、企业业务制度及业务流程，通过个别访谈或集体讨论进行工作。

（2）通过风险识别和评估流程，明确需强化专利风险管理的关键业务或岗位范围，对企业专利风险态势进行评审，关注专利风险的分布及敞口变化，形成书面报告。时间频率上，每年 12 月，对本企业过去一年各业务专利风险进行评估。可以采用定量与定性相结合的方法。

（3）风险排序，确定风险应对计划。根据风险的高中低制定不同的应对措施，重点加强对高风险点的防控。

（三）运行的原则及分工

第一，效率原则。确保专利风险防范措施精准高效，节约资源并提高管理效率。

第二，团队协作。强调跨部门协作与沟通，确保专利风险防范体系的无缝衔接和协同作用。

（四）资源与支持

企业宜确实并提供建立、制定、实施、评价、维护和持续改进专利合规管理体系的资源，专利合规管理体系宜适合于企业的规模、复杂性结构和运行，高级管理人员和各级管理层应确保有效分配资源，以实现专利合规目标。

（五）绩效的评估和合规的报告

制定一系列可测量指标具有十分重要意义，此类指标会帮助企业测量专利合规目标的实现程度，并量化合规绩效。该过程需考虑合规风险的评审结果，以确保专利风险特征的相关性。要确保治理机构、管理局和合规团队能够持续、充分且及时地了解专利合规管理体系的绩效，包括所有相关的不合规事件，并主动推动鼓励和支持充分和坦诚的报告文化这一原则。

（六）管理不合规并持续改进

应该使用并推广清晰而及时的报告流程，以确保所有不合规行为都能被发现、记录并最终提交给管理层，同时确保合规团队能够得到通知并提供必要的支持。在适当的情形下，应向相关的合规管理人员及最高管理层和治理机构提交报告，其中还应包括相关的合规管理人员。该过程应明确规定汇报的对象、方法以及时间安排。

三、专利风险防范具体措施

在企业制定了完善的专利合规管理体系的前提下，对于企业的专利风险防范应该进一步制定具体的措施，协调企业各个部门，各个岗位，使其各司其职，实现专利合规管理体系的有机高效运行，从而为企业赋能。

（一）开展专利检索与侵权风险评估工作

针对企业的新产品的研发与上市，在产品研发立项时应该开展专利检索与风险评估工作；产品研发完成后，根据企业对于产品市场的定位对所涉国家和地区的专利进行检索和评估，包括产品是否有侵犯他人权利的风险，是否可申请专利，并作出相应的风险分析意见，同时对专利申请的可行性作出判断和建议。

（二）建立专利管理档案

专人负责企业专利档案的建立和管理，包括专利申请文件，专利申请过程中收到的公文等专利申请的所有材料。同时在专利授权后对专利注册证书进行保管，监控专利缴费年限。

(三)评估合同中涉及的专利风险

对企业所有涉及专利内容的合同进行风险管理,例如,与员工的劳动合同明确职务发明专利归属企业,对外合作交易的合同中对于企业专利权的保护,委托开发类的合同中对于专利权属进行约定和明确。

(四)对授权的专利及时进行海关备案

向海外市场拓展的企业须注意及时对授权专利进行海关备案,进一步保护自身的合法权益。

(五)组织开展针对员工的专利培训

企业应定期开展专利基础知识、专利检索与分析、专利布局、技术交底书撰写等相关专利知识培训,提升员工的专利保护意识和专利分析运用能力。

第五节　典型行业的专利权合规

一、芯片行业专利合规方案

(一)芯片行业专利合规现状

随着科技的不断进步和全球化竞争的加剧,芯片行业作为信息技术的核心领域,其专利合规问题越来越受到业界的关注。专利合规不仅关系企业的技术创新能力和市场竞争力,更是企业在国际舞台上立足的重要保障。芯片行业的专利合规现状呈现以下特点。

1. 专利申请数量持续增长

随着芯片技术的不断创新,各企业纷纷加大在专利领域的投入,通过申请专利来保护自己的技术成果,确保在激烈的市场竞争中占据有利地位。[1]

---

〔1〕 参见李宛卿:《2022 年全球 CPU 芯片行业技术全景图谱》,载微信公众号“前瞻产业研究院”2022 年 9 月 28 日,https://mp. weixin. qq. com/s/sswbQsDLfkOlvlwyAkHXeg。

2022 年全球芯片相关专利申请量达 69,190 项,较 2021 年排名第一的 62,770 项增长约 10% 。其中,中国以 37,865 项申请量(占全球总量的 55%)位居首位,美国以 18,223 项专利申请量(占全球总数的 26%)排名第二。[1]

2. 专利布局日益复杂

随着全球芯片市场的不断扩大,各大企业逐渐在全球范围内进行专利布局,形成了错综复杂的专利网络。这不仅要求企业在专利申请时要考虑全球范围内的专利规定和布局策略,还要在专利维权时应对各种复杂的法律环境。专利布局日益复杂,以及全球芯片市场扩张下的专利策略挑战,主要受到以下几个方面的因素的影响。

(1)技术的快速发展与迭代。芯片行业是一个技术密集型行业,随着技术的快速进步和不断创新,新的专利不断涌现。企业需要紧跟技术趋势,及时申请与新技术相关的专利,以确保自身技术的领先地位。

(2)全球市场的竞争。随着全球芯片市场的不断扩大,各大企业纷纷进入不同国家和地区的市场,进行专利布局。这要求企业需要在全球范围内考虑专利规定和布局策略,以确保在不同市场的知识产权得到全面保护。

(3)专利网络的复杂性。随着专利数量的增加和技术的交叉引用,专利之间的依赖和冲突关系变得越来越复杂。企业需要花费大量时间和精力来梳理和管理这些复杂的专利关系,以避免潜在的专利纠纷和侵权风险。

以华为为例,作为全球领先的通信和芯片解决方案提供商,华为在全球范围内进行了广泛的专利布局。然而,随着其技术的不断创新和市场的不断扩张,华为多次面临来自竞争对手的专利侵权指控和诉讼威胁。这些指控和威胁不仅涉及了华为的核心技术,还涉及了其在全球范围内的专利布局策略。华为需要花费大量时间和精力来应对这些指控和威胁,以保护其技术创新成果和市场地位。

3. 专利侵权风险加大

随着芯片技术的不断扩散和应用领域的不断拓展,专利侵权的风险也不断加大。企业在研发和生产过程中稍有不慎,就可能陷入专利侵权纠纷,给企业的声誉和经济效益带来严重影响。芯片专利侵权风险加大的原因主

---

〔1〕 参见《2022 年中国半导体专利申请量全球第一,占比高达 55%》,载腾讯新闻"IT 之家"2023 年 2 月 26 日,https://new.qq.com/rain/a/20230226A05DV600。

要有以下几点。

(1)技术密集度高。芯片行业是一个技术密集型行业,涉及的技术复杂、专业且高端,很容易出现专利侵权的情况。

(2)市场需求旺盛。随着全球电子产品的普及和升级,芯片市场需求持续旺盛。这种旺盛的市场需求使芯片企业的竞争越发激烈,从而增加了专利侵权的风险。

(3)专利布局复杂。如前文所述,随着全球芯片市场的不断扩大,各大企业逐渐在全球范围内进行专利布局,形成了错综复杂的专利网络。这种复杂的专利布局使企业在维权时面临各种复杂的法律环境和专利关系,增加了专利侵权的风险。

近年来,涉及芯片专利的侵权纠纷数量呈现出快速增长的趋势。这些纠纷不仅涉及芯片的核心技术,还涉及芯片的生产工艺、封装测试等环节。例如,在高通与联发科之间的专利侵权纠纷中,两家公司在移动通信芯片领域拥有众多的专利。由于双方在技术上的竞争和市场份额的争夺,双方之间的专利侵权纠纷不断。这些纠纷不仅涉及双方的核心技术专利,还涉及专利的无效宣告、侵权赔偿等问题。此类纠纷的频发,充分说明了芯片专利侵权风险的加大。又如,在苹果和高通之间的专利侵权纠纷案中,苹果指控高通侵犯了其多项芯片相关专利,包括与基带处理器、电源管理和无线通信技术等相关的专利。这场纠纷不仅涉及了两家科技巨头的核心利益,还对全球智能手机市场产生了深远影响。双方在经过长时间的诉讼和谈判后,最终达成和解,但专利侵权的风险仍然存在。

(二)芯片行业专利合规面临的问题

在芯片行业的专利合规过程中,企业面临诸多问题。

1.专利规定差异大

不同国家和地区的专利规定存在差异,企业在全球范围内进行专利布局时需要考虑不同法律环境下的专利保护策略,这增加了企业的合规难度和成本。

2.专利审查标准不统一

不同国家和地区的专利审查标准存在差异,这可能导致同一项技术在不同国家和地区申请专利时面临不同的审查结果,给企业的专利布局带来不确定性。

3. 专利侵权判定复杂

专利侵权判定涉及技术、相关规定和事实等多个方面,判定过程复杂且耗时。企业在面临专利侵权纠纷时,需要投入大量的人力和物力资源来应对。

(三)芯片行业专利合规方案

为了解决上述问题,芯片行业需要制定全面的专利合规方案,包括专利资产建设、专利侵权风险防范和专利权风险防范措施等方面。

1. 芯片行业专利资产建设

(1)专利申请

企业应建立完善的专利申请流程和管理机制,确保专利申请的质量和效率。在申请专利前,要进行充分的技术调研和专利分析,避免重复申请和无效申请。同时,要关注全球范围内的专利规定和布局策略,确保专利在全球范围内得到有效保护。

(2)专利许可

企业可以通过专利许可的方式与其他企业合作,共同推动技术的发展和应用。在专利许可过程中,要明确许可的范围、条件和期限等事项,确保双方的权益得到充分保障。

2. 芯片行业专利侵权风险防范

(1)芯片行业专利侵权场景及风险点

企业应深入了解芯片行业的专利侵权场景和风险点,包括技术创新、产品研发、生产制造、销售推广等各个环节。在各个环节中加强专利风险意识,避免侵犯他人的专利权。

(2)芯片行业专利内部管理风险

企业应建立完善的专利内部管理制度和流程,确保专利管理的规范化和标准化。要加强对员工的专利培训和教育,提高员工的专利意识和风险意识。同时,要建立专利风险预警机制,及时发现和解决潜在的专利风险问题。

(3)芯片行业专利外部环境风险

企业要密切关注全球范围内的专利规定和政策变化,及时调整专利布局和维权策略。要加强对竞争对手的专利监控和分析,及时发现和应对潜在的专利侵权风险。

(四)芯片行业专利权风险防范措施

为了防范专利权风险,企业可以采取以下措施。

首先,建立完善的专利风险防控机制。企业要制定全面的专利风险防控策略,明确防控的目标、措施和责任等事项。要建立专利风险预警机制,及时发现和解决潜在的专利风险问题。

其次,加强专利维权能力建设。企业要建立专业的专利维权团队,提高专利维权的能力和效率。要加强对专利维权人员的培训和教育,提高他们的专业素养和维权意识。同时,要与专业的律师事务所和代理机构合作,共同应对专利侵权纠纷。

最后,推动行业合作与自律。企业可以积极参与行业协会和组织的活动,加强与同行的交流和合作。通过共同制定行业标准和规范,推动行业的健康发展。同时,要加强行业自律意识,自觉遵守专利相关规定和道德规范,维护良好的行业秩序。

(五)芯片专利合规流程的具体操作流程及配套文件

1. 操作流程

(1)明确专利战略目标

制定企业专利战略目标,如保护核心技术、增强市场竞争力等。

形成书面文件:《专利战略目标设定书》。

(2)技术调研与分析

对市场及竞争对手的专利布局进行深入调研。

分析企业自身的技术优势和潜在风险。

形成报告:《技术调研与分析报告》。

(3)确定专利布局方向

根据技术调研结果,确定重点保护的技术领域和方向。

列出专利布局清单,包括技术领域、申请国家和地区等。

形成文档:《专利布局方向清单》。

(4)制定专利申请计划

根据专利布局清单,制定详细的专利申请计划,包括申请时间、申请国家和地区等。

确定专利申请团队和合作律所。

形成文档:《专利申请计划书》。

(5)进行专利合规审查

对拟申请的专利进行合规性审查,确保不侵犯他人专利权。

如有必要,进行专利无效性检索。

形成报告:《专利合规审查报告》。

(6)提交专利申请

按照计划提交专利申请,确保申请文件的准确性和完整性。

与律所紧密合作,跟进专利申请进度。

形成文档:专利申请文件及相关通信记录。

(7)专利维护与管理

对已授权的专利进行定期维护,如缴纳年费、处理无效宣告等。

定期对专利布局进行评估和调整。

形成文档:《专利维护与管理记录》。

2. 配套文件

(1)《专利战略目标设定书》:明确企业的专利战略目标,为后续工作提供指导。

专利战略目标设定书(模板)

企业名称:[企业名称]

日期:[日期]

一、目标概述

保护核心技术。

增强市场竞争力。

促进技术创新。

二、具体目标

在未来 X 年内,申请 Y 项与芯片技术相关的专利。

确保核心技术的专利覆盖率达到 Z%。

在全球主要市场进行专利布局。

三、执行策略

加强技术调研,明确优先保护的技术领域。

与专业律所紧密合作,提高专利申请质量和效率。

定期评估和调整专利布局策略。

四、责任人及团队

负责人:[负责人姓名]

团队成员:[团队成员名单]

五、监测与评估

设定关键绩效指标(KPIs)以评估专利战略目标的达成情况。

定期(如每季度)进行进度评估和策略调整。

(2)《技术调研与分析报告》:为专利布局提供决策依据,确保专利申请的针对性和有效性。

技术调研与分析报告(模板)

企业名称:[企业名称]

日期:[日期]

一、市场概况

芯片行业市场规模。

主要竞争对手及其市场份额。

行业发展趋势。

二、竞争对手专利布局分析

主要竞争对手的专利数量及分布。

竞争对手的核心技术专利保护情况。

竞争对手的专利侵权风险。

三、企业自身技术分析

企业的核心技术及创新点。

技术在市场上的竞争优势。

潜在的技术风险。

四、建议与策略
确定优先保护的技术领域和方向。
调整或优化专利申请策略。
加强与竞争对手的专利风险管理。

(3)《专利布局方向清单》:明确企业专利布局的重点领域和方向,为专利申请计划提供参考。

专利布局方向清单(模板)

企业名称:[企业名称]
日期:[日期]
技术领域:
[技术领域 1]
[技术领域 2]
……
申请国家和地区:
[国家 1]
[国家 2]
……
备注:
[其他相关信息或备注]

(4)《专利申请计划书》:详细规划专利申请的时间和地点,确保专利申请工作的顺利进行。

专利申请计划书(模板)

企业名称:[企业名称]
日期:[日期]
一、申请概述
计划申请专利总数:X 项。

申请技术领域:芯片设计、制造工艺、封装测试等。
预计申请周期:自[开始日期]至[结束日期]。
二、专利申请时间表
[技术领域1]:申请日期[日期],预期授权日期[日期]。
[技术领域2]:申请日期[日期],预期授权日期[日期]。
……
三、申请策略与重点
优先申请核心技术领域的专利。
针对全球主要市场进行布局。
加强与合作伙伴的联合申请。
四、资源分配
人力资源:指定专利申请团队,包括技术人员、法务专员等。
财务资源:预算分配,包括申请费用、律所合作费用等。
五、监测与评估
定期监控专利申请进度,确保按期完成。
对专利申请质量和成功率进行评估,以便调整策略。

(5)《专利合规审查报告》:确保专利申请不侵犯他人专利权,降低专利纠纷风险。

专利合规审查报告(模板)

企业名称:[企业名称]
日期:[日期]
一、审查概述
审查目的:确保专利申请不侵犯他人专利权,降低专利纠纷风险。
审查范围:涉及芯片技术的所有专利申请。
二、合规性评估
专利检索结果:对拟申请专利进行全球范围内的专利检索,评估是否存在冲突或重复。

侵权风险评估:分析拟申请专利是否可能侵犯他人专利权,包括现有专利和已公开但未授权的专利申请。

三、审查结论与建议

结论:是否合规,或存在哪些合规性问题。

建议:调整专利申请内容、修改技术描述、推迟申请等。

四、后续行动

根据审查结论,调整专利申请策略和内容。

与专业律所紧密合作,确保专利申请合规性。

(6)专利申请文件及相关通信记录:记录专利申请的全过程,为后续专利维护和管理提供依据。

(7)《专利维护与管理记录》:记录专利的维护和管理情况,确保专利权的持续有效。

专利维护与管理记录(模板)

企业名称:[企业名称]

日期范围:[开始日期]至[结束日期]

一、专利概览

总专利数:X 项。

有效专利数:Y 项。

已过期或失效专利数:Z 项。

二、专利维护

缴纳年费情况:记录每项专利的年费缴纳日期和金额。

专利续展:记录需要续展的专利及续展日期。

专利变更:记录专利权人、代理人等信息的变更情况。

三、专利管理

专利评估:定期对专利进行评估,确定是否继续维护。

专利转让与许可:记录专利的转让和许可情况,包括受让方、许可费用等。

专利纠纷处理：记录涉及专利的纠纷情况，包括侵权诉讼、无效宣告等。

四、后续计划

针对即将到期的专利，制定续展或放弃的策略。

加强与专业律所的沟通，及时处理专利纠纷。

根据市场需求和技术发展，调整专利布局和维护策略。

二、医疗行业专利合规方案

（一）医疗行业专利合规现状

随着医疗技术的不断进步和创新，专利在医疗行业的地位越发重要。然而，随着专利数量的激增，医疗行业的专利合规问题也日益突出。主要表现在如下方面。

1. 医疗专利的申请与授权

据统计，2014 年至 2024 年，全球医疗专利申请量呈现出显著增长的趋势。特别是在生物技术、医药化学、医疗器械等领域，专利申请数量增长尤为迅速，其中，美国、欧洲、日本和中国是申请专利最多的国家和地区。这一趋势反映了医疗行业的创新活力和对知识产权保护的重视程度。

2. 医疗专利的侵权与纠纷

随着医疗专利数量的增加，侵权行为也日益猖獗。一些企业为了追求利润，忽视专利相关规定，擅自使用他人的专利技术。这种行为不仅损害了创新者的利益，也阻碍了医疗行业的健康发展。

以深圳迈瑞生物医疗电子股份有限公司为例，该公司作为中国领先的医疗器械制造商，其一款核心监护仪产品的专利技术被国内竞争对手非法复制并用于生产同类产品。经过长达数年的诉讼，最终法院判决竞争对手侵犯了该公司的专利权，需赔偿巨额损失。

这一案例对医疗行业专利合规具有深刻的启示意义。它提醒医疗器械企业在技术创新和专利申请方面需要更加重视和投入，加强专利管理和维权机制建设，及时发现并应对专利侵权行为。政府部门和行业协会也应加大对专利侵权行为的打击力度，维护市场的公平竞争秩序。同时，这一案例揭示了医疗行业专利侵权行为的严重危害性，也提醒企业在进行市场竞争时必须遵守相关规定。

3. 医疗专利的合规管理与挑战

面对日益严峻的专利合规形势，医疗企业纷纷加强自身的专利管理。一方面，企业加大了对研发团队的培训力度，提高员工的专利意识；另一方面，企业积极寻求与专业机构的合作，建立完善的专利管理体系和风险防控机制。然而，医疗企业在专利合规管理上面临诸多挑战。首先，医疗技术的复杂性和跨学科性使专利申请和管理变得更加困难；其次，跨国经营和全球化竞争使医疗企业在专利布局和维权方面面临更多的法律和政策障碍；最后，一些企业缺乏足够的资金和人才支持专利管理工作，导致专利合规管理存在漏洞。

（二）医疗行业专利合规面临的问题

1. 专利申请质量参差不齐

部分企业在专利申请时缺乏充分的市场调研和技术评估，为了追求数量，忽视了专利申请的质量。这导致一些专利申请存在明显缺陷，无法通过审查，浪费了企业的时间和金钱，难以实现商业化。

2. 跨国专利纠纷增多

随着全球化的加速推进，医疗企业之间的跨国合作与竞争日益激烈。这使得跨国专利纠纷不断增多，给企业带来了巨大的法律风险。

3. 专利侵权纠纷频发

部分企业在申请专利时存在信息隐瞒或误导的情况，导致其他企业在不知情的情况下侵犯了专利权。这种信息不对称不仅损害了被侵权企业的利益，也破坏了市场的公平竞争环境。此外，由于医疗行业技术的复杂性和交叉性，专利侵权行为的判定难度较大，导致侵权纠纷频发。

4. 专利维权难度大、成本高

专利维权涉及法律、技术等多方面知识，且需要耗费大量时间和精力。同时，即使胜诉，也可能难以完全弥补因侵权行为造成的损失。对于一些中小企业来说，这无疑是一个沉重的负担。

(三)医疗行业专利合规方案

1. 医疗行业专利资产建设

(1)专利申请。企业应建立一套系统的专利申请流程,包括专利挖掘、专利撰写、申请提交和审查跟踪。此外,企业应聘请专业的专利代理师或律师,确保申请文件的专业性和准确性,并对申请的专利进行全面的专利性和可实施性分析。

(2)专利许可。在进行专利许可时,企业应详细审查潜在许可对象的信誉和财务状况,明确许可范围和条件。签订专利许可协议前,应咨询专利律师,确保协议内容符合相关规定,并且保护自身利益。

2. 医疗行业专利侵权风险防范

(1)医疗行业专利侵权场景及风险点。企业应定期进行专利侵权风险评估,包括对现有产品和服务的专利分析,以及对竞争对手专利的监控。一旦发现潜在侵权,应立即采取措施,如变更设计、请求专利无效或寻求许可协议。

(2)医疗行业专利内部管理风险。企业应建立健全内部专利管理制度,对员工进行专利知识和合规意识培训。同时,企业应设立专利管理岗位或团队,负责监督专利申请、维护和侵权风险管理。

(3)医疗行业专利外部环境风险。企业应密切关注国内外专利相关规定的变化,适时调整专利策略。在跨国经营时,特别要注意不同国家和地区的专利保护差异,确保合规操作。

3. 医疗行业专利合规方案

(1)建立企业核心专利及技术的及时响应及管理制度

设立专门部门或者指定专门人员负责专利管理工作;建立健全企业内部专利资产管理档案;将企业自主研发的核心技术及衍生技术的专利保护策略建立数据库,管理核心技术的布局情况并及时申请专利;建立已申请专利的流程管理制度,监控各种时限、按规定及时续费等,确保核心技术及专利不存在瑕疵,并支撑企业专利业务的运营;建立已授权专利的再评估制度,定期评估专利价值,将不再需要的专利通过转让、许可或放弃等方式予以处置。

(2)建立数据资料合规制度

对于合作研发的生物医药技术,建立完善的资料保存制度,这些资料包括但不限于试验数据、临床数据等。

(3)建立职务发明相关规章制度

与发明人约定发明创造的知识产权归属,发明人提交入职前职务发明的相关说明,以及发明人离职后去别家公司的专利权归属等;建立职务发明的内部评审制度,对于经确认的职务发明,应当进行综合评价,决定是否申请专利或者采取其他知识产权保护措施,并积极维护知识产权的有效性;对于经综合评价决定放弃的专利权或者其他知识产权,应当在放弃之前告知发明人;建立和完善职务发明奖励和报酬制度,遵循精神激励和物质奖励相结合的原则,明确职务发明奖励、报酬的条件、程序、方式和数额;企业与发明人约定奖励、报酬的数额或者方式的,应当切实履行承诺;企业在制定职务发明的奖励和报酬规章制度时,应当充分听取和吸纳研发人员的意见和建议并经过职工代表大会等民主形式表决通过。

(4)建立和完善保密制度

建立研发人员及核心人员的保密制度,包括但不限于制定保密文件的受控制度;与研发人员及核心人员签订保密协议,签订离职后的竞业限制协议等。

(5)建立企业内控合规制度

建立健全生物医药专利及技术、医疗器械专利等的许可、侵权、维权等内控合规制度,具体如下所述。

①企业在生产经营过程中,包括采购、生产、研发、销售等环节,需要对所涉及的产品或技术进行分析,既要确保自身的创新成果得到合理保护,又要确保避免侵犯他人专利权。建立采购或供应商专利合规制度:对于采购的原料药、生物医药设备、检测试剂等,审查其是否存在专利权、专利权是否存在瑕疵、是否存在明显的专利侵权风险等;对供应商进行主体审查,包括专利涉诉情况、专利运营情况、被执行情况、失信情况等。

②企业将专利产品或技术出口到境外,或在境外参展时,由于专利保护的地域性,需要了解相关技术在目的地的专利状况,防止专利侵权。

③企业与高校、科研院所进行技术转移转化,或引进国外技术,要对所涉技术的国内外专利进行分析,尤其要弄清国内专利状况,防止专利侵权。

④企业在技术合作、上市或投资并购过程中,需要开展专利尽职调查,

防范专利侵权，提前准备应对措施；对企业目前的专利进行梳理，对于涉及职务发明专利、委托开发、合作开发、政府资助等易引发权属纠纷的情形，确定权属以及权利及义务。

⑤企业进行产品展览、展销、宣传以及产品上市之前，要开展必要的自由实施尽职调查，避免侵犯他人的在先专利权。

(6)建立药品全生命周期的专利合规制度

①项目立项阶段

通过专利检索手段了解竞争对手的专利布局情况及该研发项目的新颖性和创造性，从而确定现有专利权的规避方案以及该研发项目的专利申请方案。

②实验室研究/临床前研究阶段

待细胞试验数据或动物试验数据初步出来后，进行补充专利检索，可以根据补充检索的情况来设定对照试验，通过对照试验数据来证明该研发项目具体技术方案的创造性。完善试验数据后，准备申请专利，在专利申请递交之前再次通过专利检索来确认技术方案的新颖性和创造性，避免遗漏最新公开的专利文献。

③临床研究阶段

根据临床试验数据情况，可以将在先专利申请作为优先权基础补充数据提交新专利申请，或者进行该项目相关的系列专利申请，例如，对组合物专利、制备工艺专利、新剂型专利等衍生专利进行专利布局，对核心技术方案可以考虑依据《专利合作条约》申请专利。

④药品上市许可申请阶段

如果是创新药申请上市，应向国家药品审评机构负责的中国上市药品专利信息登记平台登记药品名称、相关专利号、专利种类、专利状态、专利权人、专利保护期限届满日等内容；如果是仿制药申请上市，应对照中国上市药品专利信息登记平台载明的专利信息，针对被仿制药每一件相关的药品专利作出声明，并提供声明依据；专利权人或利害关系人对专利声明、声明依据有异议的，应在规定期限内就申请上市药品的相关技术方案是否落入相关专利权保护范围向法院起诉或向国务院行政部门申请行政裁决。药品上市申请时，企业要提前做好药品上市前的自由实施分析，将药品专利侵权的可能性控制在可控范围内，对于难以规避的专利权，企业要做好挑战专利

(专利无效宣告)和应诉的充分准备。

(7)上市销售阶段

药品上市许可持有人可以自行生产,也可以委托其他生产企业进行生产。如果委托生产,要注意调查受托方的资质、药品生产质量等问题,委托生产药品合同中应明确约定知识产权(包括专利权和相关的技术秘密)归属条款,或另行签订专利实施许可合同。创新药在上市销售阶段应注意仿制药上市许可申请,如发现仿制药申请人提交药品上市许可申请的声明,对该声明、声明依据有异议的,应及时在规定期限内就申请上市药品的相关技术方案是否落入相关专利权保护范围向法院起诉或向国务院行政部门申请行政裁决。

第七章 商业秘密

在当今快速变化的商业环境中,信息成了企业最宝贵的资产之一。商业秘密,作为企业知识产权的重要组成部分,与企业的竞争力息息相关。随着全球化和技术革新的加速,商业秘密的保护已经成为知识产权法律领域的一个重要话题。

第一节 商业秘密合规概述

一、商业秘密合规的定义

商业秘密，是指不为公众所知悉、具有商业价值并经权利人采取相应保密措施的技术信息、经营信息等商业信息。[1] 其中，技术信息包括与技术有关的结构、原料、组分、配方、材料、样品、样式、植物新品种繁殖材料、工艺、方法或其步骤、算法、数据、计算机程序及其有关文档等信息；经营信息包括与经营活动有关的创意、管理、销售、财务、计划、样本、招投标材料、客户信息、数据等信息，其中客户信息又包括客户名称、地址、联系方式以及交易习惯、意向、内容等信息。[2]

“商业秘密合规”，是指自然人、法人以及非法人组织实施的保护、获取、披露、使用或准许他人使用权利人商业秘密等行为时，需要符合国内法律法规、规章、其他规范性法律文件、行业规范以及企业规章制度等要求，确保商业秘密不被泄露、非法获取或滥用，从而维护企业的合法权益和竞争优势。前述所称“使用”，包括直接使用，对商业秘密进行修改、改进后使用，根据商

---

〔1〕《反不正当竞争法》第9条规定：“经营者不得实施下列侵犯商业秘密的行为：（一）以盗窃、贿赂、欺诈、胁迫、电子侵入或者其他不正当手段获取权利人的商业秘密；（二）披露、使用或者允许他人使用以前项手段获取的权利人的商业秘密；（三）违反保密义务或者违反权利人有关保守商业秘密的要求，披露、使用或者允许他人使用其所掌握的商业秘密；（四）教唆、引诱、帮助他人违反保密义务或者违反权利人有关保守商业秘密的要求，获取、披露、使用或者允许他人使用权利人的商业秘密。经营者以外的其他自然人、法人和非法人组织实施前款所列违法行为的，视为侵犯商业秘密。第三人明知或者应知商业秘密权利人的员工、前员工或者其他单位、个人实施本条第一款所列违法行为，仍获取、披露、使用或者允许他人使用该商业秘密的，视为侵犯商业秘密。本法所称的商业秘密，是指不为公众所知悉、具有商业价值并经权利人采取相应保密措施的技术信息、经营信息等商业信息。”

〔2〕最高人民法院《关于审理侵犯商业秘密民事案件适用法律若干问题的规定》第1条规定：“与技术有关的结构、原料、组分、配方、材料、样品、样式、植物新品种繁殖材料、工艺、方法或其步骤、算法、数据、计算机程序及其有关文档等信息，人民法院可以认定构成反不正当竞争法第九条第四款所称的技术信息。与经营活动有关的创意、管理、销售、财务、计划、样本、招投标材料、客户信息、数据等信息，人民法院可以认定构成反不正当竞争法第九条第四款所称的经营信息。前款所称的客户信息，包括客户的名称、地址、联系方式以及交易习惯、意向、内容等信息。”

业秘密调整、优化、改进有关生产经营活动等。[1] 依法受到规制的自然人、法人和非法人组织作出有违商业秘密合规的行为，可能需承担刑事、民事及行政法律责任，给企业造成经济损失、商誉损失的后果。

具体来说，商业秘密合规包括以下方面。

（1）制定完善的商业秘密保护制度。企业应根据自身业务特点和实际情况，制定符合法律法规要求的商业秘密保护制度，明确商业秘密的范围、保密措施、保密责任等内容，为商业秘密保护提供制度上的保障。

（2）加强员工保密意识培训。企业应定期对员工进行保密意识培训，提高员工对商业秘密重要性的认识，增强保密意识，确保员工在日常工作中能够严格遵守企业商业秘密保护制度。

（3）采取有效的保密措施。企业应根据商业秘密的特性和重要程度，采取相应的有效保密措施，譬如对商业秘密划分保护密级、签订保密和竞业限制协议、限制涉密人员访问权限、加强物理和网络安全防护等，确保商业秘密不被泄露。

（4）建立合规审查机制。企业应建立商业秘密合规审查机制，对涉及商业秘密的业务活动进行合规审查，确保企业经营活动符合现行法律法规、规章以及企业规章制度要求，防止商业秘密被非法获取或滥用。

总之，商业秘密合规是企业保护自身合法权益和竞争优势的重要保障，也是企业社会责任的重要体现。企业应积极落实商业秘密合规工作，提高商业秘密保护水平，为企业健康发展提供有力支持。

二、商业秘密合规的立法情况

（一）我国立法情况

我国商业秘密保护历史源远流长，但立法起步较晚。在立法上对“商业秘密”进行定义之前，“独家秘方”“祖传秘方”等商业信息可以视为商业秘密的雏形，这些商业信息大多是依靠传承人口口相传或者是持有人的自我保护。中国的商业秘密立法历程可以追溯到多个法律法规的颁布和实施，具体如下。

---

〔1〕 参见马一德、汪婷：《商业秘密“延伸保护”制度构建》，载《电子知识产权》2021 年第 9 期。

1987 年 6 月 23 日，第六届全国人大常委会第二十一次会议通过了《技术合同法》（已失效），从法律上确立了合同之债上对技术秘密的保护。《技术合同法》的保护范围并不包括经营信息，但对于商业秘密的法律保护是一个重要的进步。

1991 年 4 月 9 日，第七届全国人大第四次会议通过了《民事诉讼法》（已被修改），首次出现了“商业秘密”这个法律术语。1991 年《民事诉讼法》第 66 条规定：“证据应当在法庭上出示，并由当事人互相质证。对涉及国家秘密、商业秘密和个人隐私的证据应当保密，需要在法庭出示的，不得在公开开庭时出示。”第 120 条规定：“人民法院审理民事案件，除涉及国家秘密、个人隐私或者法律另有规定的以外，应当公开进行。离婚案件，涉及商业秘密的案件，当事人申请不公开审理的，可以不公开审理。”

1992 年 7 月 14 日，最高人民法院发布了《关于适用〈中华人民共和国民事诉讼法〉若干问题的意见》（已失效）。其第 154 条规定：“民事诉讼法第六十六条、第一百二十条所指的商业秘密，主要是指技术秘密、商业情报及信息等，如生产工艺、配方、贸易联系、购销渠道等当事人不愿公开的工商业秘密。”对商业秘密的定义的内涵和外延进行了补充说明。

1993 年 9 月 2 日，第八届全国人大常委会第三次会议通过了《反不正当竞争法》（已被修改），其中第 10 条规定：“经营者不得采用下列手段侵犯商业秘密：（一）以盗窃、利诱、胁迫或者其他不正当手段获取权利人的商业秘密；（二）披露、使用或者允许他人使用以前项手段获取的权利人的商业秘密；（三）违反约定或者违反权利人有关保守商业秘密的要求，披露、使用或者允许他人使用其所掌握的商业秘密。第三人明知或者应知前款所列违法行为，获取、使用或者披露他人的商业秘密，视为侵犯商业秘密。本条所称的商业秘密，是指不为公众所知悉、能为权利人带来经济利益、具有实用性并经权利人采取保密措施的技术信息和经营信息。”前述法律明确地对商业秘密的概念以及侵犯商业秘密的行为表现作了具体的规定。该法第 25 条还规定了处罚的方式和具体的数额，但该法并未涉及追究刑事责任的规定。

此后，我国颁行的《合同法》（已失效）、《劳动法》、《刑法》等法律也对商业秘密的保护作出了相关的规定。1995 年 11 月 23 日，原国家工商行政管理总局发布的《关于禁止侵犯商业秘密行为的若干规定》（已被修改），标志着中国初步建立了保护商业秘密的法律体系，对商业秘密的法律保护已初步形成整体框架,从民事、行政、刑事各个角度为商业秘密提供法律保护,基本上做到了有法可依。

总的来说,中国的商业秘密立法历程经历了多个阶段,从最初的技术秘密保护,到后来的《民事诉讼法》《反不正当竞争法》等相关法律法规的颁布和实施,逐步形成了完善的商业秘密保护法律体系。

目前,中国的商业秘密保护法律主要分散于《反不正当竞争法》《民法典》《民事诉讼法》《劳动法》《刑法》等法律法规中。这些法律法规大致形成了一个相对稳定的法律体系,对遏制侵犯商业秘密的行为和维护社会经济秩序的正常进行起到了一定的作用。特别是1993年《反不正当竞争法》的颁布和实施,被视为中国商业秘密保护立法史上的里程碑。该法第10条明确规定了经营者不得采用非法手段侵犯商业秘密,并对商业秘密的概念以及侵犯商业秘密的行为表现作了具体的规定。此外,该法还规定了相应的行政责任和民事责任。我国现行的商业秘密合规规范性文件如表7-1所示。

表7-1 我国现行的商业秘密合规规范性文件

类别	名称	发布或最新修改时间	文号
法律	《民法典》	2020年5月28日	中华人民共和国主席令第45号
	《反不正当竞争法》	2019年4月23日	中华人民共和国主席令第29号
	《科学技术进步法》	2021年12月24日	中华人民共和国主席令第103号
	《促进科技成果转化法》	2015年8月29日	中华人民共和国主席令第32号
	《劳动法》	2018年12月29日	中华人民共和国主席令第24号
	《反垄断法》	2022年6月24日	中华人民共和国主席令第116号
	《公司法》	2023年12月29日	中华人民共和国主席令第15号

续表

类别	名称	发布或最新修改时间	文号
法律	《刑法》	2023 年 12 月 29 日	中华人民共和国主席令第 18 号
	《刑事诉讼法》	2018 年 10 月 26 日	中华人民共和国主席令第 10 号
司法解释及司法解释性质文件	最高人民法院《关于审理侵犯商业秘密民事案件适用法律若干问题的规定》	2020 年 9 月 10 日	法释〔2020〕7 号
	最高人民法院《关于适用〈中华人民共和国反不正当竞争法〉若干问题的解释》	2022 年 3 月 16 日	法释〔2022〕9 号
	最高人民法院《关于知识产权民事诉讼证据的若干规定》	2020 年 11 月 16 日	法释〔2020〕12 号
	最高人民法院《关于审查知识产权纠纷行为保全案件适用法律若干问题的规定》	2018 年 12 月 12 日	法释〔2018〕21 号
	最高人民检察院、公安部《关于修改侵犯商业秘密刑事案件立案追诉标准的决定》	2020 年 9 月 17 日	高检发〔2020〕15 号
	最高人民法院《关于民事诉讼证据的若干规定》	2019 年 12 月 25 日	法释〔2019〕19 号
	最高人民法院《关于适用〈中华人民共和国民事诉讼法〉的解释》	2022 年 4 月 1 日	法释〔2022〕11 号
	最高人民法院《关于适用〈中华人民共和国刑事诉讼法〉的解释》	2021 年 1 月 26 日	法释〔2021〕1 号

续表

类别	名称	发布或最新修改时间	文号
司法解释及司法解释性质文件	最高人民法院、最高人民检察院《关于办理侵犯知识产权刑事案件具体应用法律若干问题的解释》(已失效)	2004年12月8日	法释〔2004〕19号
	最高人民法院、最高人民检察院《关于办理侵犯知识产权刑事案件具体应用法律若干问题的解释(二)》(已失效)	2007年4月5日	法释〔2007〕6号
	最高人民法院、最高人民检察院《关于办理侵犯知识产权刑事案件具体应用法律若干问题的解释(三)》(已失效)	2020年9月12日	法释〔2020〕10号
	最高人民法院《关于适用〈中华人民共和国反不正当竞争法〉若干问题的解释》	2022年3月16日	法释〔2022〕9号
	最高人民法院《关于当前形势下做好劳动争议纠纷案件审判工作的指导意见》	2009年7月6日	法发〔2009〕41号
	最高人民法院《关于当前经济形势下知识产权审判服务大局若干问题的意见》	2009年4月21日	法发〔2009〕23号
	最高人民法院《关于审理技术合同纠纷案件适用法律若干问题的解释》	2020年12月29日	法释〔2020〕19号

续表

类别	名称	发布或最新修改时间	文号
部门规章及规范性文件	《科学技术保密规定》	2015 年 11 月 16 日	中华人民共和国科学技术部、中华人民共和国国家保密局令第 16 号
	《违反〈劳动法〉有关劳动合同规定的赔偿办法》	1995 年 5 月 10 日	劳部发〔1995〕223 号
	《关于企业职工流动若干问题的通知》	1996 年 10 月 31 日	劳部发〔1996〕355 号
	《关于商业秘密构成要件问题的答复》	1998 年 6 月 12 日	工商公字〔1998〕第 109 号
	《关于禁止侵犯商业秘密行为的若干规定》	1998 年 12 月 3 日	中华人民共和国国家工商行政管理局令第 86 号
	《关于劳动争议案中涉及商业秘密侵权问题的函》	1999 年 7 月 7 日	劳社厅函〔1999〕69 号
	《关于科技人员业余兼职若干问题的意见》	1988 年 1 月 18 日	国办发〔1988〕4 号

(二)国际条约和协议

随着国际经济合作的加深,中国还需要遵守国际条约和协议中关于商业秘密保护的规定,加强与国际社会的合作与交流,共同推动商业秘密保护事业的发展。

我国加入的与商业秘密相关的国际条约主要包括《巴黎公约》和《与贸易有关的知识产权协定》。

《巴黎公约》是最早的保护工业产权的国际公约,于 1883 年签订并在次年生效。该公约主要规范工业产权,包括发明专利、实用新型、工业品的外观设计等。该公约第 1 条第 2 项指出“工业产权的保护对象”包括“制止不正当竞争”，这表明该公约考虑到了对不正当竞争行为的规制。

《与贸易有关的知识产权协定》是世界贸易组织体系下的多边贸易协定，于1994年签订并于1995年生效。《与贸易有关的知识产权协定》首次将商业秘密明确纳入知识产权的范围，充分反映了当今世界科学技术与经济发展日益融为一体的趋势。

此外，我国还加入了《建立世界知识产权组织公约》和《伯尔尼公约》等其他重要的国际公约，并与美国签署了《关于保护知识产权的谅解备忘录》《中华人民共和国政府和美利坚合众国政府经济贸易协议》等。这些国际条约和协议共同构成了我国商业秘密保护的国际法律框架。需要注意的是，尽管我国加入了这些国际条约和协议，但它们在我国的适用仍受到一定的限制和解释。因此，在处理涉及商业秘密的跨国争议时，需要综合考虑国际法和国内法的相关规定，以确保合法权益的保护和国际贸易的顺利进行。

三、商业秘密的构成要件

商业秘密的构成要件，是指一项信息满足什么条件才能成为商业秘密，因此，想有效保护和管理商业秘密，须先了解如何才能使信息成为商业秘密，以及其构成要件包括哪些。

商业秘密有三大构成要件，分别是非公知性、价值性和保密性，下文分别予以介绍。

（一）非公知性

1. 非公知性的定义

非公知性，即指不为公众所知悉，包括不为所属领域的相关人员所普遍知悉和容易获得。商业秘密通常是权利人利用公共领域内的知识、技巧或经验，通过自身实践、探索和创造，在投入一定的人力、物力、财力后所获得的信息。因此，为保护其价值，该信息通常不能被权利人以外的其他人所普遍知悉和容易获得。例如，商业秘密中最广为人知的例子——可口可乐配方，可口可乐在世界各地畅销100多年，但其配方却仅被极少数人知悉，属于典型的商业秘密。这一例子最能体现商业秘密的非公知性。

2. 非公知性的认定

非公知性在三大构成要件中处于最核心、最重要的地位。司法实践中，若信息经法院审理被认定为不具备非公知性，则该信息将不被认定为商业秘密，从而不受保护，此时，涉案信息是否具备其他构成要件已不再重要，法院也无继续审查的必要。因此，商业秘密是否具备非公知性这一构成要件，被视为认定商业秘密侵权案件法律事实的逻辑前提。[1]

然而，非公知性要件的认定并不容易。相关数据显示，经统计的北京知识产权法院审结的43件商业秘密民事侵权案件中，原告败诉的案件数量多达26件，核心原因就是非公知性认定困难。[2]

在司法实践中，判断是否构成非公知性需注意以下三点：第一，以被诉行为发生时间作为时间节点，涉案信息若是在被诉行为发生时已经丧失非公知性，则不能被认定为具有非公知性。涉案信息若是在被诉行为发生后才丧失非公知性，则并不影响涉案信息的非公知性认定。第二，非公知性具有相对性，商业秘密并不要求除权利人之外的任何主体均不知晓，只要求不为相关技术或相关经营领域内的人普遍知悉即可。第三，非公知性不要求为原始信息，将本来为社会公众所普遍知悉或容易获得的信息进行加工、处理、改良后形成新信息，且该新信息同样不为相关领域的相关人员普遍知悉和容易获得，亦属于商业秘密。

3. 不构成非公知性的情形

最高人民法院《关于审理不正当竞争民事案件应用法律若干问题的解释》第9条第2款反向列举了6种不构成非公知性的情形，虽该解释已在2022年3月20日被废止，但所规定的情形仍具有一定的参考性。其中包括：(1)该信息为其所属技术或者经济领域的人的一般常识或者行业惯例；(2)该信息只涉及产品的外表、结构、材料、尺寸等简单信息的简单组合，且在进入市场后社会大众通过观察便可直接获得该信息；(3)该信息已经在报纸、媒体等公开出版或其他渠道上公开披露过；(4)该信息已通过公开报告会、公开展览、公开展示等方式公开过；(5)该信息可以从其他公开渠道获得；(6)无须付出一定代价便可轻易获得该信息。

---

〔1〕 参见顾韬：《关于侵害技术秘密纠纷案件审理思路及方法的探讨》，载《电子知识产权》2015年第12期。

〔2〕 参见李辽：《商业信息秘密性认定成维权难点》，载《法人》2022年第5期。

（二）价值性

1. 价值性的定义

价值性，即指商业秘密应具有现实或潜在的商业价值，能为权利人带来经济利益或竞争优势。商业秘密的价值性是商业秘密的第二法律构成要件，商业秘密能为商业秘密权利人带来商业价值和市场竞争优势，故是商业秘密权利人追求商业秘密保护的最终目的。

2. 价值性的认定

司法实践中，对于商业秘密价值性的认定应注意三点：第一，不限经济利益，而将信息能否带来竞争优势作为判断标准。若信息能为企业带来经济利益，当然具备价值性，但若信息不能为企业带来经济利益，则无论是可以直接应用于企业生产经营活动的信息，还是尚不能被直接应用的信息，抑或虽无法应用但可以让企业少"走弯路"的信息，只要能够给当事人带来竞争优势，一般均符合商业秘密价值性的要求。第二，司法实践中对于商业秘密是否具备价值性的证据审查相对较弱。价值性的判断相对比较抽象，司法实践中，若法官经结合一般商业经验、司法认知可以作出认定，则当事人无须再对此举证。第三，不要求信息最具优势或最具先进性。只要能够为使用者或权利人带来一定的经济利益（无论是现实的还是潜在的）或者竞争优势，即使现有技术或信息比该商业秘密更具优势或更具先进性，也可以认定该商业秘密具有价值性。

例如，在张某尧、惠某跃、阜宁除尘厂诉南新水泥公司侵犯商业秘密案[1]中，被上诉人主张其新安装的除尘设备以及其被相关文献公开的技术方案比上诉人的技术方案和除尘设备更为先进，因此主张本案争议技术不具备先进性和实用性，不属于商业秘密的保护范围。最高人民法院则认为：被上诉人主张没有法律依据。不能以是否有比争议技术更加先进的技术存在，来判断是否构成商业秘密。只要能够为权利人或使用人创造一定的经济利益或者竞争优势，无论是现实的，还是潜在的，属于能够实际使用的技术信息，即符合商业秘密的价值性和实用性条件。被上诉人在安装了阜宁除尘厂提供的除尘器后，其粉尘排放浓度虽然达不到约定的国家一级标准，但已

---

〔1〕 参见最高人民法院民事判决书，(2000)知终字第3号。

低于国家二级标准,也明显低于安装前的粉尘排放浓度,因此应认定相关技术信息符合商业秘密的价值性和实用性条件。

(三)保密性

1. 保密性的定义

保密性,即要求权利人和使用者采取保密措施,以防止商业秘密被泄露。当下商业环境越来越数字化、信息化,商业秘密的保密性比以往任何时候都更加重要,很多企业的成功也往往取决于其能有效地保护和管理其商业秘密。

2. 保密性的认定

在司法实践中,关于保密措施的合理性认定一般参考以下因素:第一,有效性,即权利人采取的保密措施需能有效避免他人通过正当或合法手段轻易获得信息。第二,可识别性,即权利人采取的保密措施应足以使他人意识到该信息是需要保密的。第三,适当合理性,即保密措施应适当且合理,能与信息的保密等级相匹配。关于适当合理性的认定并无统一具体标准,更多的是具体案件具体分析,但适当合理性原则并非要求保密措施天衣无缝。

例如,在昆山某电子材料公司等与某模具公司侵害商业秘密纠纷案[1]中,上诉人主张被上诉人某模具公司在与客户发生业务的过程中,从未要求客户对价格等相关信息进行保密,知晓这些经营信息的主体至少包括某模具公司的客户,而客户不具有保密的义务,因此涉案信息不具有保密性。最高人民法院经审理认为:权利人证明其已经对其请求保护的信息采取了合理的保密措施,若被诉侵权人未能提供证据证明上述信息在被诉侵权行为发生时已经为所属领域的相关人员普遍知悉和容易获得,则应当认定权利人请求保护的商业信息具有秘密性和保密性。对于保密措施的要求应具有合理性,即权利人采取了与该商业秘密及其载体的性质、价值等相适应的合理保密措施,通常情况下足以防止商业秘密泄露即可,而非万无一失、绝对安全。因此,秘密性和保密性是相对的,一味苛求权利人或使用者采取完美的保密措施并不实际,只要相关保密措施能为他人所识别并达到合理程度,

---

〔1〕 参见最高人民法院民事判决书,(2022)最高法知民终26号。

这样的保密措施就可以被认为是合理的。

商业秘密的构成要件是有效保护和管理商业秘密的基础。通过了解和遵循商业秘密的构成要件,企业可以及时发现和解决潜在的保密风险,建立有效的保密机制,确保商业秘密的安全和合法使用,从而在竞争中保持领先地位和持续发展。

第二节　资产建设端

一、概述

公司的资产通常可分为有形资产与无形资产两部分。其中,无形资产包括商业信誉资产、知识产权资产、数据资产等,商业秘密属于知识产权无形资产。

在公司运营中,不难看出,商业秘密可能在公司运用的各个方面存在,包括公司在运营中未被积极使用的信息和不起作用的信息。一旦商业秘密被公开或者没能采取合理保护措施使该信息处于保密状态时,那些属于商业秘密的经济价值也会随着保密状态的失去而消失。

二、认知商业秘密

商业秘密从广义上来讲,主要是指公司对其内部信息作为秘密进行保护的权利。商业秘密不像专利权、商标权、著作权那样,拥有正式的审查程序,同时,也无须向政府申请注册。实际上,商业秘密里面的技术秘密更像是专利公开前的保护方式,而且每项专利的前身都是商业秘密。那么哪些属于商业秘密的范畴?其实商业秘密适用于任何具有很高价值的,能够为商业秘密拥有者在市场领域带来现实和潜在的竞争优势的信息。在技术领域,商业秘密的保护比专利保护要更为广泛,因为商业秘密不需要具备专利授权所需的新颖性、实用性和非显而易见性。同时,商业秘密也不必像专利一样进行公开,经过一定时间后也不会像专利一样进入公共领域。商业秘密的保护可以是永久的,如可口可乐的配方,至今仍是商业秘密。

我国《反不正当竞争法》第9条第4款对“商业秘密”的定义为:“本法所

称的商业秘密,是指不为公众所知悉、具有商业价值并经权利人采取相应保密措施的技术信息、经营信息等商业信息。”可见,商业秘密是无形的信息,其特点是:(1)具有特有的商业价值;(2)在其商业领域尚未被公众所知;(3)其拥有者需要采取适当的措施保持该信息的秘密状态。

在美国,尽管绝大多数州采用了《统一商业秘密法》(Unifonm Trade Secrets Act,UTSA),但同时每个州又颁布了各自不同的法律来保护商业秘密。

UTSA 对商业秘密进行了定义:“商业秘密”是指信息,包括配方、样式、编辑产品、程序、设备、方法、技术或工艺。上述信息需具备以下两个条件:(1)不被他人所共知且不容易被他人用正当手段确定,他人可从其披露或使用中获取经济价值,因而具有实际或潜在的独立经济价值;(2)是在保持其保密性的情况下合理努力的主题。[1]

首先要注意的是,我国法律和美国法律对商业秘密的定义的广度:商业秘密是信息。公司拥有的任何信息,只要满足上述两个条件,都可以作为商业秘密。在公司拥有的潜在的任何信息中,商业秘密的范围比专利权、版权和商标权更广泛。

无论我国法律还是美国法律,都可以看出作为资产的商业秘密,其资产性恰好在定义中体现:它必须具有经济价值。同时也要注意到,经济价值是依赖于不被他人所知的信息。这也就是说,信息一旦公开将破坏商业秘密的价值,为了避免商业秘密失去其价值,企业应在商业秘密资产建设上有所为,以保证其商业秘密的价值。

此外,上述定义中并没有要求商业秘密在公司的经营活动中被积极地使用。假设公司发明了一种在产品生产过程中可能使用的新的生产工艺,但是另一个新的生产工艺效果更好,由于第二个生产工艺比第一个生产工艺效果更好,第一个生产工艺从没有被使用过,但这两个生产工艺都可以作为商业秘密。第一个生产工艺可有助于使竞争对手不知道公司还有其他更好的生产工艺,由于这些竞争对手不知道第一个生产工艺(未使用),同时也不知道第二个是更好的生产工艺,公司因此可获得经济利益。

可以作为商业秘密的信息需要满足的第二个条件是采取适当的措施保

---

〔1〕 参见[美]马克 · R. 哈里根、[美]理查德 · F. 韦加德:《商业秘密资产管理(2016)——信息资产管理指南》,余仲儒组织翻译,知识产权出版社 2017 年版。

持该信息的秘密状态,也就是说,商业秘密的拥有者必须努力使其处于保密状态。这种努力不是可选择的。如果这种努力失败了,将破坏商业秘密权利和其中蕴含的商业价值。条文中适当的措施是一个有争论的内容,尤其在诉讼中的某些特定案件中,但为了保持商业秘密的秘密性采取安全措施的必要性还是很明确的。

三、商业秘密的实例

对于绝大多数公司来说,提到商业秘密首先想到的就是那些与公司产品有直接关系的设计和制造。研究、开发以及工程设计的商业秘密可以包括实验室试验的结果、产品设计和制造设备的原型以及公司试验和测试方法。制造的商业秘密可以包括生产工艺、原材料和比例,经营信息秘密包括供应商名称和合同条款等。

但是公司的商业秘密也存在于其他方面。市场方面的商业秘密可以包括用户或消费者调查的结果、广告策划、折扣结构以及市场分析和预测。销售的商业秘密可以包括销售激励方案、目标客户或主要客户的合同信息、为提升销量的客户审核过程或特殊方案。金融和财会的商业秘密可以包括新设施的融资计划、季度财务分析和公布前的季度报表。

商业秘密也可包括那些不使用的信息,这些信息也称作"失败的技术秘密"。如果一个公司为一种新方法进行了40次配方试验全部失败,在第41次配方成功之前,所有前40次配方都可以作为商业秘密。这里的相关问题是,如果竞争对手知道了这40次配方是无效的,他将获得经济上的巨大利益,即在它们自己研究开发新方法时,能够节约为进行这40次配方试验所花费的时间和费用。如果对这些失败的配方采取合理的保密措施使其处于保密状态,根据商业秘密的定义,这些信息也满足作为商业秘密的要求。

最后,获得商业秘密保护不需要新颖性,实际上商业秘密通常是已知技术的组合。很容易理解的是,一个可以获得保护的商业秘密可以以已知要素组合形式存在并获得竞争优势。无论是现实存在的还是潜在的,根本的考量原则是,信息对竞争对手保密而具有经济价值。这些想法或信息不必是复杂的,本质上可以是简单的,但要满足商业秘密的要求,除非它在贸易中已经普遍被公众所知,或者在贸易的公知的资源中容易得到。

综上所述,商业秘密能够存在于公司的各个领域。商业秘密包括任何因没有被公众所知而具有经济价值,同时采取合理的措施保持其秘密性的信息。因此,商业秘密比版权、商标权或专利权涵盖了更为广泛的信息范围。商业秘密也包括那些不使用的信息和在公司运营中没有被积极使用的信息。一旦商业秘密被广泛披露,同时未能采取合理的保密措施,其具有的价值即被破坏。

四、认知商业秘密资产

公司的资产是由有形资产和无形资产组成的,如前文所述,商业秘密属于无形资产。

(一)商业秘密资产与专利资产的区别

商业秘密资产构成了公司的核心竞争力,在公司账面价值和市值的差额中占比很大。公司股东的价值也在很大程度上依赖于公司商业秘密资产的保密性及其产生的价值。商业秘密窃取是一个日益严重的问题,很多公司没有意识到其严重性,也未采取预防措施。

商业秘密资产与专利资产在保护方式上存在区别,采取何种方法,取决于信息的性质以及公司的经营目标。

通过商业秘密与专利的对比(见表7-2),可以发现二者最显著的特点。这两种知识产权虽都保护思想,但存在显著的差异。

表7-2　商业秘密与专利对比

对比项目	专利	商业秘密
范围	发明、实用新型、外观设计	任何信息
要求	新颖性、实用性和非显而易见性	竞争优势来自保密性, 为了保持秘密性而采取一些措施
审查	政府审查员	无
公开	在申请文件中	永不
期限	一定年限	无期限
公共领域	届满时	永不
费用	申请费和代理费	保持秘密性费用
反向工程	禁止	允许
独立开发	禁止	允许

这些区别凸显了商业秘密的属性和其对公司的重要性。公司产生的多数信息不具备专利保护资格,但通常符合商业秘密保护条件。另外,由于专利制度的费用较高,许多公司的核心商业秘密因成本限制,难以在全世界范围内获得专利的保护。

同时,如果某些信息可通过产品被他人破解或进行反向工程获取,这样的信息就不适合作为商业秘密。更进一步说,如果信息有可能通过独立研究获得,将该信息作为商业秘密是比较困难的。

所以,企业在可以选择申请专利的情况下,还需分具体情况判断是申请专利还是作为商业秘密处理。

(二)商业秘密资产的价值

曾经,公司的发展目标经常聚焦于垂直整合,以及对供应链和销售链的掌控。随着时代的发展,逐渐清晰的是,更利于公司发展的战略是关注公司的核心竞争力,凭借在某些领域拥有与众不同的能力,在市场中构筑竞争优势。这些核心竞争力源于公司能够掌握的在商业中如何满足市场需求的特有知识。

换句话说,公司拥有的核心竞争力就是公司拥有商业秘密带来的直接结果。

分析商业秘密的定义,公司拥有商业秘密信息,这种信息在市场中可带给公司超越"他人"的竞争优势,加强公司的核心竞争能力。从中可得出垂直整合的战略失败的原因:在公司获得从供应链到销售链的新商业运行中,公司并没有拥有运行这种商业所需要的商业秘密信息,跟那些已经拥有秘密的公司相比,这些就是明显的劣势。垂直整合战略失败不是因为垂直整合的经济在理论上不存在,而是因为这些经济被商业秘密所赋予的巨大竞争优势淹没了。

商业秘密在现代公司中的价值为何不断增长,在今天的信息经济时代,许多公司的账面价值接近于0。高科技公司租赁建筑、家具和计算机设备,没有实体工厂、生产设备或服务车辆,但却看到它们的股票交易每股高达几百美元,市值高达上百亿美元。在信息经济时代,必然是信息的价值推动股票价值。

公司账面价值与市值之间的差异在于公司无形资产的账面价值，在使用传统计算方法计算账面价值时，并没有考虑这些无形资产。这些无形资产价值的绝大部分是由商业秘密构成的，而不是企业信誉、品牌或其他无形资产。例如，商业秘密让谷歌超过像雅虎、美国在线和微软这样已经建立了良好的商誉和品牌的竞争对手，占据了搜索引擎领域的统治地位。正是商业秘密促成了谷歌的成功，进而提高了其商誉和品牌，并非商誉和品牌促成其成功。

然而，商业秘密信息如果在公司价值中占主导地位的话，也有不利的方面。如果公司的商业秘密失去或泄露，公司的股票价值有可能就会大幅下降。在信息技术公司，商业秘密一旦失去或泄露，其账面价值难以对其股票价值进行安全保障。

公司的一项商业秘密被新的、更好的技术淘汰，或者公司因商业秘密而获得的经济优势被市场重新评估，都会导致股票价格剧烈或突然下降。信息经济公司既不能固步自封，也不允许其商业秘密被小而精的竞争对手所淘汰。实际上，在国际化市场的创新性破坏中，公司必须主动推进一过程。由此可见，当商业秘密信息被发现、投入使用到最终因公司内部产生新的商业秘密而被淘汰时，信息经济公司的商业秘密资产管理必然是处于动荡却又充满活力的环境中。

商业秘密信息遭受损失是一个切实存在且持续的问题，这一点毋庸置疑，受信息驱动的股票价格会因此被置于风险之中——最奇怪的事情就是，当你正在看这本书时，你所在公司的商业秘密或许正在被窃取。

上文已经介绍了专利和商业秘密在法律定义方面的区别，这些区别导致所选择的更合适的保护方法基于信息的本质和公司的目标而不同。公司的商业秘密涉及公司的核心竞争力，为公司提供了竞争优势的机会。公司商业秘密是公司账面价值和股票市值之间差异的主要原因，而这种差异使股票价值极大地依赖于公司商业秘密的安全性和价值。现在公司商业秘密处于被窃取的危险中，这种危险是巨大并且是持续增加的，而大多数公司没有充分注意或者准备去应对这种危险。

五、商业秘密保护体系建设

认知商业秘密的价值后，企业会更加重视商业秘密资产的保护，保护商业秘密的前提是认知商业秘密资产,并且整合建设好商业秘密资产。

通过近些年我国商业秘密司法案件的呈现,不难看出商业秘密的资产建设和保护需要从人员、制度、区域、级别等多方面去完善。

(一)设立管理组织

企业的运营离不开管理组织,管理组织内部的职责和分工直接影响着商业秘密保护工作的进行。其中,企业最高管理者作为商业秘密管理组织的总负责人,应为商业秘密保护工作提供支持。根据企业最高管理者的统筹,指定各部门的管理者作为各部门商业秘密管理的负责人,与此同时,可在商业秘密保护的重点部门配备专职保密员,负责商业秘密管理制度在本部门的落地实施与监督。总的来说,明晰管理组织内部的决策、管理、执行三级构架尤为重要。

(二)商业秘密资产调研

商业秘密的本质是技术信息和经营信息。技术信息包括与技术有关的机构、原料、组分、配方、材料、样品、样式、植物新品种繁殖材料、工艺、方法或其步骤、算法、数据、计算机程序及其有关文档等信息;经营信息则包括与经营活动有关的创意、管理、销售、财务、计划、样本、招投标材料、客户信息、数据等信息。

无论是技术类还是经营类的商业秘密,其特点主要有以下四点。

(1)无授权确权程序。商业秘密无须行政主管部门的审查或授权,完全依靠权利人自行完成并采取保密措施进行保护。

(2)无绝对的排他效力。商业秘密不同于专利等知识产权一样,产生绝对的排他效力。

(3)存续并无法定的期限。商业秘密与保护措施是否得当息息相关,只要保密措施得当,商业秘密可以一直存续下去。

(4)一次失密,永久失密。商业秘密一旦遭到泄露,就丧失秘密性,商业秘密即不存在。

根据商业秘密的本质及特点分析,企业想要保护商业秘密,首先,应当依据企业自身行业属性、部门流程与项目特性,对各部门技术资产涉密信息或经营资产涉密信息进行调查,将调查得到的技术资产涉密信息或经营资产涉密信息以资产分类表的方式记录并保存。其次,需要在商业秘密资产分类表的基础上,对各部门拥有或者归口的既有商业秘密载体,逐步进行清点、梳理、筛选和记录,并将梳理成果以资产盘点表的方式记录与保存。再次,根据商业秘密资产盘点表,企业需进一步清点、梳理、筛选与记录,制作企业核心商业秘密检核表,并进行会议讨论,确认该部门的核心密点。最后,应将根据企业核心商业秘密检核表讨论确定的企业核心密点登记在册,设置对应的强化保护措施。

(三)建立商业秘密保护制度

因每个企业有其经营的差异性,故在建立保密制度上,本书仅提供建立保密制度的原则,各企业可根据大的原则自行制定符合企业自身经营特征的保密制度。

具体而言,保密制度应具备以下四大原则。

1. 积极防范原则

主观积极的重要性绝不低于商业秘密的客观性。对公司而言,法律要求一项信息只有得到公司积极识别、主动保护才可能成为商业秘密;对员工而言,没有主观保障的制度只会沦为形式。

2. 最小接触原则

实践证明,减少无关人员接触秘密,能够减少很大一部分泄密风险。进一步,在最小接触的前提下,即便真的发生了泄密,泄密者也更容易被锁定。这一原则的应用之一便是缩减流程,谨记"谁产生、谁定密、谁使用、谁保管"。

3. 审慎分级原则

对商业秘密采用秘密分级、设计保护期限和变更/解除制度。笔者建议,统一公司内的类型分级办法,让各部门自行定级,委员会只做抽查和纠正工作。

4. 全程管理原则

秘密保护遵循"木桶原理",泄密风险大小看的是短板有多短,并非长板有多长,在投入资源有限的情况下,应当优先补短板,做到保密全程覆盖。终归,弱保护强于无保护。

除需要注意上述原则外,保密制度的制定还要考虑保密制度建立生效后的培训流程。以自上而下,纵向与横向兼顾的培训方式为宜。同时,还需要注意根据企业经营涉及的商业秘密保护以及技术更新等实际情况，及时调整完善保密制度，以更好地维护企业商业秘密保护工作。

(四)设立保密措施

1. 行为管理

例如，企业可以采取措施约束内部员工及外来人员(合作方)行为，防止其主动接触权限之外的信息，并要求其对权限内知悉信息履行保密义务。例如，企业可以设立商业秘密保护制度对员工的入职、履职、离职进行行为细化管理。

2. 物理措施

企业在保护自身商业秘密时，可以进行设置保密场所，张贴保密标识，采用门禁系统、监控设备等物理措施防止商业秘密外泄。

3. 技术措施

可以启用企业内容管理(ECM)软件、安全日志监控系统，设置上网权限，涉密文件查阅权限等技术措施对商业秘密进行有效保护。

总的来说，商业秘密的保护措施应当“合理、具体、有效”，若企业自身条件无法执行有效的保密措施，可考虑签约合作方，由合作方进行相应的保密措施设立及履行。

综上所述，商业秘密的资产建设，需要认知商业秘密资产的特点，结合企业自身经营发展情况，从人、物、制度方面综合完善，才能真正构建更加全面的商业秘密资产。

第三节　侵权风险端

一、商业秘密合规风险的识别

商业秘密的价值属性决定了其与公司的经营及存续息息相关，企业应当将企业商业秘密合规义务和公司的经营、运作实际联系起来，全面识别可能发生的企业自身商业秘密遭受侵害和企业侵犯他人商业秘密的风险场景，包括事件、原因及后果，是后期商业秘密风险分析、评估及应对的基础。

有条件的企业，应当考虑对商业秘密的风险进行日常监测，确保能够持续追踪已识别的合规风险、检测残余的合规风险、识别新的合规风险。

鉴于我国《反不正当竞争法》就商业秘密的概念有了初步界定，专指不为公众所知悉、具有商业价值并经权利人采取相应保密措施的技术信息、经营信息等商业信息。商业秘密合规风险的识别主要体现在以下几个方面。

（1）市场地域。企业需要重点关注市场地域内的技术或信息发展情况，结合自身市场竞争力、市场占比、优势产品等情形，评估自身企业所涉之商业秘密范围及秘密等级，对企业商业秘密合规政策制定及调整提供指引。

（2）涉密环节、岗位及措施。企业根据自身经营管理环节，对企业的各个环节予以梳理，确定商业秘密的范围、涉密环节及相应岗位，并结合各类商业秘密的实际情况，针对性地确定对应的保密措施。

（3）涉密人员及管理。针对涉及商业秘密的岗位，从人员招聘、人员管理、人员离职等三个角度统筹管理，最大限度降低企业商业秘密被泄露的风险。

（4）商业秘密管理制度。企业根据自身实际情况及经济状况，制定商业秘密管理制度，为企业商业秘密保护提供明确的制度依据。

（5）商业秘密运用及保护。一方面，企业结合自身实际情况和市场行情变动情况，及时评估、变动涉密信息的范围及相关措施，维护自身的合法权益；另一方面，当企业的商业秘密遭受侵害时，予以及时维护，最大限度减少商业秘密被侵害情形下自身的损失。

二、商业秘密合规风险分析及评估

为了更好地应对或处理相应的商业秘密合规风险，针对已经识别的商业秘密合规风险，企业应当先行进行分析及评估，并依据分析及评估结果，决定后期的商业秘密风险应对方案。

商业秘密合规风险的分析及评估应当重点考虑如下方面。

（一）确定商业秘密风险分析评估开展的主体

基于商业秘密的保密性及特殊性，开展商业秘密风险评估工作由企业合规负责人或者已属于相应涉密信息保密对象范围的高层人员牵头，对应保密部门配合实施，成立商业秘密风险管理工作组，并向企业最高领导层报告。

参与商业秘密风险评估的人员应当先行签署相应保密协议，确保工作组成员就其在商业秘密风险分析评估过程中所获悉的商业秘密履行保密职责。

（二）制订商业秘密风险评估的工作方案

基于商业秘密保密岗位、保密成员及保密措施的不同，在开展商业秘密风险评估工作前，应当针对各项商业秘密工作制订单独的风险评估工作方案，确保在风险评估过程中所涉商业秘密不被泄露。相应风险评估工作方案，应当就风险评估的对象、范围、方法、计划、安排、预算等进行初步测算，并形成明确的书面文件。

（三）结合风险识别情况，梳理商业秘密合规风险调查清单

根据不同商业秘密的实际情况，制作对应商业秘密的调查清单，收集整理相应商业秘密的情况，包括但不限于市场环境，企业背景，商业秘密规章制度，涉及的部门、岗位、人员变动及在岗情况，保密制度和措施，相关法律法规及资料，过往风险事件，风险识别评估的准备工作及落实时间等。

（四）形成商业秘密合规风险分析评估报告

工作组一方面应结合风险源、风险的相关性质，从公司经营层面，就商业秘密合规风险事件发生的可能性，以及可能造成的结果进行初步估量，同步评估可能影响结果的相关因素以及企业的承受能力、承受程度；另一方面，应结合相关法律规定和内部规定，以及过往风险事件发生的具体情况，就现有应对措施及其有效性、实际投入成本、风险发生维权成本等进行分析考量，根据可能的后果、受影响范围等进行风险等级分析，形成商业秘密合规风险分析评估报告。

三、商业秘密合规风险的应对

（一）应对总则

1. 现状

我国企业对商业秘密合规风险的意识普遍不高，一方面是因为很多企业并不知晓哪些信息属于商业秘密，对商业秘密的载体、区域、涉密人员未

加以区分及控制;另一方面,企业在商业秘密合规上未采取相应的措施或采取措施不力、力度不够大,故而未达到真正的商业秘密合规。

现今商业秘密民事案件权利人维权困难。近年公开案例显示,商业秘密民事案件一审胜诉率约为10%。尽管商业秘密刑事案件一审判决有罪的比例高,但由于此类案件刑事立案难度高,一般权利人难以选择通过刑事手段进行保护,所以大部分商业秘密是通过民事方式进行保护。商业秘密无法获得司法保护的主要原因之一便是商业秘密不合规。

2. 应对原则

商业秘密合规风险可以总结为违反商业秘密合规相关法律规定和义务、合规承诺而存在的风险。对企业商业秘密合规风险的应对,应是企业全员参与,形成由外到里,从上至下,涉及预防、发现、处理、检查与改进各个环节的一个完整闭环。

应对措施的预期目标包括但不限于:(1)预防不合规事件发生或降低其发生的可能性;(2)能够及时发现不合规事件;(3)处理不合规事件,纠正不合规或控制其影响范围、程度;(4)检查与改进制度,以确保适用性和有效性,避免再次发生类似情况。

(二)预防

在实践中,商业秘密合规存在的主要问题包括对商业秘密保护范围没有明确的认识、对商业秘密载体和涉密人员缺乏系统有效的保护、商业秘密信息泄露、企业对商业秘密侵权行为认识不清等。

针对上述这些问题,企业在前期可以通过建立商业秘密合规管理机制对风险进行有效预防。实践中,商业秘密合规管理机制常分为对涉密信息的管理、对涉密人员的管理及对涉密信息设备及载体的管理三大部分。

对涉密信息的管理的主要作用是区分公知和非公知信息,明确商业秘密的范围,评估商业秘密的经济价值,对新形成的商业秘密的来源进行审查,明确主责部门及相关人员及保护涉密信息等。对涉密信息的管理的主要环节包括遴选、密级划分、确定保密期限、确定接触范围、流转要求及方式、存证方式、变更与解密等。

对涉密人员的管理的主要作用在于让涉密人员知晓涉密信息及保密制度,可通过法律法规、企业规章制度、竞业限制协议及保密协议等对其进行约束。对涉密人员的管理可分为两个部分,一是企业内部涉密人员的管理,二是企业外部涉密人员的管理。对企业内部涉密人员的管理贯穿于人员入职至离职后,即招聘/入职、试用期、在职、离职各个阶段。对企业外部涉密人员的管理,主要指对供应商、生产商、销售方等外部合作方,以及外部的专家、顾问、律师、会计师等人员的管理及对以不正当手段获取涉密信息的人员的管理。

涉密设备与载体包括存储涉密信息的硬盘、光盘、磁性介质、U 盘、研发设备、生产设备等设备。对涉密信息设备及载体的管理的主要环节包括保存、收发、流转、复制、维修、销毁。其具体措施可采用专门划定保护区、对设备或载体进行加密保护、人员识别等方式。

企业应结合实际,采取适当措施,以预防上述提及的管理环节中涉及的风险点。

1. 尽职调查

商业秘密因是没有第三方的文件证明的,这就使商业秘密的尽职调查与传统的知识产权尽职调查相比,更具有鲜明的特性。该尽职调查方案应该围绕商业秘密的三法律要素"不为公众知悉、价值性、采取保密措施"来制订。尽职调查可以分为两个步骤进行,一是初步问询,二是深入尽职调查。

针对技术秘密,初步问询应根据企业特性,询问如下内容:技术设计、技术样品、质量控制、应用试验、工艺流程、工业配方、化学配方、制作工艺、制作方法、计算机程序等。

针对经营秘密,初步问询应根据企业特性,询问如下内容:企业的发展规划、竞争方案、管理诀窍、客户名单、货源、产销策略、财务状况、投融资计划、标书标底、谈判方案等。

深入尽职调查是根据初步询问的结果,进一步对权属证明、秘密的载体及其使用状况、保密措施及其落实情况、涉密人员的劳动合同、核心涉密人员的工作履历、秘密信息的对外许可使用情况、人员流动、人才引进的风险合规审查、对外保密措施等方面进行尽职调查。

2. 建立人才储备库

企业可根据实际情况,提前收集自身所在领域及拟拓展领域的优秀机构及人员。例如,具备资产管理和投资能力的人员、相关工作人员,以及拥有相应资质的代理机构、律师事务所等。

（三）发现

1. 合规咨询机制

建立合规咨询机制，使相关管理机构及员工针对合规风险事项存疑时，可有效获得合规意见。对于复杂疑难事项或存在重大商业秘密合规风险的事项，可组织跨部门交流研讨或聘请外部专家或委托专业服务机构进行论证并提出合规意见。

2. 合规审查机制

基于商业秘密的性质，企业大部分商业秘密风险来自企业内部。那么建立合规审查机制，识别合规风险就显得极为重要。以下是一些常用的商业秘密合规风险识别技术与方法，企业可根据实际情况，选择全部或其中部分方法进行，以发现可能存在的合规风险。

（1）事件库法。根据本企业或行业以往已发生的案例进行梳理。

（2）流程分析法。根据企业主要的经营管理活动中涉及的流程进行梳理。

（3）岗位分析法。根据企业的岗位业务管理范围和工作职责进行梳理。

（4）合规义务识别法。以民事、行政责任为划分依据，识别不同体系下的企业合规责任。

（5）利益相关者分析。根据企业的利益相关者（如股东、董事、监事、高级管理人员、一般员工、客户、供应商、债权人、政府、行业、社区等）进行梳理。

（6）溯源分析。根据对合规环境、违规等引发合规风险的原因的识别进行梳理。

（7）后果分析。对合规风险事件发生后责任承担的梳理。

（8）座谈会、深度访谈。事后复盘，总结。

3. 不合规举报与调查

合规举报制度又称“吹哨人”制度，建立合规举报制度可帮助企业及时处理并制止违规的现象。

制定制度，针对潜在或现实的不合规行为，可根据举报启动调查程序。举报及调查环节主要包括对举报人进行保密及其他保护、对举报进行核实调查、对举报结果进行反馈、对举报人和被举报人奖惩等。

4. 识别外法内规及了解侵犯商业秘密的典型行为

企业应时刻关注商业秘密合规相关的法律法规及自身规章制度的变化，同时了解侵犯商业秘密的典型行为，以便一经发现及时处理，降低相应风险。

侵犯商业秘密的典型行为包括但不限于：(1)以盗窃、贿赂、欺诈、胁迫、电子侵入或者其他不正当手段获取权利人的商业秘密；(2)披露、使用或者允许他人使用以前项手段获取的权利人的商业秘密；(3)违反保密义务或者违反权利人有关保守商业秘密的要求，披露、使用或者允许他人使用其所掌握的商业秘密；(4)教唆、引诱、帮助他人违反保密义务或者违反权利人有关保守商业秘密的要求，获取、披露、使用或者允许他人使用权利人的商业秘密。

(四)处理

1. 预案处理

企业可根据商业秘密合规风险发生的可能性、发生原因、导致的后果类型、严重程度等，针对可能导致严重消极后果的重大合规风险事件或以往发生过的不合规事件，制订处理预案，形成文件并保存，以便后续及时处理。

重大合规风险事件的确定，可考虑的因素包括但不限于：(1)风险可能发生的原因；(2)一年内可能发生的次数；(3)可能导致的经济或资产损失、市场份额缩减、相关者反应等；(4)企业声誉、品牌受损的程度、范围；(5)可能涉及的纠纷处理方式，即民事或行政等。

2. 风险分散

企业可考虑通过了解行业发展现状及前景，定时更新和增设、储备其他商业秘密。同时可通过增设投资人、投保相关保险等措施，降低企业商业秘密合规风险。

3. 调查取证

一旦知悉违规事件发生，企业首先应立即选择恰当的人员组建商业秘密保护应急小组。应急小组的成员组成，内部主要涉及法务、技术及行政部门；外部则主要涉及律师事务所、公证处、技术调查公司及司法鉴定机构等。应急小组应先采取措施，防止商业秘密信息扩散，将危害和损失控制在最小范围内。

其次，进行调查取证，调查取证的范围包括但不限于查明商业秘密违规的原因、违规途径、责任人、涉及商业秘密的范围、造成影响的范围及人员等，并对相应证据进行固定。

在完成调查取证并基本掌握了证据之后，应尽快组织涉及人员访谈，防止违规造成的后果进一步扩大。

4. 问责处罚

制定程序，针对不合规事件（后果较小）的相关责任人建立问责处罚机制。

问责处罚可考虑的因素包括但不限于：（1）相关责任人的岗位职责；（2）不合规事件发生的频率、性质、主观状态、情节严重性及后果危害性；（3）问责处罚预期实现的效果。

5. 纠纷应对

企业可向商业秘密保护服务机构寻求咨询、协助或鉴定，评估商业秘密侵害事件的处理与维权策略。另外，针对商业秘密的非公知性、同一性和损失数额等事实委托司法鉴定机构出具报告。

根据证据收集情况，企业可选择向市场监管部门举报、公安机关报案、申请劳动仲裁或商事仲裁、提起民事诉讼等救济方式。

（五）检查与改进

1. 内部审核

企业应定期对商业秘密合规管理体系及风险后评估制度进行内部审核，以达到企业合规要求。

2. 持续改进

企业对商业秘密合规体系应持续改进。针对风险识别情况和风险事件处置结果，企业需要进入商业秘密保护合规风险再识别和合规制度再制定的持续改进阶段，保障商业秘密合规管理体系全环节的稳健运行。

第四节 防范措施端

一、商业秘密保护如何做好防范措施

企业从设立到运营管理都会涉及商业秘密，无论在企业内部管理还是

外部管理层面，要区分不同企业性质，尤其是民营企业与国有企业之间的商业秘密保护的差异，不同行业商业秘密保护的差异，这意味着商业秘密的管理和保护难度是有挑战的，企业应当积极从自身实际状况出发，制订符合企业自身发展需要的全方位的立体化的商业秘密保护措施。本节主要讨论商业秘密内容上技术秘密和经营秘密的管理、民营企业与国有企业商业秘密管理，从商业秘密保护范围、保护视角、保护力度角度进行重点阐述。

二、针对技术秘密和经营秘密的保护措施

（一）企业商业秘密的“定秘”

对商业秘密的处分是企业的私权利，一般而言，企业进行商业秘密保护时首先要考虑的是应依法确定其商业秘密的保护范围，其次要确定密级和保密期限问题，然后在商业秘密的载体上予以标明，最后在考察人事管理、制度安排后对商业秘密的知悉范围和涉密权限等问题予以确定。

1. 企业商业秘密“定秘”程序

企业可以根据自身情况确定“定秘”程序：（1）确认商业秘密保护管理的责任人，一般由企业最高管理者兼任；（2）负责人按照保密范围的规定提出拟订密级意见；（3）定秘员拟订审核程序；（4）主管领导审批；（5）作出文字记载；（6）确定知悉范围。

2. 企业商业秘密的保密范围

不同的企业应根据实际情况确定本企业的商业秘密保护范围。

我国《反不正当竞争法》规定商业秘密，是指不为公众所知悉、具有商业价值并经权利人采取相应保密措施的技术信息、经营信息等商业信息。由此可见，商业秘密的本质是商业信息，且主要有两大类。其他符合商业秘密构成要件的商业信息[1]就是该规定中的“等”。“等”字这个概括性规定目前难以操作，本节对此不做讨论。

因此，企业商业秘密的两大保护范围分别是技术信息和经营信息。

（1）技术信息，是指与技术有关的结构、原料、组分、配方、材料、样品、样式、植物新品种繁殖材料、工艺、方法或其步骤、算法、数据、计算机程序及其

[1] 参见马忠法、李仲琛：《再论我国商业秘密保护的立法模式》，载《电子知识产权》2019 年第 12 期。

有关文档等信息。

(2)经营信息,是指与经营活动有关的创意、管理、销售、财务、计划、样本、招投标材料、客户信息、数据等信息。

企业进行商业秘密保护的时候,需重点关注技术信息与经营信息。

3. 企业商业秘密的密级和保密期限的确定

商业秘密的密级和保密期限企业可以自行决定,按照定性与定量结合的原则。可以参考《保守国家秘密法》中国家秘密的分级方式,对商业秘密实行分级管理,可分为绝密、机密、秘密三级。绝密是指最重要的商业秘密,如企业的财务信息、主营业务竞标信息等;机密是重要的商业秘密,如企业的项目规划、市场开拓规划等;秘密是一般的商业秘密。保密期限则根据密级、信息的特点及性质来进行确定,一般会有行业惯例可供参考。

4. 在商业秘密载体上标明密级及保密期限

企业在确定商业秘密后,在呈现出来的载体上,可以标注易于识别的标志,如纸质文件的封面上具有识别标志,标识可以由企业自己决定,同时需要让员工认识标志,可以在商业秘密专项培训中或者员工入职培训中进行讲解。企业可以标明密级,一般而言,“绝密”“机密”“秘密”三个级别足以将公司的商业秘密区分开,或者采用标识、颜色、形态等方式来做不同密级的区分。

5. 企业根据相关制度安排来确定商业秘密的知悉范围和权限

与企业的人事管理、制度安排相结合,企业商业秘密自我保护可以快速识别泄密者,以此来追究泄密者或者侵权者的法律责任。

(二)如何对技术信息与经营信息采取保护措施

前文已经概述了商业秘密内容,实务中企业的哪些信息具备商业秘密的构成要件,或者可纳入商业秘密的范围?

原国家工商行政管理总局《关于禁止侵犯商业秘密行为的若干规定》第2条第1款、第5款规定:本规定所称商业秘密,是指不为公众所知悉、能为权利人带来经济利益、具有实用性并经权利人采取保密措施的技术信息和经营信息;本规定所称技术信息和经营信息,包括设计、程序、产品配方、制作工艺、制作方法、管理诀窍、客户名单、货源情报、产销策略、招投标中的标底及标书内容等信息。

最高人民法院《关于审理侵犯商业秘密民事案件适用法律若干问题的规定》第1条对技术信息和经营信息的构成作出了具体的解释。技术信息是指与技术有关的结构、原料、组分、配方、材料、样品、样式、植物新品种繁殖材料、工艺、方法或其步骤、算法、数据、计算机程序及其有关文档等信息。经营信息是指与经营活动有关的创意、管理、销售、财务、计划、样本、招投标材料、客户信息、数据等信息。

可见,可纳入企业商业秘密范围的为技术信息和经营信息两大类,只要该技术、经营信息不为公众所知悉、能为权利人带来经济利益、具有实用性并经权利人采取了保密措施。

1. 如何对技术信息采取保护措施

从相关法律法规对技术信息的描述来看,技术信息的载体通常为实物产品。承载技术信息的实物产品可能具有相应的结构,或者由某些原料制成,或者含有相应的组分或配方,或者成品样式或呈现实物产品的过程可能是相应的工艺、方法或者步骤,比较常见又具有特殊性的是计算机软件产品涉及的相关代码、编程、算法或者文档。

鉴于技术信息的载体为实物产品,应如何保护?

技术信息内涵是一种技术方案,通常来讲,技术方案可以通过专利来保护,也可以通过技术秘密来保护。当然,《专利法》对技术方案的限定使一些技术无法通过专利的保护,此时如果同样无法通过技术秘密予以保护,也不排除可以在依据《反不正当竞争法》《著作权法》的其他条款得到保护。此外,也可以采取商业秘密与专利相结合的方式保护自有的技术信息。

下文将讨论商业秘密和专利有机结合起来保护技术信息的方式。例如,可将一项完整的技术进行分解,对其中的保密性强弱、反向工程或自主研发难易程度进行评估。把完整技术中的核心技术申请专利,将部分隐藏技术分别申报专利,同时把技术的核心部分或者可实现技术优化附加值的产品配方、设计图纸、工艺程序等作为商业秘密加以保护。

著作权法也保护技术信息。根据相关法律规定,技术信息的定义中包含“计算机程序及其有关文档”。在计算机软件的保护问题上,权利人可以选择以著作权和商业秘密保护并用的方式:一方面,向国家版权局申请著作权登记证书,确保自己是权利人,明晰权利人地位;另一方面,通过相应的保密措施来进行商业秘密保护。

2. 如何对经营信息采取保护措施

根据相关法律规定，经营信息是指创意、管理、销售、财务、计划、样本、招投标材料、客户信息、数据等信息，可见此类经营信息的载体主要是文件或者电子文档，是非技术信息层面的信息。

在商业秘密民事侵权中，侵犯经营信息的案件最多，而在经营信息中，客户信息的争议较为常见，因此讨论经营信息中的客户信息保护来应对侵权风险具有现实意义。

司法实践中认定的商业秘密中的客户名单必须是经权利人通过一定劳动、金钱等投入获得的而非能够从公众渠道获得的、对于权利人有重要的商业价值的特殊信息，一般应当包括客户名称、客户联系方法、客户需求类型和需求习惯、客户的经营规律、客户对商品价格的承受能力等综合性内容。如果仅将企业客户名单进行表格式罗列，没有一定投入，即使采取了保护措施，也不构成商业秘密意义上的客户名单。

基于此，进行商业秘密保护的客户信息可以从以下两个方面考虑：(1)可予以保护的客户信息是经过一定的努力，投入一定的人力、物力、财力、时间，形成的较为固定的、有独特交易习惯的客户的信息，如记录的客户独特需求，客户规律，客户的商业需求等；(2)对上述客户信息采取保密措施。

三、区分商业秘密的企业内部和外部保护措施

企业商业秘密的一大特点就是保密性，企业内部与外部保密要求不一，本节对此分开进行阐述。

(一)企业商业秘密的内部管理

企业商业秘密内部管理分为三大板块，一是建立健全企业商业秘密管理制度；二是针对涉密员工进行用工管理；三是建立保护企业商业秘密的物理设施和技术设施。

1. 建立健全企业商业秘密管理制度

建立健全企业商业秘密管理制度，主要是对商业秘密的范围、商业秘密的管理者及责任、商业秘密档案管理、商业秘密的申报与审查、商业秘密的保密义务及相应处罚等进行制度管理。

当然，可以成立专职的商业秘密管理部门，或者在人力资源部门或技术部门下成立小组，负责商业秘密板块的认定、管理、审查及措施的制订。

企业商业秘密管理需要建立一套体系化的规章制度，编制保密手册（员工手册包括保密制度也是可行的），具体包括：①确定商业秘密的管理范围和管理流程；②建立健全各流程、各环节的商业秘密管理制度，如研发管理、生产管理、销售管理、采购管理、商务合作管理、对外交流管理、涉密载体管理、涉密场所管理、涉密人员管理、涉密计算机和信息系统管理、通信和办公自动设备管理等；③建立健全商业秘密保护的培训和监督检查制度等。

2. 对涉密员工进行用工管理

企业可以依据自身所属的行业类型界定和管理涉密人员。

（1）对涉密人员的入职、履职及离职进行管理

①入职管理

在招聘时，核实待聘员工是否违反前雇主的保密义务及竞业限制协议，或发生其他侵犯前雇主商业秘密的情形，必要时可要求特定岗位的入职员工签署不侵犯前雇主商业秘密等知识产权的承诺书。

并确定涉密岗位的人员和职能；与涉密岗位的员工签署保密协议或在劳动合同中增加保密条款；保密协议明确保密的内容和范围、保密双方的权利和义务、保密的期限、违约责任；对于新入职的高级管理人员、高级技术人员以及其他知悉核心、重要商业秘密的人员，应与其签订竞业限制协议，确定竞业限制的范围、地域、生效条件、期限、违约责任及经济补偿等；对入职员工进行保密培训，规范员工的保密义务。

②履职管理

对在职涉密人员定期进行保密教育，更新保密范围与审批流程；要求涉密人员进行保密自查；针对在职期间的职务行为或成果转化商业秘密的情形，与涉密人员明确权利归属。

③离职管理

告知涉密人员的保密义务；交接涉密信息，要求销毁涉密载体等；离职签署保密承诺书，约定离职后保密的范围、期限、措施及违约责任。

④脱秘措施

适用脱密期的员工为接触商业秘密，并掌握商业秘密核心信息的高级技术人员、高级管理人员和相关劳动者，签订脱密协议，内容包括权利义务

及违约责任，设置脱密期限，最长不超过6个月。

(2)对涉密人员进行培训

对涉密人员进行商业秘密保护专项培训，使员工了解保密的法律知识、保密范围、工作规则、违约后果等，认识到保密工作的重要性，防止在外来参观、咨询或对外洽谈业务中泄露商业秘密，尤其需要提醒员工侵犯商业秘密的后果严重，不仅涉及侵权纠纷，还可能构成犯罪，有条件的企业应加强保密相关的政策法律法规培训，尤其是涉及国家安全、政府机密等相关项目。

3. 建立保护企业商业秘密的物理设施和技术设施

(1)物理设施

①对商业秘密的载体的制作、收发、传递、使用、保存、销毁实施全流程管理，确保涉密载体的安全，并设立涉密载体台账，保留相关信息。

②通过警报、安防、门禁等措施加强对涉密区域的空间管理。设置明显的警示隔离标志，同时建立来访人员管理制度，登记来访人员的身份、去向、活动范围、逗留时间等。企业可设置必要的监视系统，对涉密区域的入口和主要通道等实行管控。

值得注意的是，商业秘密的载体，必须进行严格的管理，限制其传阅和复制。保密文件与其他文件分开保存，每份保密文件应水印加密，分级加盖保密章，锁入保险柜(或铁柜)，指定由保密员专管，重要的文件应由部门负责人专管。这关系到商业秘密性质的认定，同时为将来可能发生的商业秘密维权提供证据支持。

(2)技术措施

①加强涉及商业秘密的计算机信息系统、通信及办公自动化设施、设备的保密管理，保障商业秘密的信息安全。

②对于易被竞争者通过反向工程解构的产品，在设计上可增加反解密措施，防止产品中的商业秘密被轻易发现。

(二)企业商业秘密的外部管理

企业在对外开展经济交往活动时，不可避免地面临商业秘密外泄的风险。那么。企业在对外开展经济活动时，可以从以下几个方面来保护其商业秘密。

1. 与交易方或合作方签订保密协议

企业在对外经济活动中,会面临将自己的有关商业秘密告知合作伙伴,或者在正常活动中让合作方接触到公司的商业秘密。为了防止对方成为竞争对手或者泄密,企业与合作方,包括经销商、供应商、会计师事务所、律师事务所等中介机构,或者合作开发的当事人等签订保密协议,禁止其披露商业秘密或者使用接触到的商业秘密。

2. 缩小商业秘密知情人的范围

对商业秘密知情的人越少越好,控制知情人范围是从源头来保护商业秘密。例如,企业要对外投资好的项目,找到好的项目不容易,如若让其他竞争对手知悉,势必加大竞争。反过来说,好的项目想发展壮大,需要融资,创始人又有自己的考虑,当然不希望太多人知情。因此,企业要求商业合作对象的人员固定是有必要的。

3. 强化员工商业秘密保护意识,对外提高警惕

在企业文化中,培育员工对企业的认同感、归属感,可以强化其保护商业秘密的意识,对外谨言慎行。员工自发地维护自己单位的秘密信息,同时应当抵制诱惑,不被竞争对手吸引泄密。常见的泄密方式便是同行业竞争对手凭借高薪策略吸引员工,但要求入职者携带重要项目或技术。如果重要岗位员工对企业的归属感强,可以抵制诱惑。

4. 制定完备的保密制度

建立物理隔离等方式,将涉密区域隔离出来,防止在对外商业交易中泄露企业的商业秘密。

一般经济交往中,有外访者/合作方来企业参观、考察,企业在涉密区域设置门禁管理、监控管理有利于杜绝心怀不轨之人盗取材料、财物等。比较常规的做法是企业设置严格的出入登记制度,对外来参观者配备随从参观人员,划定可供外部人员参观的区域,并在涉密区域设置不准进入的标识等。

四、区分民营企业与国有企业商业秘密保护措施

民营企业商业秘密的保护模式由企业自主决定,但大多会参照国有企业的保护模式,配备专职或兼职的保密工作人员。民营企业的密级、“定密”标识、“定密”程序等商业秘密管理模式均由企业依据自身情况确立,且部分

技术信息除了通过认定其为商业秘密进行保护，还有可能通过申请专利加以保护。

国有企业地位特殊，尤其是中央企业，其中既有国家秘密也有商业秘密。因此，国有企业的商业秘密保护措施与国家秘密保护措施较为相似，在企业内部设立专门的秘密机构并配备专门的工作人员，负责商业秘密的保护。国务院国有资产监督管理委员会曾于2010年3月印发《中央企业商业秘密保护暂行规定》，明确中央企业商业秘密保护工作按照统一领导、分级管理的原则，实行依法规范、企业负责、预防为主、突出重点、便利工作、保障安全的方针，采取企业法定代表人负责制，并就商业秘密的确定、保护措施等作出明确规定。2022年3月，国家市场监管总局印发《全国商业秘密保护创新试点工作方案》，要求加强商业秘密保护制度创新，健全商业秘密保护工作机制，加强商业秘密保护监管执法，健全商业秘密保护服务保障体系，对标高标准国际经贸规则，营造商业秘密保护良好氛围。以上规定可以作为企业实施商业秘密保护合规管理的遵循。在落实的实操层面，国有企业参照《保守国家秘密法》，将商业秘密定为绝密、机密、秘密三级，其保密部门与经营部门、技术部门联合制定经营信息、技术信息的保密事项。中央企业的保密措施与非中央企业的国有企业也存在差异，中央企业依据《中央企业商业秘密保护暂行规定》，将密级定为核心商业秘密、普通商业秘密两级，且依据该规定，中央企业的商业秘密在经法定程序后，可被认定为国家秘密，加大了保护力度。

相较而言，国有企业的商业秘密保护模式具有严密性的特征，但商业秘密的保护模式过于严谨，导致其丧失了部分灵活性，从而可能与企业经营管理模式偏离。民营企业的商业秘密保护模式具有灵活性的特征，但其主要由企业自行决定，缺乏法律层面的明确保障，且员工流动性较大，员工对企业的忠诚度不高，导致保密难度较大。

第五节　跨境电商行业的商业秘密合规

一、行业概述

跨境电商是指分属不同关境的交易主体，通过电子商务平台达成交易、进行电子支付结算，并通过跨境电商物流及异地仓储送达商品，从而完成交易的一种国际商业活动。跨境电商有三个关键要素：在线订单、跨境物流、有形商品。

根据服务对象和内容，跨境电商可分为进口跨境电商、出口跨境电商以及跨境电商服务商（跨境物流和跨境支付服务商）。跨境电商既可以通过入驻海外的电商平台进行销售，也可以通过建立独立站等方式出海。跨境电商的交易类型包括企业与企业之间的电子商务模式、企业直接面向消费者的电子商务模式、消费者与消费者之间的电子商务模式等，产品内容包括服装、家居、食品、电子产品、美妆日化等多种品类。

二、跨境电商行业的发展进程

2004—2011 年，中国跨境电商主体以发展交易服务为主，从“黄页时代”进入了线上交易时代，开始发展交易服务。盈利模式从信息撮合发展为以交易佣金和服务费为主，并提供一些增值服务。

2012—2018 年，国内商家依托国内外跨境电商平台快速打开国际市场，独立站进入成长期。随着对营销、交易、支付、通关、结算、物流、金融等功能的深耕，该阶段涌现出大量外贸综合服务平台。同时，中小企业依托平台，业务快速成长。

2019 年至今，跨境电商加速构建品牌、渠道、供应链、营销等方面的优势，也面临需求变化、成本上涨、消费信心不足等问题。各大跨境电商出口平台更加注重品牌培育，积极为商家提供全方位“一站式”外贸供应链服务；同时社交、直播、独立站成为跨境电商重要方式。传统企业或者品牌企业出于产业链布局、税务筹划、业务拓展等原因，设立独立部门或者子公司，开拓跨境电商业务。

据商务部公布的数据，2023 年，中国跨境电商进出口 2.38 万亿元，同比增长 15.6%。其中，出口 1.83 万亿元，同比增长 19.6%。全国有外贸进出口实绩的企业达 64.5 万家，其中跨境电商主体超过 10 万家。另据深圳市商务局统计，2023 年，深圳跨境电商出口企业数量超过 15 万家，深圳跨境电商进出口总额超过 3000 亿元，增长了 75.2%。同期，深圳市的进出口总额为 3.87 万亿元，增长了 5.9%。

三、跨境电商行业商业秘密合规体系的构建

随着行业的发展和成熟，跨境电商在品牌、渠道、供应链、产品、营销等方面的商业秘密保护合规体系亟须构建。商业秘密合规体系主要从商业秘密的识别、保密措施及保密教育三个方面，围绕人、财、物三个因素来构建。以下是关于商业秘密的一些常见问题及解答。

1. 公司很小，没有商业秘密？

商业秘密与规模大小无关，有公司，就一定会有商业秘密。

公司可以没有专利、商标、版权，但是一定会有不被公众所知的技术或经营信息，如客户名单、进货渠道和价格等。企业研发新产品，开发新品类，新产品和新品类的设计图，供应商名单、产品进货和销货价格、营销方案等信息，能给公司带来价值，公司采取了保密措施，在未公开前均属于商业秘密。

2. 如何筛选商业秘密？

归纳和整理公司全部信息，分类保护。

信息分为经营信息和技术信息，可设置不同的机构、岗位、人员进行归纳和整理，如针对技术信息（如项目立项、实验报告或数据、研发底稿、产品配方、图纸、工艺流程、计算机程序或源代码）等设置专门的知识产权部或知识产权岗；针对财务信息（如财务报表、报告或数据、员工薪酬信息）等设置专门的财务岗，针对经营信息（如客户信息、沟通记录、采购渠道、销售渠道、报价单、采购计划、销售计划、经营类合同、宣传计划、发货单、进货单、物流信息、股东会决议、投资计划、培训资料、人事档案）等可以设置专门的业务岗。

信息汇总后，用目录进行管理，可避免商业秘密被侵犯后，无法确认商业秘密的存在。

3. 如何确定保护方式？

对于未来将进入市场并公开的信息，及时采用专利、著作权、商标等方式进行保护。

对于不会进入市场或者会进入市场但不会被公开的信息，如某种很难被反向实施的配方或工艺，可以用商业秘密来保护。

对于核心技术或经营信息，专利或著作权的保护是有期限的，期满即丧失保护。如果该核心信息能够持续给公司带来利益，应考虑使用商业秘密的方式进行保护。

4. 如何确定密级及保密期限?

从效率和安全两方面考虑,密级分为绝密、机密、秘密三级。如果公司人员和规模较小,可以仅分为核心和普通两级。公司可根据信息的生命周期、重要程度、竞争对手的发展情况、市场的需求等多种因素,设置保密期限。

四、案例启示

侵犯商业秘密属于不正当竞争,本质为侵权。识别公司经营过程中的非公开信息,并采取保密措施,签订保密协议和竞业限制协议,是企业维权成功的基础。

商业秘密的本质是信息。秘密点是当事人主张的商业秘密信息的具体内容或单元,指代商业秘密的范围,每个单独的商业秘密信息单元均构成独立的保护对象。

技术秘密的秘密点是具体的技术方案或技术信息。技术信息由两部分组成,现有技术和特有技术(公知信息和非公知信息),商业秘密的保护往往是其中的特有部分。因为这部分特有信息才是权利人通过一定努力所取得的智力成果,而这正是商业秘密诉讼中的"秘密点"。

1. 常见的秘密点

常见的秘密点有:(1)图纸中的尺寸公差、形位公差、粗糙度、图样画法(表达方法)、局部放大视图、尺寸标法、明细表内容、技术要求;(2)产品配方中的配料、成分比例;(3)工艺流程中的材料配比、数值、环节、步骤等。

秘密点应当固定在相应的载体上,通过载体能够重复再现商业秘密的具体内容。载体,即证据材料,载体包括电子文档、合同、账册、文件等形式,一个载体上可能包含很多信息,其中可能只有很少一部分具有秘密性。秘密点应当是客观存在的,有明确的载体和具体的内容。

2. 秘密点确定应当采用的步骤

(1)排除公知技术

秘密点的确定过程,是鉴别商业秘密载体中包含的公知信息和非公知信息的过程。商业秘密一经公开就进入公共领域,即失去商业秘密的属性,所以确定秘密点时,权利人应仔细分析拟作为秘密点保护的信息是否被公开过,应当认真筛选其主张保护的秘密范围,通过自行缩小秘密点来解决秘密点范围过于宽泛的问题,将已公开的信息排除在秘密点之外。

原则上不能笼统地主张某份资料或某份证据系商业秘密。对于技术秘密,应该明确载体中哪些数据、指标、尺寸或技术方案等构成技术信息。权利人主张设计图纸或生产工艺构成技术秘密的,应当具体指出设计图纸或生产工艺中的哪些内容、环节、步骤构成技术秘密。权利人坚持其主张的技术信息全部构成商业秘密的,应当要求其明确该技术秘密的具体构成、具体理由等。

(2)与侵权情况相关联

预判侵权行为的类型并针对可能的侵权行为结合被侵权产品确定技术秘密点,尽可能覆盖被侵权产品各功能模块,分别选择不同的技术秘密类型,合理分布确定数量,能够涵盖行为人所使用的技术信息或经营信息,同时该秘密点在公开渠道无法获得。

所选择的秘密点能够兼顾合理许可费价值评估和损失认定等,以便法院或公安认定损失。

与侵权行为无直接关联的秘密点不应被选择,否则起不到制止侵权的作用且可能泄密,导致更大的损失。

(3)合理确定秘密点的数量

确定的秘密点不是越多越好,也不是越少越好。在正确寻找的前提下,还需进一步对其成本核算和贡献度进行综合评价,从创造性的多少、贡献度的大小、成本的高低等多个维度进行比较,最后确定出需要用以维权的秘密点数量,一般情况下以3—5个秘密点为佳。

在秘密点数量较多时,应根据行为人使用的概率划分优先级,将最有可能为行为人使用到的技术点作为第一层级的秘密点进行主张。在主张第一层级秘密点的同时,应注意保留继续主张其他秘密点的权利,并做好第二层级、第三层级秘密点梯队的整理与准备工作。秘密点的确定既依赖于事前对于侵权情况的了解,从而寻找到行为人较有可能使用的商业秘密信息,也依赖于在主张过程中对于秘密点内容的进一步阐明,即依据被主张行为人的证据及抗辩,对于秘密点的内容进行进一步明确。技术秘密的范围划定、秘密点的梳理确定工作是动态、持续的,需要不断调整。在技术秘密维权实践过程中,往往会根据案件情况扩大或者限缩技术秘密点,甚至会对技术秘密点个数进行增减。

主张秘密点多少直接影响鉴定机构撰写说明、准备相应载体文件的工作量和鉴定费用,故应充分考虑对维权成本与工作效率的影响。

(4)鉴定机构预先鉴定

法律人员、商业秘密权利人、技术人员共同确定秘密点时,需要从法律、侵权情况、技术三个方面协商确定。先提炼技术特征,再提炼“区别技术特征”(去除公知信息)。

可内部确定后在立案或者诉讼前进行鉴定。借助外部专业的鉴定机构进行技术查新并分析秘密点不为公众所知悉的情况,是立案的必备步骤或必须材料之一。司法鉴定需要在报案或者立案之前准备齐全。在正式立案前,需要遵照“明确”“具体”“真实”的原则完成涉案技术秘密点保密范围的撰写工作并组织相应的载体和说明文件,委托鉴定机构针对所主张的每个技术秘密点进行鉴定,由鉴定机构委托科技查新机构检索国内外公开文献,以确定在委托方确认的时间基准日前有无公开文献记载与权利人主张的“技术秘密点”相同、相似的信息并出具技术查新报告;鉴定机构再根据查新报告出具非公知性鉴定意见。“明确”是指保护的范围要明确,“具体”是指保护范围的技术特征要具体,“真实”是指秘密点有载体能够证明是真实的。

在金诚饰品厂、田某侵权责任纠纷案[1]中,法院认为,金诚饰品厂与田某虽然在劳动合同中仅约定了田某对相关业务内容应尽保密之责,但田某在2019年9月应聘金诚饰品厂运营职位后又在德蕾公司担任监事,两单位均在亚马逊平台销售收纳托盘等业务相竞争的同类产品,田某的行为违反了公司员工最基本的职业操守。但金诚饰品厂与田某并没有通过劳动合同及签订保密协议的方式禁止田某在本单位任职期间同时兼职于与其所在单位有业务竞争的单位,另外劳动合同约定田某的岗位是运营,不属于法律规定的具有竞业禁止义务的当事人。故田某在德蕾公司担任监事不构成侵权。另根据《反不正当竞争法》的规定,经营者不得实施侵犯商业秘密的行为。该法规定的商业秘密,是指不为公众所知悉、具有商业价值并经权利人采取相应保密措施的技术信息和经营信息。金诚饰品厂在销售平台上发布的商品照片及参数均是透明的,不符合法律规定的商业秘密,金诚饰品厂的证据不能证明田某泄露商业秘密,亦不能证明田某盗用金诚饰品厂的商品信息、供货和销售渠道、运营模式。金诚饰品厂要求田某停止侵权并赔偿损失22,325.49元,于法无据,法院不予支持。

---

[1] 参见安徽省滁州市琅琊区人民法院民事判决书,(2021)皖1102民初1909号。

第八章　商业外观

谈及商业外观时，我们通常指的是一个商业实体的外部视觉形象，它直接影响顾客对企业的第一印象以及对品牌的认知。在现代商业世界中，商业外观不仅是一个企业的外表，更是其与外部世界建立联系和沟通的重要媒介。商业外观是包括但不限于商标、专利、著作权等各项知识产权客体的融合体现，更是企业文化、品牌形象以及产品服务的展示窗口，是对外传递企业核心价值观和个性特点的重要途径。本章将着重介绍商业外观合规的重点及前沿探究，以供企业参考。

第一节　商业外观合规概述

一、商业外观合规的定义

“商业外观”一词为舶来品，是对英文法律术语“trade dress”的翻译。商业外观纠纷在我国的出现可追溯到2004年，美国文具企业Sanford公司援引美国《1930年关税法》第337条指控全球12家企业，包括我国的宁波贝发集团等4家企业，出口到美国的标记笔侵犯其“商标和商业外观”。[1] 此后随着商业竞争的繁荣和全球化发展，国内逐渐开始认识和探究商业外观相关法律问题。到目前为止，我国法律尚未正式使用商业外观这一法律概念，商业外观仅作为学术概念被广泛探讨，并在相关部门法中通过罗列其客体的方式进行规范。

商业外观可以是包装装潢、标识标牌、装饰装修、陈列展示、企业统一色调及Logo等各种表现形式。一个令人印象深刻的商业外观能够通过标志性的标识、色彩、字体等元素，吸引顾客的目光，提升品牌知名度，使得企业能够在竞争激烈的市场中脱颖而出，让消费者在众多选项中更容易地辨认和记住自己的品牌，同时反映了企业的专业程度和品质水平。

商业外观也直接影响顾客的体验感受。舒适、整洁、美观的商业外观——店面装潢和服务整体形象，能够为顾客营造良好的购物环境，增强顾客的购物体验，促进销售额的提升。

除了商业利益，被赋予更多社会价值的商业外观，如考虑到社会责任和环境可持续性的商业外观设计能够减少资源浪费，降低环境负担，树立企业的社会形象。

综上所述，商业外观是企业与外部世界交流的桥梁，是品牌形象的载体，更是顾客体验的重要组成部分。通过精心设计和管理，一个优秀的商业外观能够为企业赢得更多的市场份额，树立更好的品牌形象，实现长期可持续的商业成功。

---

〔1〕 参见李晔：《“外观”成为贸易壁垒　中国文具遭到美企诉讼》，载新浪网2004年9月1日，https://finance.sina.com.cn/b/20040901/1144991953.shtml。

商业外观合规，则是企业及个人根据现有的法律规范，在商业运行中合法合规地创设、使用、保护其商业外观，规避法律风险的方式。如前所述，目前我国对商业外观的保护主要是通过相关部门法——反不正当竞争法、商标法、专利法及著作权法进行保护。

二、商业外观合规的法律依据

具体而言，商业外观合规的法律依据包括以下两方面。

（一）依据我国《反不正当竞争法》及其解释进行合规保护

根据《反不正当竞争法》第 6 条的规定，“有一定影响”的商业外观（包括商品名称、包装、装潢等）可以受到法律保护。那么什么样的商业外观是“有一定影响”的商业外观呢？对此，最高人民法院《关于适用〈中华人民共和国反不正当竞争法〉若干问题的解释》在第 4 条予以了明确：“具有一定的市场知名度并具有区别商品来源的显著特征的标识，人民法院可以认定为反不正当竞争法第六条规定的‘有一定影响的’标识。人民法院认定反不正当竞争法第六条规定的标识是否具有一定的市场知名度，应当综合考虑中国境内相关公众的知悉程度，商品销售的时间、区域、数额和对象，宣传的持续时间、程度和地域范围，标识受保护的情况等因素。”因此，商业外观获得反不正当竞争法保护，需要具备两个条件：一是商业外观具有显著性，即可以识别商品或者服务的来源；二是商业外观具有一定的市场知名度，承载了一定的商誉。

（二）依据我国《商标法》《专利法》《著作权法》等知识产权法律法规进行合规保护

在商业活动中，商业外观与商标、外观设计专利、著作权等知识产权存在一定程度的竞合。因此，对商业外观的合规保护往往与知识产权保护息息相关，尤其涉及商标、著作权和外观设计专利等方面。以下从知识产权保护的角度论述商业外观合规保护。

1. 商标保护

商标是企业在市场上的重要标识，它不仅是一个图案或文字，还承载着企业的声誉和价值。很多时候商标是企业商业外观的重要组成部分，因此商业外观合规需要确保商标的正确使用,以避免侵犯他人商标权或误导消费者的情况发生。同时,合规的商标使用有助于巩固企业的市场地位,提升品牌价值。

2. 外观设计专利保护

商业外观合规需要遵循专利法规定,尤其是在产品外观设计方面。如果企业的外观设计符合专利法要求并获得专利保护,就能防止他人擅自复制、制造、销售具有相似外观的产品,保护企业的创新成果,巩固自身商业外观,维护其在市场上的竞争优势。

3. 著作权保护

目前,较为常见的与商业外观形成竞合的著作权客体为美术作品、音乐作品或影视作品。商业外观合规要求在创作作品(譬如企业吉祥物图样、企业宣传片、企业主题曲)时,应注意避免侵犯他人在先著作权,同时留存好证明原创作者及时间的相关证据,为后续商业外观可持续使用保驾护航。

4. 知识产权保护的综合运用

商业外观合规需要企业综合运用商标、专利和著作权等知识产权工具,保护企业的创新成果和商业利益。通过对企业商标、外观设计专利及作品的合规管理等,企业可以在市场竞争中逐渐形成独创的整体商业外观,树立自己的品牌形象,确保产品的独特性和市场竞争优势。

综上所述,商业外观合规不仅是法律法规的要求,更是知识产权保护的重要内容之一。企业应当重视商业外观合规,增强知识产权保护意识并积极实践,以确保企业在市场竞争中的合法地位和可持续发展。

第二节　资产建设端

在本章第一节,笔者介绍了我国尤其是在我国《反不正当竞争法》框架下对构成商业外观的认定,主要体现为:商业外观应具有显著性以及市场知名度。在本节,将进一步具体指引企业如何在我国现行法律法规及案例指导下,进行合规的商业外观资产建设。

一、商业外观的显著性

商业外观的显著性也称为识别性或区别性，是指商业外观所具有的识别或区分商品或服务来源的性质或能力。商业外观本质上是一种商业标识，其最重要的作用是识别商品或者服务的来源，即消费者看到某产品或服务的包装、装潢、形象后，能将之与商品或服务的提供者联系到一起，而要能实现这样的目的，就要求商业外观具有差异性、独特性。如果是行业内常规的、普遍使用的商业外观，则通常没有显著性。例如，一个装饼干的盒子，如果使用圆柱形形状的金属罐体，分为两部分，上部分为高度较浅的罐体盖，下部分为高度较高的罐体盒，用于容纳饼干，考虑到这是食品包装行业惯用的包装方式，很多食品都会采用圆柱形、上浅下深的金属罐体，这样的商业外观并不具有显著性；反之，如果使用了独特形状的罐体，如三角形或者菱形，则至少在包装盒上具备了一定的差异，如果再加上其他方面的区别设计，那么整个产品的商业外观就可能具备了显著性。

或许有人认为市场上商业外观众多，彼此之间大同小异，很难设计出与众不同的商业外观，其实不然。下面以两个例子说明，即便是图书、饮料这样的大众消费品的商业外观，也能够具备显著性。

第一个例子是文史出版社与华文出版社关于《男人来自火星，女人来自金星》图书的不正当竞争纠纷案[1]，对于该案，最高人民法院认为：涉案图书的装潢包含封面与封底，封面的装饰图片选择、位置排列、颜色搭配以及封面和封底的中英文文字、宣传标语的选择、排列布置等均体现出一定的特色。该案没有证据证明有他人早于涉案图书在相同或者类似商品上使用了相同或者近似的装潢设计。在涉案图书已具有较高知名度的情况下，其装潢已经具有区别商品来源的作用，构成知名商品的特有装潢。

第二个例子是加多宝和王老吉之间的红罐凉茶案，[2]该案中，最高人民法院认为：虽然以红色为主色调的表现形式在罐装饮料商品包装装潢的设计中并不鲜见，但考虑到饮料商品的包装装潢形式具有较大的设计空间，而涉案包装装潢通过对色彩、文字、图案等设计要素的选择和组合，呈现出一

---

〔1〕 参见最高人民法院民事裁定书，(2013)民申字第371号。

〔2〕 参见最高人民法院民事判决书，(2015)民三终字第3号。

定独特性的与商品的功能效果无关的视觉效果与显著特征，并通过经营者长时间及较大范围的宣传和实际使用行为，使涉案包装装潢所发挥的商品来源的指示作用得以不断加强。因此，涉案包装装潢符合反不正当竞争法关于“特有包装装潢”的保护条件。

所以，即便是在竞品众多的细分市场，产品的商业外观仍然是有设计空间的，最重要的是新颖的能够吸引眼球的创意和设计思路。

二、商业外观的市场知名度

商业外观具备显著性后，并非一定能得到法律保护。商业外观必须具备一定的市场知名度，才能成为法律保护的一项权利或者权益。而且，市场知名度与商业外观的保护强度相关联，越知名、影响力越大的商业外观，其获得保护的力度越大，具体体现在侵权判断上更具有优势地位，以及可获得更高的赔偿额。前文所举的红罐凉茶案涉及上亿元的标的额，就是因为红罐凉茶的外包装已经深入人心，获得了极高的知名度。反之，如果商业外观的知名度和影响力局限于特定少数人群或者一定地域范围，其获得保护的力度就会减小，具体体现在侵权认定的难度加大以及获得的赔偿额低。因此，企业在设计出商业外观之后，还要经过推广和使用，使之在一般消费者中积累足够的商誉，推广和使用要注重空间范围和时间范围，空间范围越广，持续时间越长，越有利于积累商业外观的知名度。此外，商业外观的使用与商标类似，可进行许可，被许可方对于商业外观的推广和使用同样起到提高知名度的作用。

从合规角度而言，企业不仅要大范围、高强度地使用商业外观，更要保留推广和使用的证据，这对于后续顺利获得法律保护至关重要。现代商业社会的交易越来越电子化，如合同和发票是电子的，广告发布不是登报而是短视频，纸质材料和书面材料越来越少，这对企业保留相关材料提出了更高的要求。具体而言，企业应该注意留存以下材料。

（1）商业外观最早使用时间和持续使用情况等相关资料，如门店开业的照片、举办各类会议时有展示商业外观的宣传报道。

（2）商业外观所标示的商品、服务的合同、发票、提货单、进出口凭据等。

（3）商业外观的广告投入和市场宣传情况：在广播、电影、电视、报刊、户外、微信公众号、社交媒体、短视频、网络等媒体发布的商业广告、宣传资料及上述媒体中所有涉及该商业外观的评论、报道、宣传等资料，以及广告发布合同、发票、媒体报道、网络推广等资料。

（4）商业外观所标示的商品或服务参加展览会、博览会、线下交流会、行业研讨会等商业活动的相关资料。

（5）商业外观和公司所获得的行业协会、政府部门颁发的荣誉和奖励，所获各项认证、资质，第三方平台发布的排行榜等。

（6）商业外观所标示的商品或服务的销售区域范围、销售量、销售渠道、方式、市场份额等相关资料。

（7）行政机关、司法机关对商业外观的保护记录。

以上材料在诉讼过程中均可以作为证明商业外观知名度的证据。

需要注意的是，在进行商业外观的维权和整理证据时，企业应确保相关宣传侧重于商业外观，而非商品或服务的商标或商业名称。企业需要提供证据证明消费者能够凭借商业外观而非商标来辨别商品或服务的来源。

此外，显著性和市场知名度并不是泾渭分明的两个条件，市场知名度在一定程度上可以弥补显著性，对于先天不足的商业外观，如欠缺固有显著性或显著性较弱的商业外观，经过广泛宣传和大量使用，能区别商品来源，也可以获得法律保护；但如果经过宣传使用，仍不能区别商品来源，则无法获得法律保护。例如，在新百伦公司与纽巴伦公司不正当竞争纠纷案[1]中，法院认为：虽然视觉效果上仅为大写、加粗的 N 字母图形，显著性和识别性并不强，原本不具有固有标志识别特定商事主体或商品的含义，但是新平衡公司或新百伦公司在其广告宣传中大量且长期地通过展示运动鞋两侧 N 字母装潢来进行商品宣传，使用 N 字母的装潢已经成为“Newbalance”运动鞋装潢中最突出、最具识别性的部分，且与商品功能性无关。通过新平衡公司及新百伦公司的长期宣传和反复使用，已经足以使相关公众将运动鞋两侧使用“N 字母装潢”的商品与“Newbalance”运动鞋相联系，使该装潢具有了识别商品来源的显著特征，具有显著性。

---

〔1〕 参见上海知识产权法院民事判决书，（2020）沪 73 民终 327 号。

三、商业外观建设应注意的其他问题

（一）经常更换的商业外观不能得到保护

有些企业富有创意，对产品的外包装做定期更换，使之具备类似集邮一样的收藏价值，吸引忠实的消费者购买，这样操作带来的问题是商业外观不固定，导致在侵权发生时，企业甚至无法确认其主张权利的包装、装潢究竟为何。

例如，在珍妮曲奇饼干案[1]中，原告主张的装潢是：罐体盖外表面以身着衣服的小熊和背景进行装潢，小熊采用拟人化的形象设计，罐体盒侧部外表面具有与罐体盖相协调的背景颜色装潢，并印有商品信息。但是，上述对于包装装潢的描述，尤其是对于应该体现显著性的小熊和背景，原告并未详细描述，如小熊的数量、服饰、颜色和姿态，背景的图案和色彩均不明确，法律不会支持任何带小熊的装潢都是原告可以保护的权益。最终法院认为：珍妮曲奇公司所使用的泰迪熊形象并非由珍妮曲奇公司所创作，亦非具有个性特征的特定个体，而只是种类物，并且珍妮曲奇公司也确认其每期使用的泰迪熊个数、颜色、服饰、姿态均不相同，即珍妮曲奇公司涉案商品并没有特定的泰迪熊整体形象。因此，在以泰迪熊为主角的装潢本身可以存在多种设计、组合和选择空间，珍妮曲奇公司无法提供其包装装潢已在相关公众中起到识别作用的证据，珍妮曲奇公司甚至无法固定其可用以与被诉侵权产品包装进行比对的特定泰迪熊装潢的情况下，不能仅因珍妮曲奇公司涉案商品包装装潢长期以泰迪熊为主角，就认定所有与泰迪熊相关的形象均属于珍妮曲奇公司涉案商品所特有的，从而认定所有以泰迪熊为主角的装潢都构成侵权。否则，这既不符合反不正当竞争法保护可识别来源的商业标识的制度初衷，也将导致泰迪熊这一种类为珍妮曲奇公司所独占，不利于市场经营者将泰迪熊作为装潢元素进行创新运用。

这一案件给企业的启示是：创意多固然是好事，但是商业外观应该相对固定，至少商业外观中的主要元素、特有元素应该相对固定。

---

〔1〕 参见广东省高级人民法院民事判决书，(2019)粤民终1501号。

(二)商业外观应避免通用化

和商标一样,商业外观也可能出现通用化的情况,通用化是指商业标识淡化、削弱乃至丧失其显著性的过程。比如阿司匹林、席梦思、尼龙、优盘、吉普等,这些消费者耳熟能详的商品名称曾经都是拥有极高知名度的商标,但商标权人在某一产品领域做得太好,甚至形成了一定程度的垄断,致使消费者日常接触到的该种商品都是该品牌的,于是消费者渐渐开始以该商标指代该类商品或服务,商标逐渐丧失了显著性,不再具有区分商品或服务来源的作用,从而成了通用名称。

相比商标的通用化,商业外观的通用化不常发生,但是风险不容小觑,为避免通用化,企业应该做好以下几个方面的工作:(1)积极维权,如果在市场上发现侵权行为,应该果断通过行政、司法等途径维权,制止侵权行为;(2)选择显著性较高的商业外观,从根源上提升商业外观的显著性,从而弱化后期商业外观通用化的风险;(3)多元化经营,将商业外观用于多个行业领域;(4)如果发现商业外观有通用化的倾向,应及时通过各种宣传方式纠正消费者的观念,引导消费者不要将商业外观等同于商品和服务本身。

(三)仅具有功能性的商业外观不能得到保护

最高人民法院《关于适用〈中华人民共和国反不正当竞争法〉若干问题的解释》第5条第1款第3项规定了"仅由商品自身的性质产生的形状,为获得技术效果而需有的商品形状以及使商品具有实质性价值的形状"不具有区别商品来源的显著特征,即纯功能性的外观形状缺乏显著性。要求商业外观具备非功能性是为了防止权利人通过商品装潢类权利实现对某种功能的商品的垄断,例如,可以让消费者直观看到盒内商品的透明塑料包装盒,或者贴有二维码方便消费者扫描点餐的桌子,以及安装有滑轮的椅子等,由于这些商业外观具有功能性和实用性,应当进入公共领域为所有人使用,而不能被个人所垄断,所以不能得到法律的保护。

实践中,很多设计特征同时具备功能性和装饰性、美学效果,这是有可能获得保护的,例如,在宁波微亚达制笔有限公司与上海中韩晨光文具制造有限公司擅自使用知名商品特有装潢纠纷案[1]（以下简称晨光笔案）中，法院认为：涉案设计中的笔套夹上部有两条半环形镂空，笔套身上有大圆形缺口，笔套夹下方又配以“S&”形装饰圈，这些设计特点同时具备了功能性特点（防滑、节省材料、提高加工工艺性等）、增加美观的效果和独特的装饰性效果。可见，当形状构造类商品装潢在具备一定功能性的设计特征的同时还具备一定的独特的识别作用和美观、装饰性效果的话，即满足“非功能性”特征的要求。

又如，在卡骆驰公司诉厦门卡骆驰贸易有限公司擅自使用知名商品特有名称、包装、装潢纠纷案[2]中，法院认为，原告产品装潢具有区别于其他同类鞋类产品装潢的以下三个显著特征：（1）鞋头宽大采用圆弧形处理；（2）鞋面上均匀分布圆形孔洞；（3）鞋后端配有活动绑带。具有以上三个共同特征的装潢经两原告长期使用具备区别商品来源的功能，可以获得司法保护。这三个特征既是功能性的，又是装饰性的，卡洛驰公司对于鞋头形状、鞋面孔洞的位置和形状，以及鞋后端活动绑带的款式的选择和搭配表现了他们的独特创意，经过长期使用后，这些特征具备了区分商品来源的功能，因此应该获得相应的保护。

所以，在很多情形之下，商业外观的设计特征既有功能性，又兼具艺术性和美学性，权利人在阐述自己的商业外观时，要注意剔除或弱化仅具有功能性的设计特征，重点描述那些非功能性的设计特征。

第三节　侵权风险端

广义的商业外观通常包括多种设计元素，因此可能涉及多种知识产权的权利和法益，包括商标权、专利权、著作权和不正当竞争中的包装装潢等，而我国对于不同知识产权的保护体现在不同的单行法中，所以在商业外观的侵权风险方面，应注重从不同维度对知识产权侵权风险加以考察。

---

[1] 参见最高人民法院民事裁定书，（2010）民提字第16号。
[2] 参见上海市第二中级人民法院民事判决书，（2013）沪二中民五（知）初字第172号。

一、商业外观侵害商标权的风险

商业外观中的商标标识可能侵害他人商标权，商品侵权问题在本书商标权章节有相关讨论，不再赘述，这里重点讨论一类特殊的商标——立体商标。

《商标法》第8条规定："任何能够将自然人、法人或者其他组织的商品与他人的商品区别开的标志，包括文字、图形、字母、数字、三维标志、颜色组合和声音等，以及上述要素的组合，均可以作为商标申请注册。"立体商标则为上述中的三维标志，以及三维标志与其他要素的组合。另外，《商标法》第12条对三维标志作为商标进行了限缩解释，即仅由商品自身的性质产生的形状、为获得技术效果而须有的商品形状或者使商品具有实质性价值的形状，不得注册。综上可知，立体商标为形状超出商品自身的性质、技术效果所需和商品实质性价值的三维标志以及三维标志与文字、图形、颜色组合等要素的组合。诸如酒瓶、香水瓶、饮料瓶等容器及产品独特的外包装等具超出本身功能性的具有独特性的立体标志，都可以申请立体商标。比较著名的立体商标有劳斯莱斯车头的飞翔女神、米其林的轮胎人、酒鬼酒的酒瓶、麦当劳线条非常圆滑的大M、迪奥的香水瓶等，这些三维标志与商品本身功能无关，在立体空间设计上造型变化多端、富有美感，在视觉上富有冲击力和吸引力，甚至比平面商标更加引人注目。

在洋河酒厂立体商标维权案[1]中，原告系"海之蓝酒瓶"立体商标（商标证号13038306）、"天之蓝酒瓶"立体商标（商标证号13035197）、"微分子酒瓶"立体商标（商标证号18364003）的受许可方，被告在成都糖酒会参展中展示、推销其生产的"海蓝之梦"系列、"中国梦M50"、"海蓝苏酒·珍藏"、"海蓝苏酒·柔和"等白酒产品涉嫌侵权。法院认为：(1)在进行立体商标的近似性判断时，通过整体比较判断被控侵权标识与立体商标是否构成相同或近似。该案中，"海之蓝"立体商标的酒瓶造型是中上部分略大，向下逐渐平缓缩减变小，最后稍微变大的收尾形状，侧面均有凸起的长弧形浮边，指定颜色整体为蓝色；"微分子"立体商标的酒瓶造型为瓶身呈橄榄形，且正面有从左上方到右下方的弧线；"天之蓝"立体商标的酒瓶造型为中上部分略

[1] 参见江苏省高级人民法院民事判决书，(2019)苏民终1592号。

大,向下逐渐平缓缩减变小,最后稍微变大的收尾形状,瓶体线条简明,指定颜色为上蓝下白。

(2)被控侵权酒瓶和“海之蓝”立体商标相比,两者瓶身流线相似,酒瓶从瓶盖到底部的主体颜色均为蓝色色调。虽然总体颜色深浅方面存在一定区别,但对整体视觉效果不产生实质影响,故“海蓝之梦”125 毫升装白酒的瓶体与“海之蓝”立体商标构成近似。

(3)对于“微分子”立体商标的视觉特征,包括其造型、颜色及二者之间的组合方式。该商标为酒瓶形状,上部主体为金色,下部主体为绿色,上金下绿的组合为其显著特征之一。被控侵权的产品“海蓝苏酒 · 珍藏”同样具有上述特征。尽管被告在抗辩中提出诸如其产品瓶身整个都是椭圆形,瓶盖是通体透明的绿色以及圆形瓶口有金色包裹等个性化特征,但细节上的差异不足以影响二者之间主要观感的一致性。

(4)对于“天之蓝”立体商标,经二审查明商标注册证标注有指定颜色,表明该注册商标为指定颜色的立体商标,受保护的是指定颜色的酒瓶造型,商标注册证上显示的上蓝下白酒瓶颜色属于该立体商标显著性的组成部分。被控侵权“海蓝苏酒 · 柔和”酒瓶颜色采用了与“天之蓝”酒瓶完全不同的绿色。虽然“海蓝苏酒 · 柔和”与“天之蓝”的酒瓶形状相似,但在颜色上存在较大差异,对整体视觉效果产生显著影响,故两者不构成近似。

在该案件中,法院采用了三步法来判定立体商标是否侵权:首先,将各构成要素的显著特征进行拆分;其次,比较这些显著要素与侵权产品相应部位的特征;最后,重新回到整体,将立体商标的整体视觉效果与侵权产品进行比对,考察被控侵权产品的区别性特征是否对整体效果产生实质影响。这一方法着重于对三维标志整体进行比较,而不是简单地对各个部分进行分开对比。

除了司法保护,在行政保护中也有立体商标的案例,费列罗有限公司早在 1984 年就已经将旗下巧克力产品 8 粒装、16 粒装、24 粒装以及 30 粒装立体包装申请为立体商标,其特征为:金色褶皱锡纸球状包装、顶部白底椭圆形小标贴、咖啡色底托。金丝猴公司自 2013 年 11 月起生产巧斐罗榛果威化巧克力,其造型为金色褶皱锡纸球状包装、顶部白底心形小标贴、咖啡色底托。2015 年 5 月,上海市浦东新区市场监管局认为金丝猴公司生产的巧克力与费列罗有限公司的立体商标相近似,容易使公众产生混淆和误认,责令金丝猴公司立即停止侵权行为,没收侵权商品并罚款。

二、商业外观侵害专利权的风险

目前我国专利法保护的专利权包括发明专利、实用新型专利和外观设计专利。其中外观设计专利保护的外观设计是指对产品的整体或者局部的形状、图案或者其结合以及色彩与形状、图案的结合所作出的富有美感并适用于工业应用的新设计。因此,外观设计属于商业外观的一种,可以认为,外观设计就是一种可以由专利法保护的商业外观,所以,产品的商业外观未获授权有可能侵害他人的专利权。

在卡西欧公司诉斯麦尔公司的外观设计专利侵权案[1]中,卡西欧公司将自己研发设计的一款 G - SHOCK 手表申请为外观设计专利并获授权,法院认为:被控侵权产品与涉案专利均为手表,属于相同种类产品。经比对被控侵权产品与涉案专利,两者相同的设计特征包括表头由表壳与表盘两部分组成,表壳部分整体类似圆形,表盘厚度低于表壳。其中,表壳 1 点、5 点、7 点、11 点位置各设计有中间嵌入六边形螺母的不规则立体梯形表耳。表壳左侧为一不规则立体大梯形,凸起于表盘平面。表壳右侧表冠内沿为薄台阶设计,外沿的立体不规则多面体自表盘平面凸起。表壳正下方的同心大圆环内有一个圆形按钮。表盘内设计有刻度、指针和显示界面,指针由时针、分针、秒针组成,其中时针、分针为剑形设计,秒针靠近顶端处有镂空的箭羽状设计。表盘 9 点至 12 点的区域,有一个圆形显示屏,内有剑形指针设计,圆形显示屏左上角设计有 2 个小的矩形条,正上方为一呈倒梯形的刻度标设计。圆形显示屏右侧靠近 3 点位置设计有矩形显示框。表盘 6 点上方有一矩形显示屏。被控侵权产品具备涉案专利的主要设计特征,且在整体形状、表壳、表盘、指针的设计上具备涉案专利与现有设计的区别设计特征。关于四被告提出的被控侵权产品与涉案专利在圆盘设计、表盘 3 点到 9 点的连接设计、3 点左侧的数字显示框、表壳的设计、功能按钮纹理设计、功能按钮大小等方面的区别点均系细节差异,且表的背面系不易观察到的部位,标识的英文亦系使用功能标识或商标,不会对整体视觉效果产生实质性影响。故被控侵权产品的外观设计与涉案外观设计专利构成近似。最终法院在查

---

〔1〕 参见上海知识产权法院民事判决书,(2019)沪 73 民初 302 号。

清被告获利颇丰后支持了原告主张的700万元高额赔偿。

在司法实践中，相比著作权保护，专利权的保护力度更强，体现在法院支持的赔偿额更高；相比反不正当竞争法的保护，专利权作为权利客体更为明晰。所以，为了避免陷入专利侵权纠纷，企业更应注意专利权侵权风险的事先防范，考虑到授权的专利都是公开的，事先的排查相对较为容易。

三、商业外观侵害著作权的风险

著作权保护的作品类型中，与商业外观的保护最接近的是美术作品，其中实用艺术品作为一种特殊的美术作品，主要涉及产品的形状，在商业外观侵权风险中应该得到重点关注。世界知识产权组织对实用艺术作品定义为：具有实际用途的艺术作品，无论这种作品是手工艺品还是工业生产的产品。

实用艺术品获得保护至少需要两个条件：第一，实用艺术品中的实用功能与艺术美感相互独立；第二，实用艺术品具有独创性，其艺术成分须达到一定水准的文艺创作高度，至少不低于公众对平面或立体造型艺术品的一般美学认知。

在机器狗著作权纠纷案[1]中，原告斯平玛斯特有限公司于2012年10月1日完成了Zoomer机器狗的最终设计，于2012年10月4日在美国加利福尼亚州洛杉矶玩具展上首次发表Zoomer机器狗，于2013年3月14日首次批量销售该产品，于2014年6月18日在我国国家版权局取得登记号为国作登字－2014－F－00123849的作品登记证书，作品登记类型为美术作品。原告认为金光玩具厂、闲牛玩具公司共同生产和销售的777－338玩具狗的外形与其Zoomer机器狗极为近似，构成侵权。法院认为：将被诉侵权玩具狗与Zoomer机器狗进行对比，两者机器狗的脑袋均为近椭圆的长条体，耳朵呈纯黑近椭圆形，胸部呈圆弧形，腰部细收，臀部宽厚，四肢粗短，滚轮位于腿部外侧，尾巴上翘，前述各主要部位的造型及比例大小近似，整体均体现流畅、圆润特点。被诉侵权玩具狗再现了Zoomer机器狗富有独创性的审美表达细节以及整体视觉形象。虽然被诉侵权玩具狗在嘴部舌头、斑点具体位置分布、眼睛形状等细节部分，与Zoomer机器狗存在差异，但该差异占

---

[1] 参见广东省高级人民法院民事判决书，(2018)粤民终361号。

整体表达内容的比例较小，也未造成整体审美风格的变化。综上，被诉侵权玩具狗与 Zoomer 机器狗构成实质相似，认定被告侵权成立。

四、商业外观构成不正当竞争的风险

反不正当竞争法主要规制的侵权行为是“搭便车”“傍名牌”，这体现在侵权方对权利人的知名商业标识的模仿、抄袭，在市场上引起相关公众的混淆误认，达到分流他人客户群体的目的，这不仅损害了权利人的利益，也损害了社会公众利益。消费者本来信任的是权利人提供的产品或服务，却误购了侵权方提供的产品或服务，而且侵权方提供的产品或服务往往是不如权利人的。对于那些无法通过专利、商标或版权保护的商业标识和外观设计，反不正当竞争法给予了兜底的保护，所以，企业使用的商业外观，还存在构成不正当竞争的风险，下面以两个案例加以说明。

在国内 App 标识装潢受反不正当竞争法保护第一案[1]中，法院首先肯定了 App 图标属于装潢：装潢是指为识别与美化商品而在商品或者其包装上附加的文字、图案、色彩及其排列组合。一般而言，凡是具有美化商品作用、外部可视的装饰，都属于装潢。该案中，新氧公司主张的装潢为附着在移动应用软件程序上的图形标识。相关公众在实际使用过程中，首先接触的是 App 图标，进而通过图标认识和区分不同的 App 及通过 App 提供的不同服务。App 图标虽与有形器物的外部装饰等传统意义上的“装潢”相比有一定差异，但均为经营主体在商业活动中使用的、由特定元素构成的商业外观，目的是美化商品与区别来源，故法院认定新氧公司主张的 App 图标属于反不正当竞争法规定的“装潢”。

接着法院论述了涉案 App 图标具有显著性、知名度，可以得到保护：一方面，新氧公司主张的涉案装潢为“浅蓝浅绿渐变色背景、右下角粉色角标、白色书写文字”的背景、布局、颜色组合，虽然总体设计较为简单，各独立元素也比较常见，但是，颜色的选取、布局的排列组合有很大的选择空间，文字的字体、大小、角标的尺寸、位置、构图等有很大的设计自由度。新氧公司在可以自由设计的范围内，将各构成要素通过背景、色彩、位置和大小等方面进行独特的排列组合，形成了具有可区别于其他 App 的、与服务功能性无关

[1] 北京市朝阳区人民法院民事判决书，(2020)京 0105 民初 68166 号。

的一定的显著性特征。另一方面,新氧公司于2015年4月23日最早使用涉案装潢,并在之后长达5年的时间内持续、稳定使用,自2015年以来,新氧公司通过互联网、电影、电视、综艺、户外等多种途径,长期、持续、广泛进行宣传。虽然新氧公司宣传和使用的对象是整个App图标,而非仅针对剔除了"新氧"商标的背景、布局、颜色,但是,给消费者留下印象的是图标整体,而不能机械区分各组成要素对知名度的贡献程度。当某一整体形象具有一定影响力后,该整体本身所蕴含的知名度通常会延及或投射于整体形象中具有显著性的部分,二者虽不等同,也不能完全割裂。新氧公司提交的零点调查报告显示,针对剔除了商标后的涉案装潢,仍有约1/3的受访者可以识别出服务来源,仅有3%的受访者识别为其他品牌,可见涉案装潢经过新氧公司长期、广泛的宣传和使用,获得了更强的显著性,并具有一定的影响力。

最后法院认为,涉案装潢与被诉装潢构成近似,足以使相关公众混淆误认:将新氧与美更整体比对,二者呈现的差异是商标文字不同,但突出部分均为两个字,且两个文字均为白色书写,字体、大小和位置相近;颜色设计和排列组合近似,都是浅蓝浅绿渐变背景色和右下角粉色角标;元素形状、布局近似,都有角标,角标形状近似,都位于右下角。至于二者的角标是否轴对称、文字是否倾斜等局部的细微差异,不足以影响相关公众在隔离观察的情况下对两者近似的判断。并且,考虑到App的下载和使用载体多为智能手机,所显示图形的标识面积有限,相关公众往往首先通过App图标颜色、构图进行识别,故法院认定两款仅在文字内容不同,但其余部分均高度相似的App图标,整体视觉效果近似。

该案的意义在于,App标识装潢也和进入市场流通渠道的商品一样,可以作为一种商业标志,寻求反不正当竞争法的保护。商业外观的外延再一次得到了拓展,不仅包括有形商品的包装装潢,还可以包括App标识,在移动互联网时代,相关企业尤其应该注意这方面的法律风险。

在路虎汽车案[1]中,法院认为:反不正当竞争法所保护的商品装潢,不仅指为识别与美化商品而在商品或者其包装上附加的文字、图案、色彩及其排列组合,也包括属于物品本体但具有装饰作用的物品整体或者局部外观构造,但由商品自身的性质产生的形状,为获得技术效果而具有的商品形状

---

〔1〕 参见北京知识产权法院民事判决书,(2019)京73民终2033号。

以及使商品具有实质性价值的形状除外。捷豹路虎公司主张的“揽胜极光”汽车外观的五个设计整体上具有区别于一般汽车外观常见设计的特征,具有商品装潢应有的显著性。而且,捷豹路虎公司所举证据可显示出,在“揽胜极光”汽车形状装潢与捷豹路虎公司分离时,相关公众依然将使用“揽胜极光”汽车形状装潢的汽车认为属于捷豹路虎公司出品。可见,“揽胜极光”汽车形状装潢已经具有显著性,且与捷豹路虎公司建立起稳定的市场联系。

法院进一步认为:路虎品牌的“揽胜极光”汽车实车与江铃品牌的“陆风X7”汽车实车对比,两者在车身比例、车身上半部分侧面外轮廓、侧面线条及主要特征线,以及前、后面外轮廓、部件位置关系及主要线条的分割等方面基本相同,两者呈现的三维立体形状和整体造型基本相同。此外,“陆风X7”汽车实车在悬浮式车顶、下压式车顶、上扬特征线条、发动机盖、整车轮廓细节方面,均与“揽胜极光”实车基本一致。两者的不同点仅在细节上,如前面中部区域进气格栅内部栅条、贯穿车灯和进气格栅的金属条有无、辅助进气口的大小和形状、前雾灯的位置和形状等。最终,根据(2018)京行终4169号行政判决的认定,“陆风X7”汽车外观设计专利与“揽胜极光”汽车对比设计的不同点对整体视觉效果的影响权重明显较小,二者之间的差异未达到“具有明显区别”的程度。因此,江铃公司的“陆风X7”汽车的形状装潢与捷豹路虎公司的“揽胜极光”汽车的形状装潢在包括悬浮式车顶、下压式车顶、上扬特征线条、发动机盖、整车轮廓等五点具体设计在内的整体视觉效果上构成近似,江铃公司的“陆风X7”汽车使用了捷豹路虎公司“揽胜极光”汽车的装潢。

该案是整车外形不正当竞争的典型案件,其意义在于,法院重申了前述最高人民法院在晨光笔案中的观点,装潢有两种类型,第一种是文字图案类,第二种是形状构造类,两种都受法律保护。本案中的路虎“揽胜极光”汽车是形状构造类的装潢,属于法律保护的“装潢”。因此,对于装潢的理解不应局限于文字图案色彩,还要包括产品的形状、外形。

第四节　防范措施端

一、对他人权利的排查和规避

根据第三节的论述，商业外观的侵权风险体现在商业外观可能侵害他人的专利权、商标权、著作权，以及构成不正当竞争。企业可以从这四个方面进行事先的风险排查和防范。

（一）对他人专利权的排查

专利是以公开换保护的制度，除了特殊的国防专利，其他的专利都是公开的，而且现在的数据库越来越智能和完善，可以实现以图片查外观专利的目的，所以企业可以使用商业数据库，将自己的产品图片输入，查找出类似设计的外观专利，较为常用的专利检索数据库有智慧芽、incoPat、Patentics等，以及知识产权出版社的外观设计专利智能检索系统。

企业在检索出专利之后，可以进行风险评估：设计完全相同或者几乎完全相同，仅仅少数细节存在区别的专利，为高风险专利；设计明显不相同的专利，为低风险专利；处于二者之间的专利，则需要结合设计空间、设计要点、区别特征的位置等因素考量，如果企业没有把握，可以聘请有经验的第三方机构进行评估，并出具正式的报告。

在确定了存在高风险专利之后，企业可以采取以下措施进行规避：（1）在高风险专利数量少且与专利权人不存在竞争关系的情况下，可以与专利权人谈判，达成实施许可协议；（2）在高风险专利数量少的情况下，可以直接购买专利；（3）寻找对比文件，向国家知识产权局请求宣告专利无效，如果被认定无效，被宣告无效的专利便自始不存在；（4）在产品生命周期较长且高风险专利的有效期剩余较少的情况下，可以等待专利权终止之后再生产、销售产品，同时关注专利的年费缴纳情况；（5）更改产品的设计，外观专利的规避相较于发明和实用新型是更容易的。

在采取以上措施的同时，企业应停止相关产品的营销活动，以免构成侵权。

（二）对他人商标权的排查

与专利类似，商标权也是公示的，企业在商标局官网查询他人商标权的现状。对于存续有效、存在侵权风险的商标，企业可以采取以下措施进行防范：(1)提出商标无效请求；(2)以无正当理由连续3年未使用为由，请求商标局撤销该商标；(3)与商标权人谈判，进行商标许可或商标转让；(4)更改产品的设计，使其与他人商标有显著差异。

（三）对他人著作权的排查

著作权没有公示的制度安排，这对前期风险排查提出了较高的挑战，企业可以通过互联网以及各大购物平台进行检索，如果发现有整体形状、包装、装潢类似的产品在销售，则存在侵权风险，应做好规避。当然通过这些渠道找到的高风险著作权产品往往是竞争对手的，这时寻求许可或者转让的难度较大。对此，企业应确保在不抄袭、过度借鉴他人产品的情况下独立自主地设计出自己的产品，这样不仅能确保不侵权，而且自己的产品也能受到法律保护。

（四）对他人包装、装潢的排查

一般通过市场调查的方式进行，企业往往对于市场比较了解，但是对于是否侵权以及后果不甚了解，这时候企业需要和专业机构如律所等合作，由企业提供基本的事实情况，再由专业人士进行评估、提出对策。事实上诉讼中被判定侵权的被告，往往存在“搭便车”“傍名牌”的主观意图，所以企业要发展，就要从源头上走自主设计、自主创新的路线，除非是极端情况下的雷同，否则独立设计的包装、装潢基本上是不存在构成不正当竞争的风险的。

归根结底，商业外观体现的是企业的创意，承载的是企业的商誉，企业要杜绝侵权风险，就要诚信经营，从商业外观产生的源头做到自主设计、自主创新。

二、保留创作、使用商业外观的证据

知识产权制度的基本特点是先到先得，兼顾善意使用。专利法、商标法都明确了先用权抗辩的制度，著作权法、反不正当竞争法虽然没有明确规定先用权，但是从法理上来说也是可行的。当遇到企业自己设计出来的商业外观，由于种种原因没有及时去注册、登记或申请，反而被他人注册、登记或申请并获得权利后起诉、投诉的情形时，企业就需要举出在先使用的证据。所以企业在设计商业外观时形成的底稿、照片、沟通记录、版本更新、合同、项目计划、销售订单、生产记录等材料，要注意留存，以形成完整的证据链，证明自己善意使用在先，不构成侵权。

三、加强合同管理

有时候产品的商业外观是与他人合作或者委托他人创作完成的，这时候就需要在合同条款中明确侵权责任的承担问题。尤其是对于委托设计，委托人往往注重结果，对于创造过程并不了解，受托人完全有可能将他人享有权利的商业外观交付委托人，而委托人对此毫不知情，直到被他人起诉，这种情况下虽然委托人难逃侵权责任，但是如果在委托合同中明确了受托人的责任，那么企业可以追究受托人的责任，从而减轻自己的责任。

销售他人产品的企业要注重商业交易材料的完整性、合规性，包括合同、发票、转账记录等要对应。因为如果销售的产品侵害了他人知识产权，企业是可以适用合法来源抗辩的，我国的专利法、商标法、著作权中均规定了合法来源抗辩。而合法来源抗辩成功的关键，就是以上这些票证的一致和完整。

四、商业外观不得使用绝对化用语

《广告法》第 9 条规定："广告不得有下列情形：……（三）使用'国家级'，'最高级'，'最佳'等用语……"此外，世界级、最大、第一、唯一、首个、首选、最好、精确、顶级、最新、最便宜、最先进、最新技术、第一品牌、金牌、国家级极品、填补国内空白、全网销售第一、全球首发、世界领先、销量冠军、王牌、遥遥领先、领导者、缔造者、领袖品牌、前无古人、史无前例、绝无仅有、终极、顶尖等用语也是不得使用的。

因此，不得在商业外观中使用上述绝对化用语，但根据《广告绝对化用语执法指南》，以下情形一般不属于绝对化用语：(1) 属于同一品牌同一企业内部的产品描述，如最大户型、顶配车型，该种描述在限定范围明确且客观真实；(2) 表达企业的经营理念或者目标追求的用语，如顾客第一，追求极致;(3)众所周知,没有歧义的常识内容,或固定用语中的一部分,如天下第一滩、深圳最高峰等;(4)客观描述,如本公司位于北京最大的天安门广场西侧;(5)使用依法取得的称号,如国家级风景名胜区;(6)客观描述产品认证、许可等状况用语,如已获国家认证;(7)表述时空顺序客观状况的用语,如首发、首映、首家、独家代理、唯一授权等;(8)对产品的使用方式、时间等进行的合理说明,如最佳饮用时间等。

五、商业外观不得使用违背社会良好风尚、色赌暴类、歧视类的内容

根据《广告法》第9条第7项至第9项的规定,广告不得有下列情形:妨碍社会公共秩序或者违背社会良好风尚;含有淫秽、色情、赌博、迷信、恐怖、暴力的内容;含有民族、种族、宗教、性别歧视的内容。

(一)违背社会风尚的情形

例如,上海市黄浦区沣和食品店在网上销售多种名为"蛋疼含片""老婆听话含片""艳遇丹""屌丝逆袭丸"等的含奶片产品,上述产品外包装盒上含有违背社会良好风尚的内容,其中"寻欢兴奋剂"的包装盒上写有"挽回媚力　改善心情"等内容;"脑残片"的包装盒上写有"脑残患者福音　聊效好贱笑快"等内容;"贱男消失片"的包装盒上写有"使患者贱上加贱,贱至无敌"等内容。该食品店因发布违背社会良好风尚的广告,被上海市黄浦区市场监管局罚款20万元。

(二)含有淫秽、色情、赌博、迷信、恐怖、暴力内容的情形

例如,卫龙因辣条包装印着"约吗""贼大""强硬"等字眼被网友认为是在打色情"擦边球",是低俗营销。又如,"茶颜悦色"奶茶的"官人我要"茶包,也被众多网友认为是在打两性关系"擦边球"。再如,一些房地产商也盯上了色情这个灰色地带,万科在郑州地铁投放的"春风十里醉,不如树下学生妹"的低俗广告,引起了轩然大波,不少人指责万科低俗。虽然这些涉事企业是否受到行政处罚尚不明确,但是从社会的反馈来看,这些内容都不适宜作为包装内容。

（三）含有民族、种族、宗教、性别歧视内容的情形

例如，桂林某公司在避孕套包装上印康熙、成吉思汗等帝王形象。原桂林市秀峰区工商局认为，这一行为违反了《广告法》中广告不得“含有民族、种族、宗教、性别歧视的内容”的规定，责令该公司立即停止违法行为，消除影响，并处罚款 5 万元。

综上所述，除了侵权风险，企业的商业外观还要注意违反广告法的相关风险。

第五节　典型行业的商业外观合规

一、餐饮行业的商业外观合规

餐饮行业的商业外观集中体现在营业场所的装潢。最高人民法院《关于适用〈中华人民共和国反不正当竞争法〉若干问题的解释》第 8 条规定：由经营者营业场所的装饰、营业用具的式样、营业人员的服饰等构成的具有独特风格的整体营业形象，人民法院可以认定为《反不正当竞争法》第 6 条第 1 项规定的“装潢”。这是法律条文中首次明确了营业场所的保护依据，下面举例说明在司法实践中如何保护营业场所的装潢设计。

在国泰平安公司等与西贝公司侵害商标权及不正当竞争纠纷案[1]中，被告经营的“莜面人家”店在未经原告西贝公司授权的情况下，使用了与原告旗下餐厅装潢近似的餐厅装潢，原告主张被告的行为构成不正当竞争。该案的争议焦点之一是原告店内装潢是否属于“有一定影响力的装潢”。对此，法院认为：第一，关于餐厅服务装潢的内涵问题。装潢原义是指“器物或商品外表”的“修饰”，是着重从外表的、视觉艺术的角度来探讨和研究问题。例如，对室内地面、墙面、顶棚等各界面的处理，装饰材料的选用，也可能包括对家具、灯具、陈设和小品的选用、配置和设计。其中“小品”意为小的艺术品。根据该定义，餐厅服务装潢应当包括两个部分，一部分是附着在餐厅

〔1〕 参见北京知识产权法院民事判决书，（2019）京 73 民终 3003 号。

经营场所上的装修,如吊顶、墙面等,另一部分是可以与餐厅经营场所分离的物品的选取及摆放布置,同时,该两部分均应具有超越实用性功能的独立审美意义。

第二,西贝公司主张的半通天式玻璃外墙,用餐区顶棚,厨房区明厨亮灶设计、顶上置物架、操作台等,属于附着于餐厅经营场所上的装修部分;等候区的店铺招牌、红白相间的镂空等候椅,用餐区的用餐椅、用餐沙发、沙发靠垫及用餐桌布,厨房区的顶上置物架装饰物,属于与经营场所分离但可以起到修饰美化作用的装饰。西贝莜面村餐厅中的上述元素,均超越了物品本身的实用功能,具有独立的审美意义,符合餐厅装潢的内涵。至于服务员及厨师服饰,虽然与餐厅本身的装修布置无关,但员工属于餐厅服务的有机整体的一部分,且各个餐厅通常会为员工选择统一的制服,以求其与整个餐厅的装修布置协调统一,故员工服饰也构成餐厅装潢的要素之一。至于西贝公司关于桌面一次性用品、菜单、桌面台号牌及底座摆放牙签筒等物品也属于其餐厅装潢元素的主张,上述物品仅为一些日常用品,在实用性之外并不能起到装饰作用,更无法上升到视觉艺术的高度。

第三,西贝莜面村餐厅的半通天玻璃、明厨亮灶、木质顶棚以及镂空等候椅、牛角形靠背餐椅、用餐沙发、沙发靠垫、红白格桌布等各个元素,单独来看,均是餐饮行业中的惯常装修装饰,可以适用在任何餐厅之中。但在餐厅装修、物品配置及员工服饰等方面均存在巨大的选择空间,不同元素的结合可以搭配出不同的餐厅风格及装潢效果。西贝公司对前述各个元素进行选择、排列和组合,使旗下各西贝莜面村餐厅形成了统一的、特有的装修风格和装潢效果。

第四,西贝公司及其子公司在全国各地成立经营西贝莜面村餐厅分店达220余家,餐厅消费人数众多,在大众点评网上的消费点评数少则几千,多则逾万。同时,西贝公司与多家公司合作,对其品牌推广、品牌营销策略等事宜进行洽谈咨询,多次在大型体育竞技赛事、地铁、步行街等人流密集区域投放广告,在热播电影中插播贴片广告等。不仅如此,西贝公司及其子公司还获得餐饮行业诸多奖项及荣誉称号,被多家知名网站、报刊专题报道。基于上述事实,西贝公司及其旗下西贝莜面村餐厅在中国境内具有一定的市场知名度,并为相关公众所知悉,上述装潢与西贝公司及西贝莜面村之间已经产生特定联系,可以起到识别服务来源的作用,应当受到我国反不正当竞争法的保护。

在该涉及餐厅装潢保护的典型案件中,法院首先明确了餐厅服务装潢兼具实用功能和审美价值。其次,法院对于原告主张的餐厅服务装潢进行了区分,对于餐区顶棚、厨房、店铺招牌、餐桌餐椅、服务员和厨师的服饰等要素,均予以肯定,但是餐桌上常规物品的摆放等要素则被认为仅具有实用性予以剔除。笔者认为该观点值得商榷,餐桌上一次性用品、菜单、桌面台号牌的设计和摆放等实际上也是有装饰作用和美学意义的,只不过如果这些元素没有体现出与现有常规设计、摆放的不同点,则不应受到保护,换言之,应该从显著性的角度而不是仅具有实用性的角度去否定这些元素。接着,法院论述了上述受保护的元素存在巨大的选择空间,原告的选择体现了独特性。最后,法院肯定了原告对于餐厅装潢的宣传推广使之获得了知名度这一事实。

而在太二公司、太七酸菜鱼店侵害商标权及不正当竞争纠纷案[1]中,关于餐厅的装潢是否构成侵权,法院认为:第一,关于店铺桌椅的设置。原告太二公司与被告太七酸菜鱼店经营的店铺以酸菜鱼作为主要菜式,均属于小型单一品种的餐饮行业,店铺中以四人桌、双人桌的小型餐桌椅为主是该类餐厅的正常经营方式,原告使用的黄色木质桌面及黑色金属质桌腿和黑色皮质沙发餐椅也是此类餐厅的餐桌常见形式,不足以与原告构成特殊关联。因此,被告的店铺使用同类餐桌椅并不构成对原告的不正当竞争。

第二,关于自助茶水台的设置。原告设置自助茶水台确与其他部分同类餐饮店铺存在一定区别,但茶水台是小型单一餐饮类店铺的基本配置,自助茶水亦非原告首创或独有的经营方式,自助茶水台不足以与原告产生特定的联系。因此,被告使用自助茶水台的设置亦不构成对原告的不正当竞争。

第三,关于茶水冲泡食材及部分菜品。餐饮类行业以食材和菜品作为主要商品,不同的食材和商品确与相关店铺存在特定关联。但菜品及食材因经营店铺而具备特殊性才属于店铺特有的元素。原告主张的茶水冲泡食材为陈皮和洛神花,均是原本存在的普通干果和花草食材,原告直接将现成的干果和花草食材用于茶水冲泡,既未对食材进行再加工,亦未在冲泡方式

---

〔1〕 参见广东省广州市天河区人民法院民事判决书,(2021)粤0106民初4266号。

或销售方式上作出独特的改变或创新,以陈皮和洛神花作为茶水冲泡食材不能与原告产生独特的关联。因此,被告使用该两种食材用于冲泡茶水不构成对原告的不正当竞争。

第四,原告另就六种菜品主张被告不正当竞争,但不能明确其主张的菜品的颜色、味道、形态方面存在与原告的特定关联,仅就菜式配料及摆盘等主张被告侵权。首先,原告主张的菜品均为酸菜鱼类餐饮店铺常见的菜品,并非原告首创或独创。被告销售该类产品并无不当。其次,原告主张的菜品均属于食材常见且制作过程较为简单的速食小吃类菜品,颜色、形态、味道均为此类菜品的常见形式,不具备独特性,也不足以与原告产生特定关联。最后,原告称被告销售的酸菜鱼中加入菊花瓣的做法以及其他菜品的摆盘和配料对原告构成不正当竞争,对此,原告未能举证证明其主张的在酸菜鱼中加入菊花瓣和在娃娃菜中加入枸杞和火腿的做法是原告独创,且上述做法和配料不足以改变整个菜品的外形或味道,不具备独特性,无法与原告产生特定关联。因此,原告就茶水冲泡食材及部分菜品主张被告不正当竞争的主张没有事实和法律依据,法院对此不予采纳,对原告据此提出的诉讼请求亦不予支持。

在该案件中,针对原告主张保护的装潢要素,法院均以不具独创性、无法与原告产生特定关联予以否定。

以上案例对于餐饮行业的合规启示如下。

(1)加强自身的权利体系构建。餐饮行业的营业场所往往涉及多项知识产权,所以保护也应该是全方位、多角度的,企业的字号可以申请商标,符合条件的桌椅、服饰等可以申请外观设计专利,具有独创性的菜单、店内装饰物、工艺品等可以进行作品登记,通过著作权来保护,而其他无法单独通过专利、商标、版权保护的设计元素,可通过反不正当竞争法中的装潢来保护。

(2)注重整体商业外观的宣传和推广。餐厅的装潢是作为一个整体保护的,这不要求经营者举证每个设计要素的显著性,但是要阐述整体的商业外观是什么,即设计要素如何经过选择、排列和组合后形成了新的统一整体,司法机关会综合考虑装潢在整体上是否具有独特风格,从而形成整体的营业形象,而不是对某一个特定的元素进行简单的对比或者分析。考虑对于整体商业外观的过度保护可能会影响社会公共利益,阻碍借鉴创新,所以相比单一的商业标识，大部分法院对整体商业外观的保护持更谨慎保守的态度，这就需要经营者提供强有力的证据，证明餐厅的整体商业外观与经营者之间建立了稳定的对应关系，所以，知名度的举证对于餐厅装潢获得整体保护而言是至关重要的。

(3)连锁餐厅应具有形象稳定、统一、标准的装潢，在不同的门店，装潢的元素应尽可能保持一致，不要随意增减。当某一事物以重复的形式不断出现时，会加深人们的印象，店铺装潢也不例外。店铺装修风格的一致性，是建立消费者对店铺和经营主体来源的认知，提升品牌知名度的关键要素。

(4)企业在进行装修装潢的时候，要注意绕开别人的独特元素，尽到合理的注意义务。尤其是在连锁品牌较多的领域，如火锅店、咖啡馆，更应该注意事先排查，不可照搬知名品牌的装潢设计。另外，对于自身装潢的设计过程和使用，注意保留相关材料，若之后被他人起诉，这些材料可作为在先使用和独立设计的证据进行抗辩。

二、互联网电商行业的商业外观合规

随着市场经济日新月异的发展，互联网在日常生活中的广泛存在，互联网电商行业发展至今已与线下商业分享“商业半边天”。而互联网电商行业的商业外观维权问题也日益凸显。过去基于传统线下形式的商业外观保护，比如对商品外观装潢保护、经营场所的装潢保护，已不能完全覆盖商业外观的范畴，尤其是在互联网电商行业，没有实体经营场所，商品数量庞大且品种繁多，引起知名度、销量变动的因素复杂多变，这一切都给商业外观带来新的元素和定义，也给互联网电商行业的商业外观合规带来了一系列挑战。

2023年9月，广州互联网法院在2023广东网络文明大会网络法治建设论坛上发布了一批具有代表性的“网络文明建设典型案例”，其中，爱帛公司诉莱哲公司侵犯著作权及不正当竞争纠纷案[1]对互联网电商的商业外观合规有一定参考意义。

原告爱帛公司运营的“MO&CO 摩安珂”“EditionMO&CO”品牌服装在市场上为公众所熟知的知名产品，这两个品牌服装每年销售额在同行业中

〔1〕参见广州互联网法院民事判决书，(2021)粤0192民初11888号。

排名前列。经过原告的大力宣传与推广,“MO&CO”“EditionMO&CO”品牌的品牌认知度具有相当的高度,特别是在年轻一代消费者中,“MO&Co”品牌和服装经与时尚、个性紧密地联系在一起。

被告莱哲公司是“画伊天猫旗舰店”的经营者。2018 年始,原告发现被告网店销售的服装大量产品款式与原告旗下“MO&CO”“EditionMO&CO”两个品牌的服装款式完全相同,经过回购发现,被告网店销售的服装无论是款式还是裁剪方式均抄袭了原告的产品,但品牌却使用了自有的“画伊”商标。原告认为被告未经原告许可,擅自在服装上使用原告拥有著作权的美术作品,并公开销售,侵害了原告的著作权;被告未经原告许可,擅自抄袭原告自行设计的服装,并批量生产、销售,非法获得,构成了对原告的不正当竞争,违反了《反不正当竞争法》第 6 条第 4 项规定。

该案争议焦点之一为原告是否可以同时主张被告侵犯其著作权以及构成不正当竞争。对此法院认为:第一,原告爱帛公司针对衣服上的美术图案主张著作权保护,另针对被告莱哲公司大量模仿服装款式的行为主张通过反不正当竞争法规制,二者分别针对不同客体,保护的是不同法益,不存在重复主张的情形。如果被告莱哲公司模仿原告的 99 款服装款式的行为确有扰乱市场竞争秩序、违反诚实信用原则和商业道德,那么适用反不正当竞争法评价于法有据。

第二,《反不正当竞争法》第 6 条源于我国加入的《巴黎公约》第 10 条之二第 3 款第 1 项规定的禁止“以任何手段对竞争者的营业主体、商品或者工商业活动造成混淆的一切行为”。这意味着,混淆行为并不限于模仿商业标识在内的任何方式,只要对其他经营者的营业主体、商品或者工商业活动造成混淆即可以纳入《反不正当竞争法》第 6 条的评价范围。我国《反不正当竞争法》第 6 条前三项的规定主要针对有一定影响的未注册商标、企业名称、字号等商业标识的混淆,因此,对于仿冒商业标识以外的混淆行为,即多元素组合而构成整体上的仿冒混淆行为完全可以纳入该条第 4 项兜底条款之中,且最高人民法院《关于适用〈中华人民共和国反不正当竞争法〉若干问题的解释》第 13 条亦未明确排斥整体性混淆行为的认定。

第三,对于被告莱哲公司抗辩原告爱帛公司主张保护的部分服装也是仿冒其他公司的产品,法院认为,一方面,通过反不正当竞争法对原告服装款式的保护不同于通过著作权法的保护,著作权法是权利法,要求保护客体系原告原创,或者通过许可、受让等方式取得著作权,因此原告爱帛公司是否享有权利是获得著作权法保护的前提条件。而反不正当竞争法主要规制的是不正当竞争行为,理念上倾向于“保护竞争而不是竞争者”,只要被诉行为违反了诚实信用原则和商业道德,扰乱了市场竞争秩序,就可以认定不正当竞争。另一方面,如果要求涉案服装款式设计为原告所原创才能获得反不正当竞争法的保护,无异于将寻求反不正当竞争法保护的请求权建立在著作权法保护的基础上,将保护不同法益的两部法律交织在一起,实际上仍未脱离权利法的思维和框架来判断市场竞争行为的正当性,显然并不可取。因此,涉案服装款式设计是否系原告原创并不影响被告行为构成不正当竞争的判断,被告莱哲公司的抗辩于法无据,法院不予采纳。

该案争议焦点之二为被告莱哲公司是否构成不正当竞争。对此法院认为:《反不正当竞争法》第 6 条前三项的规定均需以被告主观上构成擅自使用以及商业标识在客观上有一定影响为要件。因为第 6 条规制商品或服务的混淆行为,如果被告并非擅自使用,那么这种善意使用行为往往不具有可责性,且只有在寻求保护的客体具有一定影响时,才足以让消费者将原被告产品联系在一起造成混淆。因此,受第 6 条第 4 项规制的行为亦必须符合“被告构成擅自使用”“涉案服装有一定影响”“易造成混淆”三个要件。

第一,被告莱哲公司构成擅自使用。服装行业历史悠久,尽管不同的服装设计师可以设计出千花百样的款式,但囿于服装需与人类的身体搭配具备一定基本功能,存在部分服装款式较为通用,或者大体相似难以体现出各自款式“独创性”的特点。同时,形成一个新的时尚潮流,离不开行业内各经营者争相效仿流行元素,因此各自服装产品难免存在相似之处。如果在两个服装经营者之间,仅有个别缺乏独创性的衣服款式雷同,恐无法排除各自设计纯属巧合的可能,不足以认定为擅自使用。该案中,被告莱哲公司与原告爱帛公司在 99 件服装款式上存在程度不一的相似性,其中部分款式几乎完全一致,在这种大量服装款式相似的情况下,被告未证明所有款式均为其原创设计,经法院释明及追问,被告亦未提供设计来源,故被告莱哲公司仿冒的款式源于原告爱帛公司已达到高度盖然性,主观上构成擅自使用。

第二,原告爱帛公司的涉案服装款式有一定的辨识度,具有一定影响力。原告提供数据足以证明其旗下品牌服装具有较高的知名度,而品牌知名度在一定程度上可以辐射到款式设计上,佐证涉案服装款式的影响力。

第三，莱哲公司的仿冒行为对消费者足以造成混淆。首先，被告莱哲公司的原样仿冒行为易导致部分消费者误认为被告的同款衣服可能具有与原告基本相同的质量保障，提升对被告服装的认可度。随着搜索技术的发展，为充分便利消费者购物，降低消费者搜寻商品的成本以及扩充消费者获取、了解商品信息的途径，各大电商平台近年来大多推出“搜同款”功能，消费者在看到一款喜欢的实物产品后可以“扫一扫”或者拍照后利用该功能了解相似产品的销售信息，消费者在电商平台看到一款产品后亦可以通过该功能查看其他平台、商家销售相似产品的情况。本案中，被告莱哲公司模仿原告爱帛公司的 99 款服装，当消费者通过“搜同款”搜索原告的涉案服装时，会出现被告售价相对较低的同款服装，而且部分服装搜索排名靠前。被告莱哲公司为了提高“搜同款”的成功率，在模特姿势和服装款式搭配等图片背景上刻意雷同。虽然俗话说“一分钱一分货”，但是一款产品的售价主要是由生产成本、经营模式、品牌价值、市场需求等众多因素决定的，但是市场上不乏“物美价廉”的商品，这使会有部分消费者认为原告同款服装价格较高的主要原因在于品牌溢价等，而双方在服装质量上实际相差不大，于是抱着侥幸心理购买被告的同款“廉价”服装。因此，被告莱哲公司的原样仿冒行为易导致部分消费者误认为被告的同款衣服具有与原告基本相同的质量保障。此外，双方在同款服饰的宣传介绍上亦存在大量雷同。因此，当消费者通过“搜同款”功能搜寻到被告的同款服装，又看到被告对服装的宣传介绍雷同时，更容易误认原被告的同款衣服具有相同的质量保障，进而提升对被告服装的认可度。

其次，被告莱哲公司作为仿冒主体，未举证证明其服装质量不低于原告爱帛公司的同款服装。经对比，双方在数十款服饰上的面料上存在差异，比如有一款爱帛公司的服装面料为 100% 羊毛，莱哲公司的同款服装面料为羊毛 50% 、聚酯纤维 50% 。在部分消费者看来，羊毛是一种比较高端的面料，价格也相对较贵，虽然消费者的这种朴素判断并不绝对符合客观情况，但是被告同款服装在面料上的不同导致有部分消费者产生混淆是既成事实。即便双方有部分同款衣服面料成分相同，但服装做工亦属于服装质量的一部分。事实上，已有半信半疑的消费者在被告店铺评论“所有 moco 有的画伊基本有，做工可能一样吗?”，说明被告的原样仿冒行为可能会提升消费者对其服装做工的认可度，在被告莱哲公司并未证明其服装做工质量与原告爱帛公司基本相当的情况下，原样仿冒行为将造成双方服装质量上的混淆。

最后，被告的涉案同款服装推向市场的时间离原告的较近，双方存在市场重叠，不仅具有混淆的客观条件，该行为亦扰乱了市场竞争秩序。如果在原告服装下市后，被告才模仿销售同款服装，那么因双方并不共存于市场，不具有混淆的客观条件，此种“搭便车”行为不必然值得否定。然而，该案中，被告莱哲公司的同款仿冒服装相比原告爱帛公司基本晚一到两个月推向市场，时间最短的仅为一周，且长期共存于市场面向消费者，已明显具备混淆的客观条件。竞争是一种持续的动态过程，为获取或者保持市场优势地位，市场上的创新者需要不断投入研发、改进质量、降低成本等以提升竞争力吸引消费者，其他经营者为改变不利地位避免在竞争中被淘汰，便开始跟进模仿，随后，会有一些经营者在通过先发优势赚取、覆盖研发成本后开始新一轮的研发创新，紧接着会伴随又一轮的模仿跟进，如此循环反复，竞争就表现为一个周期性的、波浪式的动态发展过程。因此，模仿原则上是自由的，但包容模仿是为了鼓励百花齐放，如果模仿不能推动行业内经营者创新，反而会导致市场混淆，则显然不利于促进竞争，实属扰乱正常竞争秩序的行为。众所周知，服装大多可分为“春夏秋冬”四季，除了经典款式以外，部分服装的流行畅销时间约为 3 个月，在“过季”后商家可能会为去库存而加大促销力度。因此，在原被告之间服装推向市场时间差较短，甚至出现原告上市 2 天后被告就发布同款上新预告的情况下，原告爱帛公司面对跟随很紧的被告恐难以利用先发优势弥补研发支出，部分消费者亦会选择等待被告的同款服装上市，即便爱帛公司后期降价促销，因被告莱哲公司不用承担设计成本，相比爱帛公司存在一定竞争优势，更易在价格战中胜出。如果容忍此种局面长期存在，原告爱帛公司所有服装的市场吸引力都可能面临降低的风险，重要的是其营造的品牌价值亦将大打折扣，这说明被告莱哲公司的批量原样仿冒行为不仅能节省相应设计成本，还可以攫取原告爱帛公司的整体商业优势，可能造成爱帛公司难有市场出路。据此，被告莱哲公司的此类“搭便车”行为会导致在先创新无法获得合理的回报，这种“谁创新，谁亏损”的现实局面将造成没有经营者再愿意先行投入，大家迫于无奈都只能观望和等待他人创新企图“搭便车”，久而久之整个市场将处于止步不前的停滞状态。

综上所述，被告莱哲公司仿冒原告爱帛公司 99 款服装款式等行为违反了《反不正当竞争法》第 6 条第 4 项规定，构成不正当竞争。

上述案例给互联网电商的商业外观合规的启示如下。

（1）证明商业外观具有的影响力（知名度），足以让消费者识别商品/服务的来源依然是商业外观合规的重点。与传统典型的商业外观侵权纠纷案例相同，互联网电商行业依然要举证证明其商业外观具有一定影响，才能有足够的基础证明后续的混淆可能性和侵权故意。经营者在致力打造其独特商业外观的同时，应留存证据以应对后续被侵权的举证。同时，应注意尽量规避与他人具有较大影响力的商业外观“撞车”的风险。

（2）该案判决在论述是否构成“擅自使用”时提到了使用次数的对比，可知互联网电商行业的商业外观侵权认定与数量有较紧密的正相关。由于互联网平台的繁荣兴起离不开相互模仿的行业潜规则，法院对于抄袭构成不正当竞争的认定十分谨慎。该案中，法院认定商业外观侵权的考虑是基于商业外观的整体形象属性，抄袭商品种类数量越多构成混淆可能性越强。因此，互联网电商经营者在保护商业外观和避免商业外观侵权上应在数量方面多做规划。

（3）销售时间上的市场重叠是判定互联网电商商业外观侵权的重要因素。该案的另一突破性判定在于，判断市场重叠考量了销售时间因素。互联网电商与传统线下商业最大的区别之一就是突破了地域的限制，只要消费者可以打开网页下单，物流可以配送，无论在天涯海角都是互联网电商的市场。在这种销售模式下，传统的判断市场重叠考虑线下销售所在区域的方式已不适用。而法院充分观察到了互联网电商的营销模式，认为在互联网平台上只要商品上架时间属于同一时间段，即构成市场重叠。该认定对互联网销售市场的了解清晰准确，后续的案件中大概率会沿用该认定方式。互联网电商经营者在经营过程中应充分留意同期或近期上架的商品情况，及时留存证据，维护自身合法权益，避免侵权。

（4）不正当竞争行为与侵犯其他知识产权行为可同时产生，同时审理，经营者应审慎对待，避免侵权。该案中，法院对被告侵权行为的法律适用进行了十分具体详细的论述。被告抄袭服装款式并传播销售侵犯了原告的著作权，系原告适用著作权法的请求基础；被告因抄袭和销售抄袭商品的行为扰乱了市场秩序，影响了市场正常竞争，构成了不正当竞争行为，系原告适用反不正当竞争法的请求基础。被告的侵权行为竞合，定然给其带来了更高的成本。虽然对于此类民事案件,法院会基于“填平原则”总体上不会过度判赔,然而在判决中依然会对不同的侵权进行评价判赔。上述案例中,被告因著作权侵权被判赔偿 5000 元、不正当竞争行为赔偿 900,000 元,合计 905,000 元(含合理费用)。